■国家社会科学基金项目16CMZ031

社会工作嵌入
城市少数民族流动人口服务管理研究

卢时秀 | 著

图书在版编目(CIP)数据

社会工作嵌入城市少数民族流动人口服务管理研究 / 卢时秀著. —北京：中央编译出版社，2021.7

ISBN 978-7-5117-3918-6

Ⅰ. ①社… Ⅱ. ①卢… Ⅲ. ①少数民族-流动人口-城市化-研究-中国 Ⅳ. ①C924.24

中国版本图书馆 CIP 数据核字（2021）第 077993 号

社会工作嵌入城市少数民族流动人口服务管理研究

责任编辑	李媛媛
责任印制	刘 慧
出版发行	中央编译出版社
地　　址	北京西城区车公庄大街乙 5 号鸿儒大厦 B 座（100044）
电　　话	（010）52612345（总编室）　（010）52612335（编辑室）
	（010）52612316（发行部）　（010）52612346（馆配部）
传　　真	（010）66515838
经　　销	全国新华书店
印　　刷	北京中兴印刷有限公司
开　　本	710 毫米×1000 毫米　1/16
字　　数	225 千字
印　　张	18
版　　次	2021 年 7 月第 1 版
印　　次	2021 年 7 月第 1 次印刷
定　　价	82.00 元

新浪微博：@中央编译出版社　　　　微　信：中央编译出版社（ID：cctphome）
淘宝店铺：中央编译出版社直销店（http://shop108367160.taobao.com）　（010）55626985

本社常年法律顾问：北京市吴栾赵阎律师事务所律师　闫军　梁勤
凡有印装质量问题，本社负责调换。电话：（010）55626985

目 录

绪 论 / 1

一 选题缘起与研究意义 / 1
  （一）选题缘起 / 1
  （二）研究意义 / 3

二 研究综述 / 4
  （一）国外研究述评 / 4
  （二）国内研究述评 / 10
  （三）研究展望 / 14

三 研究方法 / 16

四 概念界定、研究思路与创新之处 / 18
  （一）概念界定 / 18
  （二）研究思路 / 22
  （三）本书创新之处 / 24

五 田野调查点及访谈对象基本情况 / 25

第一章 嵌入的基础：契合性 / 29

一 我国城市少数民族流动人口服务管理的现状 / 29
  （一）现实境遇 / 30
  （二）服务管理的特点 / 37

（三）服务管理存在的问题 / 41

二　社会工作的学科性质与特点 / 47
　　（一）学科性质 / 47
　　（二）实践特点 / 51

三　社会工作与城市少数民族流动人口服务管理的内在关联性 / 55
　　（一）趋同性 / 56
　　（二）弥补性 / 59

第二章　嵌入的实践：沪深两地的探索 / 62

一　实践背景 / 62
　　（一）少数民族流动人口数量激增带来的倒逼压力 / 62
　　（二）政府主体主动谋求社会治理模式的创新 / 67
　　（三）社会工作本土化发展的先行与引领 / 70

二　实践过程 / 72
　　（一）实践缘起 / 72
　　（二）实践发展 / 76

三　实践主体与客体 / 83
　　（一）实践主体 / 84
　　（二）实践客体 / 87

第三章　嵌入的效应：多重实践效应的显现 / 93

一　少数民族流动人口社会福利服务的精准供给 / 94
　　（一）救难功能的补救性服务 / 95
　　（二）解困功能的预防性服务 / 101
　　（三）促进增能和参与的发展性服务 / 111

二　少数民族志愿者组织的"自组织化"建设 / 118
　　（一）组织凝聚力的增强 / 121

（二）组织成员能力与意识的提升 / 124
　　（三）组织运行的规范化与常态化 / 128
三　少数民族流动人口的"服务性"协同治理 / 132
　　（一）各类"涉民族因素"纠纷冲突在基层的处置
　　　　与化解 / 133
　　（二）善治机制的形成 / 143
　　（三）"民族共融"社区环境的营造 / 151
四　少数民族流动人口服务管理领域中社会工作的结构性
　　生长 / 156
　　（一）社会工作制度设置在民族工作决策主体行动中的
　　　　结构性生长 / 157
　　（二）"社会工作+"模式在民族工作执行主体日常行动
　　　　中的结构性生长 / 161
　　（三）"社会工作者"在少数民族流动人口求助行动选择
　　　　中的结构性生长 / 166

第四章　嵌入的困境：制度、项目、服务 / 172

一　制度嵌入的困境 / 173
　　（一）统战、民宗领域购买社会工作服务制度设计的
　　　　碎片化 / 173
　　（二）社会工作组织对政府主体的非对称性依赖 / 183
二　项目嵌入的困境 / 191
　　（一）项目实施的目标替代 / 192
　　（二）项目实施的内卷化 / 194
三　服务嵌入的困境 / 204
　　（一）服务行动实践权受限 / 204
　　（二）服务行动专业性消减 / 209

第五章 嵌入的策略性优化：模式选择与机制完善 /214

一 嵌入模式的策略性选择 /214

 （一）嵌入实践模式的类型划分变量 /215

 （二）实践模式的四种类型 /221

 （三）实践模式的特征分析变量 /224

 （四）四种类型实践模式特征的比较分析 /230

 （五）基层项目制：嵌入实践模式策略性优化的

   应然选择 /238

二 嵌入的机制完善 /241

 （一）建立健全城市民族工作领域购买社会工作服务

   的长效机制 /241

 （二）建立健全统战、民宗部门政社合作机制 /243

 （三）建立与完善少数民族社会工作专业人才队伍

   建设机制 /247

 （四）建立健全城市民族工作领域社会工作者专项

   能力提升机制 /249

 （五）建立健全统战、民宗部门社会工作者参与政策咨询

   与倡导工作机制 /252

结　语 /254

参考文献 /259

附　录 /282

绪 论

一 选题缘起与研究意义

（一）选题缘起

党的十九大报告指出，要"铸牢中华民族共同体意识，加强各民族交往交流交融，促进各民族像石榴籽一样紧紧抱在一起，共同团结奋斗、共同繁荣发展"[1]。目前，我国进入了各民族跨区域大流动的活跃期，少数民族人口大规模向内地城市流动。城市已经成为各民族共居、共学、共事、共乐、共同追求美好生活的物质和精神家园，也是筑牢中华民族共同体意识，促进各民族交往交流交融的重要平台。[2] 少数民族流动人口不断增多，为城市经济社会发展做出了贡献，但同时也给城市服务管理带来新挑战。由于生产、生活环境和文化的差异，部分少数民

---

[1] 习近平：《决胜全面建成小康社会 夺取新时代中国特色社会主义伟大胜利——在中国共产党第十九次全国代表大会上的报告》，北京：人民出版社2017年版，第40页。

[2] 国家民族事务委员会编：《中央民族工作会议精神学习辅导读本》，北京：民族出版社2015年版，第286页。

族群众融入城市存在一定困难,需要社会提供帮助和支持。一直以来,党和政府十分重视和关心城市少数民族流动人口的生存、发展和融入问题,提出要多措并举,促进少数民族流动人口适应并融入城市。习近平总书记在中央民族工作会议上指出,要让城市更好接纳少数民族群众,让少数民族群众更好融入城市。[①] 中共中央办公厅、国务院办公厅在《关于加强和改进少数民族流动人口服务管理工作的意见》中进一步指出,要"引导和支持社会组织参与少数民族流动人口服务工作"。同时,党的十八届三中全会以来,政府购买服务成为政府职能转变的必然趋势,更是有效提升公共服务质量与效率的必然选择。因此,在新时代背景下,城市少数民族流动人口服务管理的社会化是该项工作发展的必然趋势。在城市少数民族流动人口服务管理工作中引入社会工作力量是此项工作迈向社会化的有益尝试。

在我国内地,"社会工作"这一概念主要指代由西方舶来的"专业社会工作",因为其是相对于国内传统的"本土社会工作"而言的。本土社会工作是我国传统的行政性、非专业性的社会工作体系,即在计划经济体制下形成并依然发挥作用的社会服务体系及制度,主要表现为各级各类政府部门、人民团体及社区,根据相关政策、依靠行政体系政府拨款以及行政化的工作方式开展的各种服务。基于此,学术界意将专业社会工作的本土化过程在结构主义的视角中表述为"社会工作的嵌入性发展"。社会工作的嵌入对象是由政府部门、人民团体、企事业单位开展服务活动的空间。就此而言,多数研究者认为在国内民族工作领域开展社会工作实践的实质是社会工作嵌入原有民族工作服务管理体系的实践。目前,这一实践的范围主要包括社会工作在民族地区民族工作中的嵌入和在城市民族工作中的嵌入。而在社会工作嵌入城市民族工作实践中,社会工作嵌入城市少数民族流动人口服务管理实践已在中东部部分

---

① 《中央民族工作会议暨国务院第六次全国民族团结进步表彰大会在北京举行》,载《人民日报》,2014年9月30日。

城市先行试点。

因此，本书将主题确定为社会工作嵌入城市少数民族流动人口服务管理，是基于社会工作的嵌入性发展（本土化的过程）与城市少数民族流动人口服务管理社会化在发展脉络上出现的契合性，这种契合性或许既能推动民族社会工作的本土化过程，同时又能承接城市少数民族流动人口服务管理体制机制的改革创新。

（二）研究意义

1. 学术意义

本书的学术意义在于对城市少数民族流动人口服务管理体制机制创新和民族社会工作两个领域研究的丰富与深化。一方面，从新的学科视域审视与探讨城市少数民族流动人口服务管理体制机制革新方向，可丰富与拓展该领域的研究。另一方面，基于城市少数民族流动人口服务管理体制机制革新的本位，探讨社会工作嵌入性发展的若干议题，可深化与细化民族社会工作本土实践领域的研究。

2. 现实意义

本书的现实意义在于尝试以国内先行开展社会工作嵌入城市少数民族流动人口服务管理实践的沪深两地为例，全面系统呈现此项实践已取得的实践效应，揭示此项嵌入性实践持存的困境，并尝试提出优化此项实践的行动策略，力图使社会工作嵌入城市少数民族流动人口服务管理实践更好地顺应城市民族工作创新，顺应国家治理体系和治理能力现代化的发展进程，有效地提升城市少数民族流动人口的获得感。

二 研究综述

近年来，民族社会工作本土实践的初步探索及民族社会工作专业教育界的大力倡导引发了我国内地研究者对民族社会工作理论与实务相关议题的关注。其中，"社会工作嵌入城市少数民族流动人口服务管理"是重要的研究主题之一。检视国内外相关研究发现，虽然这一主题的研究并未能精确匹配，但事实上该主题的研究已颇具历史。究其成因，主要是由于这一主题研究涉及的"社会工作"与"城市少数民族流动人口服务管理"两个关键词，在国内外研究中往往呈现不同的逻辑关系，这些不同的逻辑关系并非是理论或概念上的区分，而是由于其在历史实践中的不同发展脉络而形成。逻辑的脉络应契合历史的发展，因此，若要梳理该主题的研究，需遵循其不同的历史发展脉络，并予以澄清。

（一）国外研究述评

第一，"同化论"主导下的研究渊源。

西方国家"少数民族"的内涵、社会工作的实践进程均与我国存在诸多差异，由于其社会工作发展的原发内生性，其针对"少数民族"的社会工作与"城市少数民族流动人口服务管理"在历史实践中就具有高度交叠性。在英国、美国、加拿大、新西兰、澳大利亚等国家，"少数民族"的内涵，即除了欧洲人外，所有原住民（包括印第安人、阿拉斯加人等）、非洲裔、亚洲裔、拉美裔移民等。在社会工作发展伊始，在欧洲裔人的价值观中，这些与其存在差异的族群是落后的、有待改变的。因此，"慈善组织会社"、"社区睦邻运动"，其内容的重要应有之义就是对城市中这些"少数族群"的"道德提升"。就此而言，西方国家的"少数民族"社会工作在实践之初的内涵中暗含如下预设：其一，少数族群是落后的、有待改变的；其二，其需要改变是由于其是从"原始"或"农业"生产生活方式进入了"工业"、"城市"的生产生活方式,从"非主流文化"融入"主流文化";其三,对少数族群的社会工作服务主要是在城市中,因为这些人群聚居于城市的"下只角",其需要改变的原因也是其无法立足与适应城市生活。基于此,"民族社会工作"的内涵即涉及社会工作服务于聚居城市的少数民族。这些少数民族原本并不源自于城市,而是源自于由"乡"(原始或农业社会)向"城"(现代工业社会)的流动,其社会工作服务于城市少数民族流动人口的内涵基本等同于其针对移民与原住民开展社会工作的内涵。因此,西方国家"移民和原住民社会工作"的相关研究具有直接参考价值。

但值得注意的是,20世纪60年代前,由于当时西方国家"同化"价值观的主导地位,导致其移民与原住民社会工作实务并不注重民族间的文化差异与歧视压迫,有关城市中移民与原住民的社会工作研究也并未被贴上"少数民族社会工作"的标签而单独被提及,只是在诸多研究中赋予了城市"贫困人口"或"弱势群体"的内涵。因此,西方社会工作中,其实并没有单独分列的族群或者民族社会工作分支学科,但基于实践却有大量讨论服务少数种族/族群的社会工作书籍和相关期刊。[1]

第二,分野中发展的"少数民族"社会工作研究。

随着20世纪60年代美国"民权运动"和"反种族主义运动"的高涨,西方国家有关"少数民族"社会工作才进入社会工作实务与研究领域,并出现了一大批相关著作,如所罗门(Solomon)于1976年出版的该领域第一部著作《黑人增权:受压迫社区中的社会工作》[2],德

---

[1] Schlesinger, E.G., Devore, W., "Ethnic Sensitive Social Work Practice: Back to the Future", *Journal of Ethnic and Cultural Diversity in Social Work*, Vol.16, No.3-4, 2008, pp.3-29.

[2] Solomon, B., *Black Empowerment: Social Work in Oppresses Communities*, New York: Columbia University Press, 1976.

沃尔（DeVore）和施勒辛格（Schlesinger）于1981年出版的《族群敏感社会工作实践》[1]，纳木（Lum）于1986年出版的《社会工作于有色人群的实践：一个过程—阶段的手法》[2]。总体而言，在相关研究中，偏重临床的民族敏感性社会工作与注重社会行动的反压迫反歧视社会工作是该领域的两大基本取向。

其一，个体主义的民族敏感性社会工作。民族敏感性社会工作的价值基础是"多元文化主义"。其由美国学者贺瑞斯·凯伦（Horace Kallen）于1915年首次提出。对于如何界定其内涵，不同学者有不同看法。其中桑德斯（Sanders）认为，肯定文化多样性的现实，让个人尽量保持传统文化的特色，并使不同的文化传统融入社会，从而反对单一的主导文化。[3] 而卡什莫尔（Cashmore）认为其核心观念是："不同民族或文化在一个多元社会中和谐共存。"[4] 上述两个定义从多元文化主义的个体与社会属性两个层面予以揭示，体现了其尊重民族文化差异与保持和谐共存的哲学内涵。在多元文化主义的指引下，多元文化主义的社会工作需从文化敏感的视角来开展少数族群服务。[5] 民族敏感性社会工作建立在对案主所拥有多元化民族身份的理解基础上，把对不同民族文化和少数民族群体的理解与社会工作的理论相结合，以案主所属的民

---

[1] DeVore, W. & Schlesinger, E.G., *Ethnic-ensitive Social Work Practice*, Boston: Allyn and Bacon, 1981.

[2] Lum, D., *Social Work Practice with People of Color: A Process-stage Approach*, Monterey, CA: Brooks/Cole Publishing Company, 1986.

[3] Sanders, D.S., "Multiculturalism: Implications for Social Work", *International Social Work*, Vol.23, No.2, 1980, pp.9-16.

[4] Cashmore, E., *Dictionary of Race and Ethnic Relation*, 4nd ed., New York: Taylor & Francis E-Library, 2003, pp.244-245.

[5] Fellin, P., "Revisiting Multicultural in Social Work", *Journal of Social Work Education*, Vol.36, No.2, 2000, pp.261-278.

族群体身份和社会阶级地位的价值和地位为导向。① 社会工作者提供服务时,需询问案主愿意选择何种方式进行工作,而不是想当然采用多数民族的惯例,或关于少数民族群体的成见②,应将焦点集中于案主对自身文化经验的阐释③,需保持文化敏感性,同感案主的文化背景,探索其需求所在。同时,在方法与技巧方面,哈珀(Harper)和兰茨(Lantz)提出八项跨文化治疗要素,并辅以案例分析不同族群的跨文化方法④,还有研究者莫拉莱斯(Morales)和谢弗(Sheafor)采用生态系统评估模式讨论若干微观和宏观案例。⑤ 总之,民族敏感社会工作是在多元文化主义价值观的指导下,形成的一整套关注少数族群案主及其所在群体文化差异,并在实务中尊重并利用这种差异的方法与技巧。此种社会工作取向具有明显的改良主义倾向,是在不改变现有社会制度的前提下开展的实务。

其二,结构主义的反压迫反歧视社会工作。该取向的社会工作实践源自20世纪60年代的美国,从20世纪90年代开始,英国、新西兰、加拿大与欧洲等地倾向于使用反压迫实务取向取代反歧视实务取向。就反歧视反压迫社会工作的发展而言,无论其术语如何变化,但其哲学基础与核心内涵并未发生实质性改变,其价值取向是结构主义的,其实务模式是社会行动取向的。反压迫反歧视社会工作以马克思主义作为思想

---

① Zastrow, C., *The Practice of Social Work: Applications of Generalist and Advanced Content*, 7nd ed., CA: Brooks/Cole Publishing Company, 2002, p.285.

② O'Hagan, K., *Cultural Competence in the Caring Professions*, London: Jessica Kingsley Publishers, 2001, p.152.

③ Seeley, K. M., "Short-Term Intercultural Psychotherapy: Ethnographic Inquir", *Social Work*, Vol.49, No.1, 2004, pp.121-130.

④ Harper, K. V. & Lantz, J., *Cross-Cultural Practice: Social Work with Diverse Populations*, Chicago: Lyceum Book, Inc., 1996, p.98.

⑤ Morales, A.T., Sheafor, B. W. & Scott, M.E., *Social Work: A Profession of Many Faces*, 12nd ed., New Jersey: Prentice Hall, 2011, p.152.

基础，倡导对现有不公平社会结构的改造。伴随"反种族主义"运动的高涨而深受少数民族社会工作者的青睐，而与此相关的研究成果也随之涌现。汤普森（Thompson）指出，歧视产生的重要方面是研究历史结合了某些生物类别的低劣假设。① 显然，上述观点揭示了对少数族群的歧视与压迫来自于斯宾塞的社会进化观，并将这种进化观固化在其统治地位的过度政治化和结构化。多米尼利（Dominelli）强调反压迫理论的中心是，分化产生社会认同，而社会认同又产生压迫的方式。② 格林（Green）和鲍德里（Baldry）认为建立澳大利亚"少数民族"社会工作可借用社会公义、反歧视、基变社会工作、集体自决和尊重等理论视角。③ 由此可见，反歧视反压迫的社会工作实务致力于打破这种错误社会观所带来的对少数族群在社会结构上的歧视与压迫。而在反歧视反压迫的民族社会工作焦点中，摩尔利（Morley）指出，反歧视与反压迫社会工作的核心是围绕着个人及结构层面的运作如何导致权力不平等，以及如何察觉、批判与消灭这些不平等④，同时，在实务方法上，达尔林普尔（Dalrymple）和伯克（Burk）指出："利用机构资源和专业性帮助，把工作放在感情、观点和行动之间的联结上，以便支持弱势群体。"⑤

第三，研究述评。

---

① Thompson, N., *Anti-Discriminatory Practice*, 4rd ed., Basingstoke: Palgrave Macmillan, 2006, p.89.

② Dominelli, L., *Anti-Racist Social Work Theory and Practice*, Basingstoke: Palgrave-Now Palgrave Macmillan, 2002, p.59.

③ Green, S., Baldry, E., "Building Indigenous Australian Social Work", *Australian Social Work*, Vol.61, No.4, 2008, pp.389-402.

④ Morley, C., "Teaching Critical Practice: Resisting Structural Domination through Critical Reflection", *Social Work Education*, Vol.27, No.4, 2008, pp.407-421.

⑤ Dalrymple, J. & Burke, B., *Anti-Oppressive Practice: Social Care and the Law*, Buckingham: Open University Press, 2006, p.209.

绪 论

综观西方国家少数民族社会工作发展的历史脉络，其起源于社会工作诞生之初，但被单独提及并予以深入探讨却发端于20世纪60年代。在此之后，文化多元主义与反歧视反压迫取向成为该领域研究与实务的主要取向，对西方国家影响甚大。但值得注意的是，这两种取向仍未超越原有的实务模式与研究方式，并未真正形成有关少数民族社会工作独特实务模式与研究范式。

与此同时，更为关键的是，由于中国的民族问题与民族政策与西方国家呈现巨大差异，在借鉴其民族社会工作的理论与实务时也有诸多方面值得深入反思。一方面，就民族敏感社会工作而言，在西方国家，其主要针对的对象是移民与原住民，其移民与原住民的形成与发展与我国少数民族形成与发展有着质的区别。这种质的区别体现在文化的统一性与延续性程度上。在西方国家，其移民与原住民文化有其相对的独立性，其与西方主流文化的发展脉络是断裂的，民族敏感的社会工作十分强调保持少数族群文化的独立性，而在我国，各民族的文化是在长期历史发展中与其他民族文化的交融与借鉴中形成的，并共同组成了中华民族光辉灿烂的文化。因此，我国各民族的文化差异并不是完全独立与断裂的。这一点在我国开展少数民族社会工作，包括社会工作嵌入城市少数民族流动人口服务管理的研究与实务中需引起注意，其适应性问题，应谨慎对待，在本土实践中需进一步探讨与摸索。另一方面，就反压迫反歧视社会工作而言，西方国家的研究结论也并非可以照搬，因为其社会制度与我国也有质的区别。众所周知，西方国家的民族问题，其民族歧视与压迫问题本质是阶级压迫的显现。而在我国，目前少数民族，包括城市少数民族流动人口面临的问题是由我国经济社会的深入发展而产生，属于社会转型阶段必然出现的问题，并非由压迫与歧视而产生。因此，对待西方国家这种社会运动式的民族社会工作取向更需谨慎对待，更需在本土实践中加以进一步研究与探讨。

（二）国内研究述评

在我国，由于社会工作的发展格局是"嵌入性"的①，因此，若要对相关研究文献进行梳理，在逻辑上，首先需考察"城市少数民族流动人口服务管理"的研究现状，因为这种传统的针对城市少数民族流动人口的服务管理被认为是专业社会工作引进之前的中国"本土社会工作"，亦称为"行政性社会工作"的形态。② 可以说，对其研究现状的考察，为社会工作嵌入城市少数民族流动人口服务管理的研究提供了逻辑基础与创新依据。

第一，城市少数民族流动人口服务管理研究现状。

国内研究者对城市少数民族流动人口服务管理问题的关注是伴随着我国城市少数民族流动人口数量的不断增多和其在城市中各种问题的凸显而聚焦于此。郑杭生等认为应从社会转型和人口流动的宏观视野推进流动人口管理的科学化。③ 自上而下的控制型管理方式已很难适应对动态社会有效管理的需要。④ 只有通过系统化的"顶层设计"，创新流动人口服务管理，才能使流动人口更好地融入城市。⑤ 在社会排斥和社会内卷双重动力的推进下，少数民族流动人口的空间障碍和心理障碍，阻

---

① 王思斌：《中国社会工作的嵌入性发展》，载《社会科学战线》，2011年第2期，第206—222页。

② 王思斌、阮曾媛琪：《和谐社会建设背景下中国社会工作的发展》，载《中国社会科学》，2009年第5期，第128—140、207页。

③ 郑杭生、陆益龙：《开放、改革与包容性发展——大转型大流动时期的城市流动人口管理》，载《学海》，2011年第6期，第76—80页。

④ 张爱华：《对流动人口服务管理创新的思考》，载《云南警官学院学报》，2012年第2期，第48—52页。

⑤ 冯晓英：《城乡统筹视角下的流动人口服务管理与创新——京渝成三市城乡统筹发展的比较与启示》，载《北京社会科学》，2012年第1期，第44—49页。

碍了其城市融入①，使其关系融入与制度融入难等问题凸显。② 因此，针对少数民族流动人口服务管理问题，近几年学界给予了更多的关注。

检视近年来内地"城市少数民族流动人口服务管理"的研究发现，该领域研究成果众多，内容丰富。研究者们均结合对当地（如广佛肇、长株潭、武汉等）少数民族流动人口的现状，指出目前城市少数民族流动人口服务管理存在理念滞后、主体协调与联动机制不健全、方式单一、公共服务匮乏、法律法规不健全、社会力量参与不足等问题，并从加强宣传教育、完善法律法规、健全相关机制、立足社区、加强流入地流出地协作、多服务主体参与等方面提出了加强对城市少数民族流动人口服务管理的相关对策与建议。

不难发现，国内研究者已对城市少数民族流动人口服务管理问题探讨颇多，但综观服务管理中存在的问题，其内容的要义即是对传统城市少数民族流动人口服务管理体制机制的弊端予以揭示，并认为，若继续对其路径依赖，将无法适应新时代背景下城市少数民族流动人口的服务管理。其中社会力量参与是城市少数民族流动人口服务管理创新的重要方式之一③，而社会工作力量的嵌入是重要的实现路径选择。④

第二，社会工作嵌入城市少数民族流动人口服务管理研究现状。

---

① 陈云：《少数民族流动人口城市融入中的排斥与内卷》，载《中南民族大学学报（人文社会科学版）》，2008年第4期，第42—45页。

② 李吉和、杨春娥：《中、东部地区城市穆斯林流动人口社会关系融入状况——基于武汉、广州、杭州、宁波的调查》，载《西南民族大学学报（人文社会科学版）》，2015年第5期，第19—23页。

③ 李赟、金炳镐：《近年来城市民族事务治理现代化研究述评》，载《广西民族研究》，2017年第5期，第8—15页。

④ 梁勇、马冬梅：《现阶段我国城市流动人口变动的新特点及服务管理创新》，载《理论与改革》，2018年第1期，第173—182页。

社会工作嵌入城市少数民族流动人口服务管理研究

公共管理归根到底是服务，社会管理的本质就是公共服务。① 当前，这种新公共服务观（New Public Service）成为了我国社会治理体制机制创新的重要理论支撑，也必然成为城市少数民族流动人口服务管理体制机制创新的重要途径。社会工作参与社会治理的模式是服务型治理，即通过有效地提供社会服务而参与社会治理。② 由于国内社会工作嵌入城市少数民族流动人口服务管理的实践正处于摸索与试点阶段，且社会工作教育先于社会工作实践，因此，与之相关研究成果着墨不多，且大多并未单独呈现，大多研究结论只能从国内学者对民族社会工作的意涵、领域和发展路径等的相关研究予以探寻。在意涵上，民族社会工作是社会工作与民族工作的交叉③，是运用社会工作专业的价值观、理论方法，依据国家社会福利政策和民族政策，对面临困境的各民族群体和个人实施救助服务的活动。④ 有研究者将民族社会工作界定为：具有族性的社会工作，它以社会工作的价值理念为指导，并通过综合运用社会工作的理论知识及实务技术，最终实现微观和宏观、个体和整体的改变。⑤ 在实践领域上，研究者们从经济发展与文化持守、个人与群体将民族社会工作的任务结构一分为四，即个人和家庭微观层面的经济发展、文化持守以及族群和社区宏观的经济发展、文化持守⑥，还从"边

---

① 〔美〕登哈特：《公共组织理论（第五版）》，扶松茂、丁力译，北京：中国人民大学出版社 2011 年版，第 141 页。

② 王思斌：《社会工作参与社会治理的特点及其贡献——对服务型治理的再理解》，载《社会治理》，2015 年第 1 期，第 49—57 页。

③ 郑杭生：《民族社会学概论（第二版）》，北京：中国人民大学出版社 2011 年版，第 18 页。

④ 任国英、焦开山：《论民族社会工作的基本意涵、价值理念和实务体系》，载《民族研究》，2012 年第 4 期，第 8—16 页。

⑤ 姚丽娟：《民族社会工作的内涵和实践切入》，载《中央民族大学学报（哲学社会科学版）》，2016 年第 4 期，第 29—34 页。

⑥ 王思斌：《民族社会工作：发展与文化的视角》，载《民族研究》，2012 年第 4 期，第 1—7、107 页。

界跨越"与"文化敏感"两方面来界定民族社会工作的内容①；还有研究者将实践领域具体化为良性社会关系网络、互嵌型社区环境、"社区、民族社团"的培育与建构。② 在发展路径上，其为嵌入性发展，包括结构性嵌入与关系性嵌入③，有研究者基于综合性多主体协力视角从政府部门顶层设计、社会组织积极探索、加强社会工作者能力建设三方面探讨了发展路径问题④；还有研究者认为嵌入性发展是社会工作外在结构在城市少数民族流动人口服务管理领域合法性形成的过程。⑤

检视上述文献不难发现，目前研究者们已在概念和类型等宏观层面确立了民族社会工作，包括社会工作嵌入城市少数民族流动人口服务管理的内涵与边界，使其作为社会工作的分支学科或分支领域得以存在。因此，上述研究成果大大推动我国内地该领域研究的发展。但在肯定上述研究成果的同时，另一方面的问题值得深思，即这种研究倾向虽然能够迅速在学理上建立起民族社会工作，包括社会工作嵌入城市少数民族流动人口服务管理的应然价值所在，但并未涉及其实然价值所在，即并未涉及民族社会工作，包括社会工作嵌入城市少数民族流动人口服务管理的实践基础与实践价值所在。就像默顿（Merton，R.K.）指出帕森

---

① 王旭辉、柴玲、包智明：《中国民族社会工作发展路径："边界跨越"与"文化敏感"》，载《民族研究》，2012年第4期，第17—25、107—108页。

② 汤夺先、任嘉威：《民族社会工作介入少数民族新生代农民工城市融入研究》，载《湖北民族学院学报（哲学社会科学版）》，2018年第5期，第2、5—11页。

③ 李林凤：《民族社会工作初探》，兰州：兰州大学博士学位论文，2013年，第10—16。

④ 丁海江、向洪：《少数民族流动人口城市融入的路径研究——以重庆市社会工作介入为例》，载《中南民族大学学报（人文社会科学版）》，2016年第6期，第62—67页。

⑤ 张微、卢时秀：《社会工作嵌入城市少数民族流动人口服务管理的合法性形成与演化》，载《云南民族大学学报（哲学社会科学版）》，2019年第4期，第92—96页。

斯（Parsons, T.）对科学的误解——思想体系在进行大量的基础观察之前就能有效地确立起来那样。

目前，内地该领域的研究在方法论上并非以经验取向为基础。从长远来看，这种方法论的非经验取向也许并不利于内地有关社会工作嵌入城市少数民族流动人口服务管理的研究向纵深发展，影响该领域研究的学理价值与实践价值。

首先，从学理价值看，这种研究取向会造成研究结论的趋同性。所谓研究结论的趋同性，并非意指研究者所得结论的趋同性，而是指在探讨社会工作嵌入城市少数民族流动人口服务管理的相关议题时，如基本意涵、价值理念、服务内容、工作方法以及发展路径等，其研究结论与其他领域社会工作对上述议题的研究结论鲜有趋异之处。这样的研究结论对社会工作嵌入城市少数民族流动人口服务管理研究，乃至民族社会工作专业和学科学理价值的挖掘及持存是无益的。

其次，从实践价值而言，上述研究取向会造成相关研究结论的悬浮，即有关民族社会工作，包括社会工作嵌入城市少数民族流动人口服务管理相关研究成果的实践指导和政策咨询意义式微，无法真正在实践中发挥其价值所在。回归本源来看，不论是民族学还是社会工作专业，无论是在历史渊源上还是在当前实践中，其都以经验研究，特别是以实地调查作为其方法论的基础，因此，研究结论的形成，理论模式的构建都应扎根于对实践的观察、理解与概括中。而现实中研究者们的方法论更多的是非经验取向的，这样研究取向所得结论在实践中容易造成"专业悬浮"，从而落入无用武之地。

（三）研究展望

基于上述研究的综合考察，目前社会工作嵌入城市少数民族流动人口服务管理的相关研究在国内外处于不同的发展阶段，且呈现不同的研究特点。在国外，其研究呈现个体主义和结构主义的两种鲜明视角，研究方法以实证取向为主导，研究成果大多基于社会工作者对自身行动实践的概括与总结,但并未形成该领域统一的概念框架与实务模型,更多的是在现有的社会工作理论分析框架中(如增权、优势、生态系统论视角等)对该领域相关问题予以分析。在国内,港台地区,其该领域的实践起步略晚,研究大多基于现有行动实践,但大多以实务经验反思为主,也尚未形成其独特的理论框架与实务模式。而内地,该领域的研究处于初步阶段,最早的相关文献出现在2006年,2012年后呈迅速增长之势,但由于其主要推动力量为民族类或民族地区高校的社会工作专业教育主体,因此,研究成果大多以学理性探讨为主,聚焦国内已有实践的研究成果甚少。

综合国内外既有研究所呈现的特点和内地社会工作本土实践的发展趋势,在后续社会工作嵌入城市少数民族流动人口服务管理的研究中,可在如下方面予以深化。

第一,在研究内容上,聚焦于国内已有社会工作嵌入城市少数民族流动人口服务管理的实践,挖掘该领域的社会工作服务与其他领域社会工作服务中所凸显的独特性。这些独特性主要包括此项嵌入性实践的嵌入效应、嵌入过程中出现的困境、嵌入实践模式以及机制有待完善之处等方面。

第二,在研究的方法论上,重新回归经验取向。概念与模式的构建应在经验研究的基础之上。因此,在社会工作嵌入城市少数民族流动人口服务管理研究中,回归经验研究的方法论取向尤为重要。而在社会工作嵌入城市少数民族流动人口服务管理实践的探索和试点阶段,选择经验研究,特别是追求高效度和深度的实地调查法更有利于对研究问题的真实呈现。

第三,在研究视角上,借鉴相关学科的中层分析框架与概念工具。综合国内外研究,该领域在宏观理论视角与微观经验研究上均有所建树,但有所遗憾的是未形成自身独特的中观层面分析框架与概念工具。同时,更为重要的是,该研究议题本身就具有学科交叉性,包含了民族学、社会工作、社会学、政治学和公共管理学等多学科的研究议题。因此，以上学科的多种中层分析框架与概念工具均可尝试被引入到该领域的研究中，进而从多学科的视角推动该领域研究的丰富和深化。

三 研究方法

本书以马克思主义民族理论、习近平新时代中国特色社会主义思想为指导，运用的具体研究方法如下：

第一，文献研究法。本研究采取了文献研究法，在研究过程中收集了各类文献资料。其一，官方统计资料与研究文献，具体包括城市少数民族流动人口服务管理的官方统计资料、城市少数民族流动人口服务管理及社会工作嵌入城市少数民族流动人口服务管理的相关研究文献；其二，相关政策文件，具体包括民族工作的相关政策文件、中央和沪深两地有关推进社会工作发展，推进统战、民宗领域引入社会工作力量的相关政策文件等；其三，第一手记录文献，具体包括上海、深圳两地社会工作嵌入城市少数民族流动人口服务管理实践的项目申报书、总结报告、成效评估报告、机构年报、服务手册、档案文献和相关媒体报道等。

第二，实地调查法。对于本书而言，社会工作在城市少数民族流动人口服务管理中的嵌入性实践这一研究主旨并非是社会生活中较为常见的社会事项，况且此项实践本身在全国范围内也处于探索性实践阶段。因此，对该主旨的研究采取具有较高深度和效度实地调查的研究方法显得较为适切。事实上，无论是宽广的社会研究领域，还是更为聚焦的民族学学科领域，实地调查法均为最为基础的研究方法之一。在社会研究领域，实地研究是一种深入研究现象的生活背景，以参与观察和无结构访谈的方式收集资料，并通过对这些资料的定性分析来理解和解释现象的社会研究方式。① 而在民族学学科领域中，实地调查是民族学研究的基础，是民族学研究最主要最基本的方法，指经过专门训练的民族学工作者亲自进入民族地区，通过直接观察、具体访问、住居体验等方式获取第一手研究资料的过程。② 在这一定义中，虽然强调的研究地点是民族地区，但从收集资料的方法而言，社会研究领域实地研究的核心研究是一致的，即通过观察、访谈、体验等方式收集一手资料，并作定性的处理与分析。本书主要选取上海市 P 区和深圳市 F 区作为实地调查地点，进入该区域内街道、社区、统战民宗部门、宗教场所及经营场所等地点对社会工作者的服务或工作过程进行了参与观察，并选取了部分社会工作组织负责人、项目主管、社工督导、一线社会工作者、少数民族志愿者及服务对象（少数民族流动人口），采用面谈、电话、网络等方式进行了深度访谈。

　　第三，比较分析法。定性资料分析中的比较分析法，是指从先前已有的理论或从归纳中发展出相关的规律或关系模型的思想开始，研究者将注意力集中在少数规律上，并进一步考察那些不限于某一特定背景（如某一特定时间、地点、特定群体等）的规律性，研究者并不是要寻求那种具有普遍意义的法则，而仅仅只是那种在某种社会状况中所表现出的规律性 。③ 对于本书而言，主要是借助布迪厄场域与惯习的概念工具对上海 P 区和深圳 F 区社会工作嵌入城市少数民族流动人口服务管理的实践模式进行综合比较，对实践模式类型进行了归纳与划分，并对每种实践模式的特征进行了比较分析。

---

　　① 风笑天：《社会研究方法（第五版）》，北京：中国人民大学出版社 2018 年版，第 332 页。

　　② 宋蜀华、白振声主编：《民族学理论与方法》，北京：中央民族大学出版社 1998 年版，第 172 页。

　　③ 风笑天：《社会研究方法（第五版）》，北京：中国人民大学出版社 2018 年版，第 377 页。

四 概念界定、研究思路与创新之处

(一) 概念界定

1. 社会工作

众所周知,"社会工作"一词源自西方国家,是英文 Social Work 的直译。就此概念语义而言,主要是指西方英美国家 19 世纪下半叶以来原发内生所形成的具有职业性、专业性、慈善性、社会性的助人活动。然而,由于社会工作的领域众多,各国发展阶段、发展模式不同,一直以来,社会工作就被国内外学者从多个视角、多个层次予以定义,分别侧重于强调社会工作制度、活动、过程、方法、科学与艺术等多个方面。具体而言,在过程说方面,弗瑞德兰德(Friedlander, W. A.)将社会工作定义为一种以科学的知识和技能协助个人以达到社会与个人的满足与自主的专业服务过程。① 在科学与艺术说方面,芬克(Fink)将社会工作定义为一种艺术和科学,它通过提供助人的服务来增强个人和团体的人际关系和社会生活的功能。② 在服务活动说上,美国社会工作者协会(National Association of Social Workers, NASW)对社会工作所下的定义是:社会工作是一种专业活动,用以协助个人、群体、社区去强化或恢复能力,以发挥其社会功能并创造有助于达成其目标的社会条件。王思斌将社会工作定义为秉持利他主义价值观,以科学的知识为基础,运用科学的专业方法,帮助有需要的困难群体,解决其生活困难问

---

① Friedlander, W. A. et al., *Introduction to Social Welfare: Conctps and Methods in Social Work*, 6th ed., Englewood Cliffs: Prentice-Hall, 1980, p.32.

② 廖荣利:《社会工作概要》,台北:三民书局印行 1996 年版,第 21 页。

题，协助个人及其社会环境更好地相互适应的职业活动。① 在方法说上，邓肯·米切尔（Mitchell, D. G.）认为，社会工作是指各种有组织的方法，它们能帮助人们获得仅靠自己的努力无法得到的东西。19 世纪，这些有组织的方法在英、美两国获得了发展。当时对人们的关心主要集中在穷人的经济情况上。后来将这种关心扩大到促进精神和感情的健康上。② 在制度说上，威特默尔（Witmer, H. L.）认为：社会工作是有组织的机构或团体为解决个人所遭遇的困难而实施的一种援助，是为协助个人调整其社会关系而实施的各种服务。③ 史坡林（Siporin, M.）也认为：社会工作是一种协助人们去预防和解决社会问题，恢复并增强他们社会生活功能的一种社会制度化方法。④《世界社会科学百科全书（1972 年）》中将社会工作界定为目标是帮助社会上受到损害的个人、家庭、社区和群体，为他们创造条件，恢复和帮助人们适应和改善社会制度。⑤ 在综合说上，斯基摩尔（Skidmore, R. A.）将社会工作定义为：社会工作是一种艺术、一种科学、也是一种专业，其目的在于协助人们解决其个人、群体（尤其是家庭）、社区的问题，以及运用个案工作、群体工作、社区工作、行政和研究等方法，促使个人、群体和社区之间的关系达到满意的状态。⑥

---

① 王思斌编：《社会工作概论（第三版）》，北京：高等教育出版社 2014 年版，第 9 页。

② 〔英〕G. 邓肯·米切尔：《新社会学词典》，上海：上海译文出版社 1987 年版，第 344 页。

③ Witmer, H. L., *Social Work: an Analysis of a Social Institution*, New York: Farrar & Rinehart, 1942, p.39.

④ Siporin, M., *Introduction to Social Work Practice*, London: Macmillan, 1975, p.29.

⑤ 隋玉杰：《社会工作——理论、方法、实务》，北京：中国社会科学出版社 1996 年版，第 5 页。

⑥ Skidmore, R. A. et al., *Introduction to Social Work*, 6th ed., London: Prentice-Hall, 1980, p.32.

不难发现，社会工作的内涵是十分丰富与宽广的，其涉及从宏观制度层面到微观技巧层面等各个层次的要素。而就本书而言，社会工作需在"嵌入性"的意义框架中予以界定。而"嵌入性"的意义框架是基于结构主义的观点，主要强调的是社会工作作为一种外在结构进入到我国原有的社会服务体系中。因此，在本书中，社会工作并非单指社会工作的某一方面内涵，而是被界定为一种外在结构。具体而言，是社会工作被视为一种进入原有城市少数民族流动人口服务管理体系的外在结构，此种外在结构具体表现为社会工作从制度框架到行动框架各个层面的结构化特征。

2. 嵌入

"嵌入"这一概念最早被运用于自然科学领域，本意是指某一事物卡进另一事物的过程和结果。而在社会科学领域，最早运用这一概念解释社会现象的是卡尔·波兰尼（Polanyi, K.），其在《大转型：我们时代的政治与经济起源》一书中谈及了社会关系对经济关系的嵌入。[①] 然而，波兰尼提出"嵌入"的概念仅限于宏观理论层面，而真正将"嵌入"概念运用于社会学中层分析的是美国经济社会学家马克·格兰诺维特（Granovetter, M.）。其基于社会网络分析的视角，将社会关系对经济行为的影响操作化为关系性嵌入与结构性嵌入。[②] "关系性嵌入"是指行动者的行动总是嵌入于其所在的关系网络之中；而"结构性嵌入"则是指行动者的关系网络又是嵌入于更为广阔的社会结构之中。[③]

在国内社会工作界，最早运用"嵌入"概念来解释中国内地社会

---

① 〔匈牙利〕波兰尼：《大转型：我们时代的政治与经济起源》，冯钢、刘阳译，杭州：浙江人民出版社 2007 年版，第 58 页。

② 〔美〕马克·格兰诺维特：《镶嵌：社会网与经济行动（增订本）》，罗家德等译，北京：社会科学文献出版社 2015 年版，第 29 页。

③ 〔美〕马克·格兰诺维特：《镶嵌：社会网与经济行动（增订本）》，罗家德等译，北京：社会科学文献出版社 2015 年版，第 69 页。

工作发展状态的研究者是熊跃根，其提出了"体制性嵌入"的概念来解释中国社会工作的职业化与职业化过程。① 而徐永祥则基于汶川地震灾区社会工作的实践，用"嵌入"的概念来描述社会工作介入的过程。② 而国内系统运用"嵌入"概念来解释社会工作本土化发展状况的研究者王思斌有关中国社会工作发展状态为嵌入性的论断，初始于《和谐社会建设背景下中国社会工作的发展》一文。在此文中，王思斌认为，借用"嵌入"的概念能很好地说明行政性社会工作与专业社会工作之间的结构与互动关系，专业社会工作的嵌入指的是它必须进入行政性社会工作占主导地位或基本覆盖的社会空间发挥作用。我国的专业社会工作是嵌入行政管理体系和行政性社会工作的框架之中的，而这样的嵌入包括制度层面的嵌入，项目层面的嵌入和服务层面的嵌入三个层面。接着，在《中国社会工作的嵌入性发展》一文中，王思斌基于社会工作嵌入性发展分析，对"嵌入"的概念予以进一步解析，提出了嵌入主体、嵌入对象、嵌入过程、嵌入机制、嵌入状态、嵌入空间、嵌入类型和嵌入效应等概念。③ 这些概念均为本书澄清与阐释社会工作嵌入城市少数民族流动人口服务管理实践提供了基础性概念框架。

综上，本书就借助王思斌所提出有关"嵌入"的概念体系来界定与解析社会工作进入城市少数民族流动人口服务管理实践中的嵌入性议题。因此，在本书中，社会工作嵌入城市少数民族流动人口服务管理中

---

① 熊跃根：《论中国社会工作本土化发展过程中的实践逻辑与体制嵌入——中国社会工作专业教育10年的经验反思》，见王思斌主编：《社会工作专业化及本土化实践——中国社会工作教育协会2003—2004论文集》，北京：社会科学文献出版社2006年版，第195—208页。

② 徐永祥：《建构式社会工作与灾后社会重建：核心理念与服务模式——基于上海社工服务团赴川援助的实践经验分析》，载《华东理工大学学报（社会科学版）》，2009年第1期，第1—3、15页。

③ 王思斌：《中国社会工作的嵌入性发展》，载《社会科学战线》，2011年第2期，第206—222页。

的"嵌入",是指专业社会工作进入原有行政性社会工作占主导地位或基本覆盖的城市少数民族流动人口服务管理社会空间中发挥作用的过程与结果。进一步而言,本书的研究思路是基于"嵌入"的概念框架予以展开的,由此先将本书主体部分章节中所使用若干"嵌入"的子概念予以澄清。第一,嵌入的基础。所谓嵌入的基础,即社会工作嵌入城市少数民族流动人口服务管理的前提条件。这些前提条件既包括现实层面的,也包括学理层面的。第二,嵌入的实践,即社会工作嵌入城市少数民族流动人口服务管理的实践概况,包括嵌入性实践的背景、嵌入性实践的形成与发展和嵌入性实践的主体与客体等。第三,嵌入的效应。所谓嵌入的效应,是指专业社会工作嵌入社会服务实践所产生的效应。这种效应包括两个方面:一方面是社会效应,另一方面,则是对自身发展产生的效应。① 而在本书中,所谓嵌入的效应,具体指社会工作嵌入城市少数民族流动人口服务管理后所产生的实践效果,主要是指正向效果。这些效应既包括给城市少数民族流动人口服务管理工作带来的效果,又包括给社会工作自身发展带来的效果。第四,嵌入的困境。所谓嵌入的困境,主要是指社会工作嵌入城市少数民族流动人口服务管理实践过程中出现的困难境遇。这些困难包括制度层面嵌入、项目层面嵌入和服务行动层面嵌入三个层面所呈现出的困难境遇。第五,嵌入的策略性优化。所谓嵌入的策略性优化,即优化社会工作嵌入城市少数民族流动人口服务管理实践的行动策略。行动策略是多方面的,可能既包括实践模式选择方面,又包括机制完善方面等。

(二) 研究思路

本书以我国社会工作嵌入性发展中有关"嵌入性"的理论观点作为总体分析框架,研究议题聚焦嵌入的基础、嵌入的实践、嵌入的效

---

① 王思斌:《中国社会工作的嵌入性发展》,载《社会科学战线》,2011年第2期,第206—222页。

应、嵌入的困境以及嵌入的策略性优化等议题。而就研究思路而言，其内在逻辑如下：

第一，嵌入的基础。本部分内容回答的是社会工作嵌入城市少数民族流动人口服务管理的契合性问题。包括现实性与可能性。在现实性方面，我国城市少数民族流动人口及服务管理的现状形成了社会工作嵌入的倒逼压力。在可能性方面，社会工作的学科特点及社会工作与城市少数民族流动人口服务管理的内在关联性是社会工作嵌入城市少数民族流动人口服务管理的可能性之所在。具体而言，表现在社会工作与城市少数民族流动人口服务管理工作存在趋同性以及社会工作对城市少数民族流动人口服务管理工作的弥补性两个方面。

第二，嵌入的实践。本部分回答的问题是嵌入性实践的基本状况。本部分基于实地调查的资料，呈现内地率先开展城市少数民族流动人口社会工作服务的城市——上海和深圳开展此项实践的基本状况，从两地嵌入性实践的背景，嵌入性实践的形成与发展、嵌入的主体与客体三个方面予以展开。在实践背景方面，主要阐释沪深两地开展此项实践是在少数民族流动人口数量激增带来的倒逼压力、政府主体主动谋求社会治理模式的创新和社会工作本土化发展的先行与引领三重背景性因素共同催生的；在实践形成与发展方面，主要阐释沪深两地实践形成的缘起与发展阶段；在实践主体与客体方面，主要是揭示沪深两地购买主体与实践客体，即服务对象上存在的特点。

第三，嵌入的效应。本部分回答的是嵌入的实践效应问题，即社会工作嵌入城市少数民族流动人口服务管理实践产生的实践效果如何。这一效应既包括对城市少数民族流动人口服务管理领域产生的实践效果，也包括对社会工作专业自身发展产生的效果。具体而言，在对城市少数民族流动人口服务管理领域产生的实践效应方面，主要从少数民族流动人口社会福利服务的精准供给、少数民族志愿者组织的"自组织化"建设和少数民族流动人口的"服务性"协同治理三个方面予以展开。而在对社会工作专业发展产生的实践效应方面，主要论及的是少数民族流动人口服务管理领域中社会工作的结构性生长。

第四，嵌入的困境。本部分主要回答的问题是社会工作嵌入城市少数民族流动人口服务管理在实践中出现的困境为何。这些实践困境可从制度、项目和服务行动三个层面予以澄清。具体而言，制度层面嵌入的困境主要表现为统战、民宗领域购买社会工作服务制度设计的碎片化和社会工作组织对政府主体的非对称性依赖两方面；项目层面嵌入的困境主要表现为实践过程中的目标替代和内卷化；服务行动层面嵌入的困境则表现为服务行动实践权受限和专业性消减。

第五，嵌入的策略性优化。本部分内容回答的是优化社会工作嵌入城市少数民族流动人口服务管理实践的行动策略为何，主要从模式选择和机制完善两个方面予以展开。在模式选择方面，通过建立社会工作嵌入城市少数民族流动人口实践模式的类型划分与特征分析变量的概念体系，在实然层面对沪深两地此项实践的实践模式进行类型划分，并对每种类型实践模式特征比较分析，从而提出嵌入实践模式策略性优化的应然选择。在机制完善方面，本书基于嵌入实践的困境与模式选择的优化，力图从建立健全城市民族工作领域购买社会工作服务的长效机制、统战、民宗部门政社合作机制、少数民族社会工作专业人才队伍建设机制、城市民族工作领域社会工作者专项能力提升机制和社会工作者全面参与城市少数民族流动人口服务管理政策咨询与倡导工作机制五个方面予以澄清。

（三）本书创新之处

基于上述对社会工作嵌入城市少数民族流动人口服务管理的综述与展望，本书力图在如下方面有些许创新：

第一，研究内容的系统与深入。如前所述，目前国内社会工作嵌入城市少数民族流动人口服务管理的研究正处于起步阶段，国内研究者对该项实践在实然层面的相关议题，如社会工作嵌入后所产生的效应、在嵌入过程中凸显的困境及嵌入所采取的实践模式等着墨不多。因此，本书力图在实然层面更为系统与深入地阐释该领域研究的上述实然议题，并尝试从应然层面提出该领域实践的策略性优化，更为适切的模式选择及机制有待完善之处等。

第二，研究方法上经验取向的回归。如前所述，目前国内该领域研究更多倾向于应然演绎的学理性研究，这影响了该领域研究向纵深发展。本书力图回归科学研究的逻辑起点，采用实地调查的研究方法，对社会工作嵌入城市少数民族流动人口服务管理诸多研究议题，尝试通过实然归纳来形成研究结论。具体而言，通过对内地社会工作嵌入城市少数民族流动人口服务管理实践先行试点沪深两地的田野调查，进而通过对收集的一手研究资料予以理解、解释、概括、比较归纳与总结反思后形成研究结论。

第三，研究视角的跨学科性。虽然本书的研究领域、研究的对象与采取的研究方法属于民族学范畴，但研究理论视域和研究内容又涉及社会学、社会工作范畴，而研究前提与背景则涉及政治学、公共管理学。因此，本书力图尝试性引入社会学、政治学、公共管理学等学科的相关中层分析框架与概念工具揭示与阐析该领域相关研究议题，望对该领域研究有所深化。

五　田野调查点及访谈对象基本情况

截至2017年底，上海市辖有浦东新区、黄浦、徐汇、长宁、静安、普陀、虹口、杨浦、闵行、宝山、嘉定、金山、松江、青浦、奉贤和崇明16个区，共105个街道、107个镇、2个乡，有居委会4364个、村委会1585个。上海常住人口2418.33万人，其中外来人口972.68万人。上海户籍人口1455.13万人。全市户籍数546.13万户，平均每户人口2.66人。上海除汉族外，有55个少数民族成分，全市实有少数民族人口总数 43.34 万人，少数民族人口最多的是回族，有 11.81 万人。①截至 2018 年底，上海市 P 区区域面积 1210 平方公里，下辖 12 个街道、24 个镇，常住人口 555.02 万人。② 聚集全部 55 个少数民族，在上海市 P 区的常住人口中，少数民族户籍人口 3.71 万人，少数民族流动人口 7.18 万人。③

深圳是中国广东省省辖市，国家副省级计划单列市。截至 2018 年，深圳市圳下辖福田区、罗湖区、盐田区、南山区、宝安区、龙岗区、龙华区、坪山区、光明区 9 个行政区和大鹏新区 1 个新区，常住人口 1302.66 万人，其中常住户籍人口 454.70 万人，常住非户籍人口 847.97 万人。深圳原居民为单一的汉民族，自改革开放以来，从单一的民族成分，发展到 2002 年已拥有 55 个少数民族，被国家列为全国 12 个"少数民族流动人口服务管理体系建设工作试点城市"之一，2016 年被国家民委确定为全国首批"少数民族流动人口服务管理示范城市"之一。截至 2018 年，深圳市少数民族人口总数 105.18 万人，其中户籍人口 12.58 万人，非户籍人口 92.60 万人。少数民族人口最多的是壮族（42 万人），人口最少的是珞巴族（3 人）。深圳是广东省少数民族人口流入最多的城市（少数民族人数占广东省 1/3），也是全国少数民族人口聚居最大的城市。人口超过 1 万人的少数民族有壮族、苗族、土家族、布依族、彝族、回族、朝鲜族、满族、蒙古族、白族、黎族 13 个。④ 深圳市 F 区位于深圳市南部，截至 2018 年，区域面积 78.66 平方千米，下辖 10 个街道办事处，共有 95 个社区工作站和 115 个街道办事处，常住人口 156.12 万人，其中户籍人口 103.87 万人。⑤ 聚集 54 个少

---

① 数据来源：http：//www.shanghai.gov.cn/。
② 数据来源：https：//www.pudong.gov.cn/shpd/。
③ 数据来源：http：//mzzj.sh.gov.cn/mzw/index.html。
④ 数据来源：http：//www.sz.gov.cn/cn/。
⑤ 数据来源：http：//www.szft.gov.cn/。

数民族，在深圳市 F 区的常住人口中，少数民族 5.50 万人。①

在调查地点的选取上，本书选取了上海 P 区和深圳 F 区两个调查地点。之所以选择这两个地点作为本书的调查点，是因为上海、深圳是在城市少数民族流动人口服务管理领域最早引入社会工作力量的城市，而上海 P 区与深圳 F 区又是其中的先行试点，分别从 2007 年和 2010 年开始了社会工作嵌入城市少数民族流动人口服务管理的实践探索。在实践中，两地的实践既呈现了不同的实践形态，又表现出了诸多趋同的效应与困境，均十分具有典型性，这些更加有利于全面、系统地呈现社会工作嵌入城市少数民族流动人口服务管理实践的整体性面貌。需要指出的是，上海 P 区和深圳 F 区均是区位空间上的概念。即本研究收集资料的地点是在上海 P 区和深圳 F 区。以深圳为例，实地调查中，受访社会工作者的办公地点或服务范围在深圳 F 区，深圳市民宗局位于深圳市 F 区，深圳市 F 区民宗局驻点社工的服务范围在 F 区，而并不是探访的每家社会工作组织均位于深圳 F 区，比如探访的深圳四家社会工作组织只有 S、F 和 W 三家社会工作组织位于 F 区，而 Z 社会工作组织并不位于 F 区，只是承接了深圳 F 区民宗局岗位社工的项目。从 2017 年开始，作为研究者的我多次赴上海 P 区、深圳 F 区开展了实地调查。② 在上述调查区域对社会工作服务地点与过程进行了参与观察，并收集服务城市少数民族流动人口的项目申报书、总结报告、成效评估报告、机构年报、服务手册和媒体报道等相关文献资料。同时，以在上海 P 区和深圳 F 区开展此项实践的社会工作组织为介入点，选择若干社会工作组织负责人、项目主管、社工督导、一线社会工作者、少数民族志愿者及服务对象（少数民族流动人口）作为调查对象，进行深度访谈。

本书访谈的对象主要是沪深两地的社会工作者、少数民族志愿者和

---

① 数据来源：http://www.tzb.sz.gov.cn/。

② 本书中所使用访谈资料及案例均来源于此项实地调查，此注后不再一一注明。

服务对象，主要包括：第一，社会工作者（简称"社工"）。具体如下：YRY，女，上海市L社会工作服务机构，项目主管兼社工；JRY，女，上海市L社会工作服务机构，社工；FPH，女，上海市L社会工作服务机构，社工；ZB，女，上海市L社会工作服务机构，项目主管兼社工；ZL，女，上海市L社会工作服务机构，社工；ZLX，女，上海市L社会工作服务机构，社工；ZLH，女，上海市L社会工作服务机构，社工；WJJ，男，上海市L社会工作服务机构，社工；ZR，女，深圳市S社会工作服务机构，社工；JB，女，深圳市S社会工作服务机构，社工；ZJ，男，深圳市W社会工作服务机构，机构负责人，社工督导；ZB，女，深圳市W社会工作服务机构，社工；LJF，男，深圳市F社会工作服务机构，社工；ZL，男，深圳市F社会工作服务机构，社工；LJ，女，深圳市F社会工作服务机构，社工；LZ，女，深圳市F社会工作服务机构，社工督导；LY，男，深圳市Z社会工作服务机构，社工督导；LJJ，女，深圳市W社会工作服务机构转到深圳市Z社会工作服务机构，社工。第二，少数民族志愿者。具体如下：SGT，男，回族，上海市少数民族志愿者，70岁；ZLR，男，回族，上海市少数民族志愿者，68岁；HLJ，男，回族，上海市少数民族志愿者，73岁；ADH，男，回族，上海市少数民族志愿者，67岁。第三，服务对象（少数民族流动人口）。具体如下：ZF，男，上海市服务对象，37岁，清真拉面经营者；ZY，男，上海市服务对象，42岁，清真拉面经营者；MXM，女，上海市服务对象，45岁，回民清真超市；ZWF，男，上海市服务对象，60岁，清真拉面经营者。

第一章 嵌入的基础：契合性

探讨社会工作嵌入城市少数民族流动人口的服务管理，其前提与基础需阐明社会工作的嵌入性发展（本土化的过程）与城市少数民族流动人口改革创新，尤其是城市少数民族流动人口服务管理社会化在发展脉络上出现的契合性，这样的契合性是两者之间的亲和性，这种亲和性就是两者契合的基础。一方面，就城市少数民族流动人口服务管理而言，我国城市少数民族流动人口的现实境遇与传统城市少数民族流动人口服务管理存在的固有问题形成了亟待改革与创新、迈向社会化与专业化、引进社会工作力量的倒逼压力；另一方面，我国社会工作行动主体在本体实践中能力的不断提升和外在结构的快速生长，使其在社会治理领域发挥了愈发重要的功能，这成为了社会工作嵌入城市少数民族流动人口服务管理领域的另一重要基础。因此，在本章论述社会工作嵌入城市少数民族流动人口服务管理的基础时，对以上两方面的内容予以澄清。

一　我国城市少数民族流动人口服务管理的现状

随着改革开放逐步地深入和城镇化进程不断加快，越来越多的少数民族人口进入城市，尤其是中、东部地区城市，形成了一支"少数民族流动人口"大军。他们为城市经济社会发展做出了贡献，但由于经济、社会和文化等诸多结构性因素，城市少数民族流动人口呈现出身份和文化的双重弱势性①，因此，部分少数民族群众在生产和生活中存在一定的困难，出现了收入低、就业困难、社会融入不足、享受公共服务不充分等问题。

（一）现实境遇

本章对于目前我国城市少数民族流动人口的现实境遇的论述主要从其基本概况、社会融入状况与享受公共服务状况三个维度展开。

1. 基本概况

城市少数民族流动人口，是指不具备城市户籍但又在城市居住并从事各种经济、文化活动的少数民族人口，它有别于城市世居少数民族和城市新进少数民族。② 所谓城市少数民族流动人口的基本概况，主要包括城市少数民族流动人口的基本特征与生存现状。

在基本特征方面，改革开放以来，特别是21世纪以来，随着中国特色社会主义市场经济体制的不断完善发展，经济社会发展水平迅速提升，城乡和区域间人口流动趋势越发明显，城市特别是中、东部地区城市少数民族流动人口数量增加迅速。截至2017年末，我国的城市化率已达58.52%多。与此相适应，我国城市少数民族流动人口增加趋势明显，特别是在东部地区城市表现得更加明显。对今天众多城市特别是中、东部地区城市来说，城市少数民族流动人口绝对数大大增加，民族成分日趋多元。据1990年第四次人口普查，城市少数民族人口为

---

① 朱志燕：《民族形象建构与双重弱势：城市中的维吾尔族流动人口——对"切糕事件"的社会学分析》，载《中南民族大学学报（人文社会科学版）》，2014年第4期，第57—62页。

② 刘毅：《城市少数民族流动人口社会融入与社会管理创新》，载《中央社会主义学院学报》，2011年第5期，第103—107页。

第一章 嵌入的基础：契合性 |

886.24万人，占少数民族总人口的9.70%；2000年第五次人口普查，为1242.42万人，占比为11.87%；到2010年第六次人口普查时达到1773.29万人，占比增加到15.84%。1990—2010年间全国城市少数民族人口增加了890.05万人，增长100.09%，增长率高于全国城市人口增长率91.15%和汉族城市人口增长率90.76%。① 据《中国流动人口发展报告2018》，2017年流动人口总量为2.44亿人②，其中少数民族有十分之一左右。③以上海P区为例，截至2018年底，上海市P区区域面积1210平方公里，现辖12个街道、24个镇，常住人口555.02万人，聚集全部55个少数民族，在上海市P区的常住人口中，少数民族户籍人口37155人，少数民族流动人口71753人。

　　与此同时，国内诸多研究者已通过大量的实证调查，分别从不同地域、群体等维度对我国城市少数民族流动人口的基本概况予以了较为全面的描述与概括。研究者何立华利用最近两次人口普查资料发现：少数民族流动人口规模日渐庞大，人口流动率已接近15%；人口流动不仅范围在不断扩大，流动时间也在不断变长；流动人口以受教育程度相对较高的青壮年人口为主，因务工经商而流动的比例高，多从事生产和运输设备操作及相关工作；流动范围以省内为主，跨省流动人口主要来自广

---

① 根据国务院人口普查办公室、国家统计局人口统计司编：《中国1982年人口普查资料（电子计算机汇总）》，北京：中国统计出版社1985年版；国务院人口普查办公室、国家统计局人口统计司编：《中国1990年人口普查资料》（第一册），北京：中国统计出版社1993年版；国家统计局人口和社会科技统计司、国家民族事务委员会经济发展司编：《2000年人口普查中国民族人口资料》，北京：民族出版社2003年版；国家统计局人口和就业统计司、国家民族事务委员会经济发展司编：《中国2010年人口普查分民族人口资料》，北京：民族出版社2013年版统计计算。

② 国家卫生健康委员会编：《中国流动人口发展报告2018》，北京：中国人口出版社2019年版，第4页。

③ 李吉和、张娇蓉：《少数民族流动人口融入城市的社会认同考量——基于武汉、广州、杭州、宁波市的调查》，载《烟台大学学报（哲学社会科学版）》，2018年第3期，第78—84页。

西、贵州和湖南,始终有 50% 左右流向广东和浙江。① 研究者李吉和等通过对改革开放以来的第三次、第四次、第五次、第六次人口普查数据的对比分析发现,东部地区城市少数民族人口数量增加迅速,民族成分增多;城市少数民族的年龄以中青年为主,性别结构整体趋于平衡,但各少数民族变化差异较大;在受教育程度方面,受过初中、高中、大学阶段教育的人口大幅增长;从业人口中,脑力职业者比重提升,但体力劳动者仍占主体;城市族际通婚率越来越高。② 还有研究者左昕等研究发现:少数民族流动人口学特征表现为性别比高,受教育水平低,户口性质以农业为主,年龄结构以中青年为主;少数民族流动人口流动特征表现为流动时间开始晚、发展后劲足,流动形式家庭化,流动空间高重合,流动范围以跨省为主,流动原因以务工经商为主;少数民族流动人口就业特征表现为就业同质性强,收入水平低,劳动权益保障缺乏,就业社会保障覆盖低;少数民族流动人口城镇化安居和再流动意愿特征表现为安居意愿待提升,再流动意愿低。③

　　从上述研究者的研究结论中不难发现,目前我国城市少数民族流动人口在年龄结构、文化程度等基本特征方面总体上与流动人口呈现出较为趋同的特征。但值得注意的是,由于其民族身份的客观存在,其在就业方式、人际交往等方面却表现出趋异之处,比如,就业方式以非组织化就业为主,居住方式聚族而居,人际交往内卷化等。因此,对于城市少数民族流动人口而言,其在城市生产与生活中会处于更为不利的地位。就社会工作专业的学科本位而言,赋权增能、助人自助是其基本的

---

　　① 何立华、成艾华:《少数民族人口流动的特征、变化及影响——基于最近两次全国人口普查资料的分析》,载《民族研究》,2016 年第 6 期,第 23—38、124 页。
　　② 李吉和、周红英:《略论改革开放以来东部地区城市少数民族人口结构变化》,载《民族研究》,2018 年第 6 期,第 43—54、124 页。
　　③ 左昕、林李月、朱宇等:《新时期中国少数民族流动人口特征现状调查与分析》,载《广西民族研究》,2019 年第 1 期,第 90—99 页。

价值导向与实践指向。在社会工作者眼中，城市少数民族流动人口之所以在城市生活中处于不利地位，正是由于其权能不足导致的，而这为社会工作者提供了用武之地，是其发挥专业优势的实践领域。

2. 社会融入状况

社会融入（Social Inclusion）是国际上用于移民、少数民族等群体研究的重要概念，其通常被用于描述某一群体在进入新的时空场域后，在面临跨文化碰撞与冲击时的社会整合程度。社会融入意涵的历史渊源来自于涂尔干（Durkheim, É.）对于社会团结的研究。事实上，在涂尔干眼中，社会团结主要是通过社会约制力和社会凝聚力完成的。因而，就此种意义而言，某一群体的社会融入其本质上就包括了上述两个层面。具体而言，是某一群体的新时空场域规则的遵守程度与其对新时空场域文化的认同程度。

目前用于衡量社会融入的维度和指标体系极为丰富。比如，研究者风笑天从经济、心理、环境、生活四个维度，用九个指标测量了三峡移民在迁入地的融入状况。① 又如，研究者杨黎源从邻里关系、工友关系、困难互助、社区管理、风俗习惯、联姻结亲、安全感、定居选择八个视角分析流动人口社会融入状况。② 进一步而言，在城市少数民族流动人口社会融入的研究中，研究者们基本上沿用了上述维度与指标。研究者任霞从经济适合、社会接纳、文化认可和心理归属四个维度建立大城市外来少数民族人口社会融合评价指标体系，并对融合状况进行了全

---

① 风笑天：《"落地生根"？——三峡农村移民的社会适应》，载《社会学研究》，2004年第5期，第19—27页。

② 杨黎源：《外来人群社会融合进程中的八大问题探讨——基于对宁波市1053位居民社会调查的分析》，载《宁波大学学报（人文科学版）》，2007年第6期，第65—70页。

面细致的分析，进而评价了目前城市少数民族流动人口社区融入程度。① 研究者李林凤从经济融入、社会融入、政治融入、文化融入、市民社会与少数民族流动人口之间相互接纳、认同的程度等维度测量了城市少数民族流动人口的社区融入状况。② 两位研究者的研究结论均显示，城市少数民族流动人口的社区融入状况不容乐观。更有研究者直接基于社会排斥的视角研究城市少数民族流动人口的社区融入状况，认为少数民族流动人口在城市中遭到的排斥包括制度排斥、文化排斥、人际关系排斥等方面。③

在促进社区居民社会融入方面，社会工作行动框架有其得天独厚的优势，社会工作者通常使用社区营造、社区宣传、社区教育、自组织的培育等专业方法促进居民的社会融入程度。目前，受到经济收入、思想观念、文化风俗等多方面因素的影响，城市少数民族流动人口的社会融入状况不佳是不争的事实。而社会融入状况是直接影响城市少数民族流动人口在城市生活幸福感、归属感和获得感的核心性因素，提高城市少数民族流动人口社会融入程度形成了对城市少数民族流动人口服务管理工作，特别是服务工作的倒逼压力。因此，开拓新途径、多措并举，提高城市少数民族流动人口社会融入程度应成为城市少数民族流动人口服务管理工作的必然选择。这也就为社会工作嵌入城市少数民族流动人口服务管理提供了实践的可能性与空间。

3. 享有公共服务状况

有关公共服务的定义，国外学者说法不一，均从不同学科、不同视

---

① 任霞：《大城市外来少数民族人口的社会融合研究——以上海市为例》，上海：华东师范大学硕士学位论文，2009年，第17—19页。

② 李林凤：《从"候鸟"到"留鸟"——论城市少数民族流动人口的社会融合》，载《贵州民族研究》，2011年第1期，第13—19页。

③ 左岫仙、青觉：《城市少数民族流动人口身份认同困境及治理》，载《贵州民族研究》，2017年第4期，第44—50页。

角做出了不同的界定。国内学者对公共服务内涵提出了"公共物品说"、"公共利益说"、"人权事务说"、"政府职责说"、"公共行为说"和"福利说"等主张。① 其中，福利说是从回应民众需求的视角对公共服务加以界定的，较为符合本书的公共服务的意指。在该视角下，公共服务被当作是一项福利，主要意指政府运用其权威资源，根据特定的公共价值（如权利、慈善和正义），通过公共政策回应社会需求，使大多数人得到最大的福利。② 目前，我国的大中城市，尤其是中、东部地区的大中城市已建立起了较为完备的公共服务体系，城市居民能享受到多类型多元化的公共服务。然而，由于历史、户籍、地域、文化等多方面的限制，城市少数民族流动人口却未能公平、充分地享受到与城市居民同等的公共服务水平。而在公共服务供给的问题上，研究者李俊清认为城市少数民族流动人口公共文化生活领域的匮乏也是其重要表现维度之一。③ 研究者马晓玲等通过对成都市三个民族社区的调研结果可知，城市多民族社区居民对公共服务既有集体的共同要求，也有个体的差异需求，对社区公共服务能力提出了较高要求。从治理的视角出发，城市民族互嵌式社区的公共服务，应通过政府、市场、社会等多元化的供给主体，为社区内包括流动人口在内的各民族居民提供多样化的服务类别，以更好契合和满足社区内各民族居民的需求。④ 研究者马伟华等指出，目前城市流动少数民族基本公共服务供给匮乏问题主要表现在两个方面：一是义务教育缺失。教育属于城市公共服务的重要组成部分，而流

---

① 项显生：《我国政府购买公共服务边界问题研究》，载《中国行政管理》，2015年第6期，第38—45页。

② 陈振明：《公共服务导论》，北京：北京大学出版社2011年版，第13页。

③ 李俊清：《东部城市少数民族流动人口公共服务研究》，载《中国行政管理》，2012年第11期，第60—63页。

④ 马晓玲、洪舒蔓：《治理视角下城市民族互嵌式社区公共服务研究——关于成都市浆洗街三个民族社区的调查报告》，载《中南民族大学学报（人文社会科学版）》，2018年第4期，第57—61页。

动少数民族子女由于户籍、语言障碍、经济条件等问题不能与拥有本地户籍的城市居民子女享有同等的教育条件，不能进入所在区的公办学校就学。二是权益保障不到位。少数民族本身就业层次普遍偏低，通常以劳动密集型行业为主，收入低、工作强度大。① 同时，在城市少数民族流动人口合法权益的保障方面，研究者刘立祥进一步指出，城市少数民族流动人口未能得到应有的保障，具体体现在劳动与就业平等的权利保护不足，少数民族职业教育保障不足，宗教信仰尊重、保护以及传承力度不够和生活保障以及经济救助不力等四个方面。② 以国家治理现代化作为民族工作创新的指导方向，是解决城市少数民族流动人口权利保障问题的一个有效路径。城市少数民族流动人口权利保障应当遵循民主化、多元化、协同化、科学化、法治化、信息化的目标定位。城市民族工作主体需要正视少数民族流动人口基本权利保障面临的现实困境，从加强民主管理、引入多元主体共治、构建治理主体合作机制等方面增强工作主体的政治效能，将各项工作做实、做透。③ 城市少数民族流动人口合法权益是指流动到城市中的少数民族因其民族身份而享有的国家法律法规所保障的权益。由于法律法规不完善等原因，城市少数民族流动人口合法权益受侵害的情况时有发生，直接影响到民族团结与社会和谐稳定。因此，要坚持长远目标与近期目标相结合的原则，把立法保障作为长远目标和终极目标，政策保障与社会保障作为近期目标，在实践中让广大少数民族流动人口的权益得到有效保障。④

---

① 马伟华、鲁亚倩：《"安全阀"：城市社区民族冲突及其消解机制》，载《广西民族研究》，2017年第5期，第1—7页。

② 刘立祥：《城市少数民族流动人口生活状况及保障研究》，载《贵州民族研究》，2016年第9期，第60—63页。

③ 马伟华、易艳霞：《国家治理现代化视角下的城市少数民族流动人口基本权利保障》，载《贵州民族研究》，2018年第12期，第17—21页。

④ 刘立敏：《城市少数民族流动人口权益保障的现状与出路》，载《烟台大学学报（哲学社会科学版）》，2018年第3期，第91—99页。

社会工作的行动实践是在社会福利框架下的行动实践，其专业职责与职业使命之一就是挖掘和整合各种社会资源为处于不利地位的弱势群体有效传递社会福利。从目前的相关研究可知，事实上，城市少数民族流动人口虽然在城市中从事生产生活，但由于自身能力、社会结构与文化风俗等多方面的差异，其在子女教育、就业培训、生活救助、宗教信仰、文化保护与传承和公共文化生活等方面均未能享受到与城市居民同等的公共服务供给。公共服务供给不足的实质是社会福利未能有效惠及城市少数民族流动人口，这无疑从结构层面对城市少数民族流动人口服务管理工作提出了新的挑战。基于此，在现行社会福利框架下，如何能挖掘和整合更多的社会福利资源惠及城市少数民族流动人口是城市少数民族流动人口服务管理工作的重要实践指向。而在此方面，社会工作在挖掘整合社会福利资源上的行动框架无疑是当前相关部门解决城市少数民族流动人口公共服务供给不足的适切选择。

（二）服务管理的特点

我国城市少数民族流动人口服务管理的特点是在新中国成立以来各项民族政策，尤其是城市民族工作的具体落实与映照，既体现出了其历史发展中的延续性与稳定性，又体现了其在现实境遇中的适应性与变革性。这样的特点在历史与现实双重维度的考察中，可从如下几个方面予以概括。

1. 政治性

习近平总书记在2014年中央民族工作会议中指出，处理好民族问题、做好民族工作，是关系祖国统一和边疆巩固的大事，是关系民族团结和社会稳定的大事，是关系国家长治久安和中华民族繁荣昌盛的大事。① 习近平总书记还指出，民族工作是政治性、政策性都很强的工作。要坚持从政治上把握民族关系、看待民族问题。处理民族问题，要讲政治原则、讲政策策略、讲法治规范。一直以来，我国的民族工作一直受到党和政府的高度重视，被上升到事关国家统一、民族团结、社会稳定的战略高度。这无疑给我国的民族工作赋予了很强的政治性。众所周知，从历史的维度审视我国现行的民族工作不难发现，平等、团结、互助、和谐社会主义民族关系的形成来之不易，各民族手足相亲、守望相助的良好局面来之不易，这些均归功于党和政府始终把民族工作置于国家长治久安的战略高度才得以实现。就现实角度而言，目前，我国正处于各民族跨区域流动的活跃期，大量来自贫困、偏远民族地区的少数民族群众流入城市，这给城市民族工作带来了新的挑战。2016年1月，俞正声同志在对全国城市民族工作会议的批示中指出，城市民族工作要以做好少数民族流动人口服务管理为重点，促进各民族交往交流交融。② 2017年，中共中央办公厅、国务院办公厅印发的《关于加强和改进少数民族流动人口服务管理工作的意见》进一步指出，全国两亿多流动人口中，少数民族达到十分之一左右。这种变化有利于少数民族群众开阔视野、增加收入，有利于促进流入地发展、带动民族地区发展，有利于增进民族团结、维护国家长治久安。……境内外敌对势力利用涉及少数民族流动人口的一些案（事）件，煽动民族对立，破坏民族团结，各地要进一步提高思想认识，重视做好少数民族流动人口工作，切实加强和完善服务管理体制机制。

可见，作为民族工作重要组成部分，城市民族工作中城市少数民族流动人口服务管理工作亦是如此，也被赋予了不同于其他城市流动人口服务管理的不同意涵，即政治性。这种政治性是城市少数民族流动人口

---

① 《中央民族工作会议暨国务院第六次全国民族团结进步表彰大会在北京举行》，载《人民日报》，2014年9月30日。

② 《全国城市民族工作会议在京召开》，载《人民日报》，2016年1月6日。

服务管理工作的出发点与落脚点，同时也是一切具体工作的总目标与行动指南。

然而，值得注意的是，我国城市少数民族流动人口服务管理工作的政治性意涵保证了该项工作在目标取向上具有战略性高度，保证了各级各地政府对该项工作应长期保持高度重视。但与此同时，这种政治性的目标取向或许会使城市少数民族流动人口服务管理工作在实际的行动实践中产生一定的偏移。因为，政治性往往会导致有些地方城市少数民族流动人口服务管理工作更多地将焦点放在涉民族因素的突发事件与群体的预防与处置上[1]，而容易忽视对城市少数民族流动人口的日常关爱与服务。而在工作职责上也往往容易注重管理而忽视服务[2]，甚至以管理替代服务。

2. 任务性

长期以来，我国城市少数民族流动人口服务管理在实践过程中，表现出明显的任务性取向，具有明显自上而下的行政意味，即各级城市民族工作实施主体通过逐级传导，将党和国家针对城市少数民族流动人口服务管理的各项政策逐级分解与传导，最终传达到基层，从而面向城市少数民族流动人口展开各项工作。这样的工作方式具有很强的制度优势，既可保证各级民族工作政府部门能够第一时间接收、学习、传达、分解和落实党和国家针对城市少数民族流动人口的路线方针政策，保证了各种涉及民族因素复杂问题的有效预防与及时处置。同时，也可保证党和政府针对城市少数民族流动人口的各项优惠与福利政策及时落地，惠及城市少数民族流动人口。

---

[1] 吴新叶：《涉民族因素社会冲突治理中的问题及对策》，载《政治学研究》，2015年第4期，第42—51页。

[2] 孙婷：《城市少数民族流动人口服务管理困境与创新》，载《贵州民族研究》，2017年第1期，第46—50页。

众所周知，我国是一个统一多民族国家，少数民族呈现出大杂居、小聚居的居住状态。改革开放以来，特别是进入21世纪以来，我国进入了人口流动活跃期，大量少数民族群众从民族地区进入了大中城市，这使得我国城市少数民族流动人口服务管理工作难度加大。事实上，在城市少数民族流动人口服务管理工作中的任务性取向既体现了新中国成立以来，党和政府对少数民族群众一以贯之的关心和重视，又体现了改革开放以来，在社会转型加剧背景下，党和政府对城市少数民族流动人口服务管理工作敏感性复杂性的高度关注。目前，城市少数民族流动人口服务管理工作不断优化升级，城市少数民族流动人口管理工作不断迈向信息化、法制化与精细化。而在城市少数民族流动人口的服务方面，党和政府更是高度重视，服务内容不断丰富，涉及就业培训、法律援助、子女就学服务等多方面，并协调多部门联动推进。但值得注意的是，这种任务式的工作模式仍然沿用至今，成为城市少数民族流动人口服务管理工作中的主导实施模式。在此种模式的行动框架中，所有城市少数民族流动人口的管理工作按照上级统一指示开展，而服务工作也是按照统一的、甚至是标准化的模式予以推进，比如，统一向少数民族群众派发生活指南守则，在民宗部门的办公楼内统一设置法律援助中心等。这些均保证了党和政府能够统一开展城市少数民族流动人口服务管理工作，保障少数民族群众合法权益的实现。然而，就另一方面而言，我国城市少数民族流动人口服务管理工作还存在停留在表面、流于形式的现象，和忽视许多少数民族群众个性化需求的现象。

3. 经验性

所谓经验性，意指我国城市少数民族流动人口服务工作植根于长期的城市民族工作实践中，具体的工作模式、工作方法是相关工作人员在长期的实践中总结形成，而非源自某些理论家的理论模式或是某种理性标准化的工作程序。

从历史渊源看，这种经验性的特点可追溯到革命战争年代党在西南、西北民族地区与少数民族领袖、群众长期交往摸索、总结出的工作方法与"相处之道"。比如，充分尊重少数民族风俗习惯和宗教信仰，派遣慰问团到少数民族地区慰问少数民族群众，派遣宣讲团到少数民族地区宣传少数民族政策等。新中国成立以后，党和国家出台了一系列民族政策，但仅限于大的原则方面。当大量的工作队被派驻少数民族地区或是在城市中开展民族工作时，这些绝大多数由军队政工干部转业或临时被抽调的其他部门工作人员并没有什么经验可循，只能"摸着石头过河"，从实践中学会实践。一旦有工作人员的工作方法在实践中取得了良好效果，就会被作为经验予以推广。再比如，通过各种少数民族群众熟悉的文艺表演方式宣传党和政府的民族政策、与少数民族群众生活在一起，真心与他们交朋友等。而在传授方式上，民族工作多以经验丰富的工作人员在具体工作中以"传帮带"的形式展开，可以说，这样经验性的工作模式一直沿用至今，包括在现下的城市少数民族流动人口服务管理工作中亦是如此。

我国城市少数民族流动人口服务管理在实践中所表现出的经验性体现了民族工作历史传统的延续性。而更为重要的是，也是保证民族工作政治目标实现的需要。诚然，经验性的行动逻辑与行动框架在解决实际的问题中具有很强的实效性和针对性。但应深思的是，这样的工作特点会在实践中带来政策落实效果和延续性等方面的不确定性。比如在政策落实效果方面，面向城市少数民族流动人口的服务工作主要取决于工作人员的个人特质、工作态度和职业责任感，处置突发事件的能力也主要是靠个人的工作经验和工作能力等。而在政策落实的延续性方面，则往往会受到在位领导个人专业背景与工作经历的影响。

（三）服务管理存在的问题

目前，我国城市少数民族流动人口服务管理工作存在一定问题，研究者们均从不同学科、不同视角和不同层次对此问题予以探讨，基于本书的研究议题,可从如下四个方面予以概括。

1. 在工作方式上,多"九龙治水",少"协同联动"

城市少数民族流动人口服务管理就是一个系统工程,涉及事务多、部门广,相关事务涉及统战、民宗、民政、公安、城管、综治和教育等多个部门[①],并需要多个部门信息共享,协同共治。但是,长久以来,这个问题并没有得到有效解决。目前,面对更为纷繁复杂的城市少数民族流动人口服务管理局面,面对国家治理体系和治理能力现代化的趋势,此项工作仍然呈现出多"九龙治水",少"协同联动"的状况。

若究其原因,各部门主体的能动性因素和部门设置的结构性因素均有所涉猎。首先,部门主体的能动性因素。第一,很多部门主体缺乏联动意识。城市对少数民族流动人口的管理缺乏联动意识。[②] 这个问题的本质是管理部门之间缺乏联动意识,甚至不愿意、不主动与其他部门共享联动。比如,在涉及少数民族流动人口信息共享的问题上,有些部门不主动提供信息。第二,许多部门的"推诿"作风仍然盛行。众所周知,城市少数民族流动人口服务管理工作具有复杂性和敏感性等特点。因此,一些部门遇到少数民族流动人口的问题,不是积极为其寻求解决的办法,而是借助管理主体划分不清来回避这些问题。[③] 其次,部门设置的结构性因素。在部门设置中,各城市政府的民族宗教系统往往是涉民族问题的主要部门,但在具体服务管理事项方面,其并非执法部门,只起到协调和协助的作用,因此职权非常有限,更多需要具体职能部门

---

① 孙婷:《城市少数民族流动人口服务管理困境与创新》,载《贵州民族研究》,2017年第1期,第46—50页。

② 李安辉、王升云:《完善城市少数民族流动人口管理的思考》,载《西南民族大学学报(人文社会科学版)》,2013年第1期,第68—72页。

③ 肖成俊:《城市少数民族流动人口管理问题研究》,长春:吉林大学硕士学位论文,2013年,第21—22页。

第一章　嵌入的基础：契合性 |

的配合和协作，而面对一些强势的职能部门，协调难度很大。① 但凡涉及民族问题需要部门之间的协调，通常依靠民族工作部门某些干部个人的人脉资源和社会关系，呈现出民宗部门领导或工作人员个人的影响力决定民族工作成效好坏的现象，缺乏一个有效的部门之间协调机制。② 进一步而言，有研究者指出，目前地方政府在管理流动人口方面，没有将其归于某个部门进行统筹管理，也没有真正意义上的牵头部门，且部门间的合作体制不完善，信息资源无法共享，很难对流动人口进行综合管理。③ 即使在为城市少数民族流动人口提供公共服务方面，民宗部门调动社会资源的能力也十分有限，与民政、社保部门以及社区协调时也难以拿出实质性的措施推进工作。

总而言之，在城市少数民族流动人口服务管理工作中，由于部门主体能动性因素与部门设置结构性因素的共同影响，服务管理的诸多部门在工作方式上，呈现出多"九龙治水"，少"协同联动"的工作状况。这一点无疑在客观上降低了城市少数民族流动人口服务管理的工作效率，阻碍了城市少数民族流动人口服务管理工作迈向更高的台阶。

2. 在工作机制建构方面，多"顶层设计"，少"细化落实"

党和国家历来高度重视民族工作，特别进入 21 世纪以来，高度重视城市民族工作，重视城市少数民族流动人口服务管理工作，由此各部门出台了一系列相关法规政策以保障城市少数民族流动人口的各项合法权益。各地方政府也纷纷贯彻党和国家的相关规定，出台了诸多地方性

---

① 孙婷：《城市少数民族流动人口服务管理困境与创新》，载《贵州民族研究》，2017 年第 1 期，第 46—50 页。

② 徐君、赵靖：《市少数民族流动人口服务管理问题与对策研究——以成都、上海等城市为例》，载《西藏民族大学学报（哲学社科版本）》，2017 年第 5 期，第 85—90 页。

③ 肖周燕、郭开军、尹德挺：《我国流动人口管理体制改革的决定机制及路径选择》，载《人口研究》，2009 年第 6 期，第 94—101 页。

的民族法规政策。然而，目前我国的城市少数民族流动人口服务管理工作在"细化落实"方面还存在缺陷。有研究者将此种现象称之为少数民族流动人口治理事务的"立交桥"现象。即城市民族工作事务治理的参与主体多，党中央和国务院出台了众多政策指导和规范民族工作，但具体到政策的细化落地，存在种种阻隔，尤其是在民族工作的某些重要领域，从民族地区农村转向城市过程中，城市政府针对流动少数民族事务治理的"路网"没有形成，"毛细血管网"不健全，导致"车行不畅"，成本高收益低。① 事实上，作为城市少数民族流动人口服务管理的专职部门，存在着人员少、编制少、基层组织不健全等问题。很多城市基层民宗系统的人员甚至身兼数职，并非专职从事此项工作。人员短缺、建制不健全成为诸多"顶层设计"难以细化落实的原因。在此情况下，想要建立自上而下的完整城市少数民族流动人口服务管理工作机制难度相当大，许多好的政策法规往往成为"文本"存放在办公室里，很多具体的福利政策也只能"悬浮"于基层之上。可以说，无论是管理职能的履行，还是服务功能的彰显，目前城市少数民族流动人口服务管理工作机制均经常难以达至基层，难以细化落实。

3. 在工作人员能力要求上，重行政管理能力，轻专业能力

目前，从事城市少数民族流动人口服务管理工作的人员涉及范围较广。既包括专门负责此项事务的统战、民宗部门工作人员，也包括公安、城管、综治等相关部门工作人员。在当前市场经济不断深化的形势下，包括少数民族人口在内的社会各方面的主体意识都在增强，传统的行政工作手段已经难以取得很好效果，城市民族工作必须通过一系列改

---

① 吴开松、何昕珂：《城市流动少数民族事务全域化治理创新机制研究》，载《中南民族大学学报（人文社会科学版）》，2017年第4期，第27—31页。

革和探索。① 这些要求工作人员有较强的业务能力，这些业务能力既包括行政管理能力，也包括直接面对工作对象的专业能力。然而，无论是专业从事此项工作的统战、民宗部门工作人员，还是在实际工作中往往直接面对工作对象的相关部门工作人员，在工作能力上均存在重行政管理能力，忽视从事该项事务的专门业务能力。具体而言，业务能力既包括了专业管理能力，也包括了专业服务能力；既包括了对宏观政策的深刻理解与准确把握能力，又包括在微观操作中处置问题与服务工作对象的能力。这些能力包括通晓我国和所在地各项民族政策，熟知马克思主义民族理论、涉民因素事件处置的相关工作程序与机制及对少数民族的各项优惠政策，熟悉各少数民族的文化价值观、宗教与文化风俗，掌握与少数民族群众的沟通技巧等方方面面。

专业业务能力的忽视会给城市少数民族流动人口服务管理工作带来工作职责虚化、工作目标异化、工作效果负向化等现象，从而导致城市少数民族流动人口服务管理工作难以朝着正向的方面发展，而且会引起问题矛盾激化，使得工作效果朝着负向化方向发展。

综上所述，城市少数民族流动人口服务管理工作人员在能力素养上缺乏专业知识，会制约着城市少数民族流动人口服务管理工作的正常开展，影响到广大城市少数民族流动人口的切身利益，是约制城市少数民族流动人口服务管理工作迈向新台阶的又一重要因素。

4. 在工作重点上，重"事后处置"，轻"事前预防"

在当前城市少数民族流动人口服务管理工作中，各地政府仍然把工作重点放在"事后处置"上，而忽视"事前预防"工作。这一点，在诸多研究者的研究中已着墨甚多。比如，研究者青觉指出，城市民族工作缺乏战略思维，对新问题、新挑战准备不足，好多工作只是事发应对

---

① 汤夺先：《城市民族工作视角下的少数民族流动人口管理探析》，载《新疆大学学报（哲学人文社会科学版）》，2008年第5期，第82—86页。

和事后补救,极少做到事前预防,造成工作效率低下、资源浪费。①

长久以来,虽然"亡羊补牢,未为晚矣"的工作惯性已形成多年,但面对新时期新形势下的城市少数民族流动人口的新特征、新变化,显然已不能适应。这种重"事后处置"、轻"事前预防"的工作惯性会给城市少数民族流动人口服务管理工作带来负面影响。

进一步而言,若要探讨此种工作惯性形成的原因,工作主体的思维观念和工作机制客观障碍都是其重要成因。

首先,工作主体思维理念的惯性主要有二:第一,"维稳"意识的长期固化。长期以来,"维稳"成为城市少数民族流动人口服务管理的工作焦点,这使得工作人员把"不出事"就是最大工作成效的工作观念作为其工作的行动逻辑,并已形成惯习,予以固化。然而,随着城市少数民族流动人口的不断增多,这种"事后处置"的工作方法已呈现"杯水车薪"和"饮鸩止渴"的局面。这样的工作方法使得工作人员不但疲于奔命,而且工作成本巨大,工作效果甚微。第二,服务意识的长期缺位。在城市少数民族流动人口服务管理工作中,服务意识的长期缺位是此项工作忽视"事前预防"的重要因素。研究者唐晓阳指出目前许多大城市的管理者对流动人口管理服务仍习惯于用计划经济体制下的理念与做法,简单地将"管理"理解为"管控",缺少"服务"的理念与意识。②事实上,随着时代的发展,城市少数民族流动人口的主体性不断增强,其对公共服务的需求也不断提升。由此,在城市少数民族流动人口服务管理工作中,工作人员树立服务意识,多到少数民族群众中去,多与工作对象建立良好的关系,使更多的公共服务惠及工作对象,这就是最好的"事前预防"之法。

---

① 青觉、王伟:《系统论视域下我国城市民族工作的特质、构架和方法》,载《中国行政管理》,2016年第9期,第70—74页。

② 唐晓阳、陈雅丽:《大城市流动人口管理服务创新初探——以广州市为例》,载《上海行政学院学报》,2013年第5期,第40—47页。

其次，工作机制的客观障碍如下：在现行的城市少数民族流动人口服务管理工作机制中，两个相互联系的方面造成了重"事后处置"、轻"事前预防"的工作惯性。第一，城市民族工作人员短缺。研究者丁向前认为，政府民族工作部门人少力薄，造成原管理模式存在"重治疗、轻预防"的弊端，迫切需要创新工作机制来解决。① 事实上，预防工作的开展需要大量的日常服务工作作为基础保障，而目前民宗部门编制少，人员紧张是不争的事实，因此，很难有工作人员能够做到"事前预防"。第二，工作机制未迈向社会化。在国内绝大多数地区，城市少数民族流动人口服务管理工作机制并未迈向社会化，其工作仍以日常行政工作为主，未充分调动与挖掘社区、社会组织、志愿者团体等多种社会力量参与其中。

总之，由于工作主体的思维理念和工作机制客观障碍的主客观因素，目前，城市少数民族流动人口服务管理的工作重点仍是重"事后处置"、轻"事前预防"的状态，这无疑背离了当前城市少数民族流动人口服务管理工作的初衷，也无法有效回应新形势下城市少数民族流动人口的新特征、新需要。

二 社会工作的学科性质与特点

（一）学科性质

社会工作作为一门综合性应用社会科学，和其他学科相比，有着自己比较独特的学科性质或特点。

---

① 丁向前：《浦东新区非政府组织发展与社会建设》，上海：复旦大学硕士学位论文，2014年，第45页。

1. 客观科学性

在社会工作的发展史中，一直存在着对社会工作的学科性质之争，争论的焦点主要在于社会工作的科学性上。许多学者均认为社会工作是一种方法和技巧，也承认社会工作是一个专业，但是在科学性的问题上，还存在一些疑惑和顾虑。事实上，判断一个专业的科学性与否，其行动实践依据的客观性和工作方法的严谨性及工作流程的程序性与严密性是关键。就此种意义而言，社会工作专业学科性质的科学性展露无遗。

其一，社会工作行动逻辑的客观性。在早期社会工作实践中，助人者的行动逻辑是宗教教义。但随着社会工作从零散化走向组织化，由宗教性走向世俗性，社会工作者的行动逻辑不再是带有主观色彩的宗教教义，而是建立在实证主义基础之上的调查研究与客观分析。在此过程中，社会工作的行动逻辑悄然地发生了质的转变。社会工作者虽仍秉承着具有浓厚人文主义色彩的助人价值观念，但这些价值观念已转变成为了一种工作的基本原则，并在实践中加以操作化与细化，并被作为一种客观知识予以传授与推广。而在社会工作逐渐走向专业化的过程中，具有很强科学性的各社会科学均被纳入了社会工作，比如精神分析、行为主义、生态系统等多种理论。就此而言，无论是社会工作在实践中所秉持的价值理念，还是审视解释服务对象问题的理论背景均具有很强的理性色彩，而不再是凭借自身的情感与经验出发。其二，工作方法的严谨性。社会工作十分注重工作方法，因为科学的工作方法是成功开展社会工作的基本条件之一，在一个世纪的社会工作走向专业化的过程中，社会工作的各种专业方法并非某一理论家在某次学术会议上提出，而是在长期的实践中被不断沉淀与完善。也就是说，社会工作的个案、小组、社区和社会行政等工作方法是经过长期实践的检验才被总结出来，并被纳入到社会工作的专业行动框架中。社会个案工作方法的形成整整经历了四百年的实践沉淀，小组工作方法的形成也经历了百年的形塑，而社

第一章 嵌入的基础：契合性 |

区工作方法的形成也经历各个国家各个时期不同形式的综融，而社会行政方法也是在社会工作实践指向开始关注社会结构时，才被吸纳其中。就此种意义而言，社会工作各种工作方法历程充分体现了社会工作方法形成的严谨性。其三，工作流程的严密性。就社会工作的工作流程而言，虽然不同学者的表述不一，但事实上，均要经历从接触案主开始，到结束服务，要经过初步接触与建立关系、收集资料与问题评估、确定目标和制定工作方案、执行计划、结案与评估等多个程序[1]，且每个环节均有较为标准化的操作。这一流程是一个持续的、前后连贯的过程，每个环节都是必不可少的，并形成了一个逻辑严密的闭合回路，保证服务目标的实现。虽然在目标实现的实践过程中，每个流程会根据实际状况有所差异，但每个环节在逻辑上是环环相扣，体现出了高度的严密性。

2. 学科综合性

社会工作是一个以助人为中心的专业，由于服务对象的多样性、服务领域的宽广性与服务问题的复杂性，社会工作者在助人过程中会面对错综复杂的问题，这决定了社会工作者必须善于运用多种社会科学甚至自然科学提供的理论、方法及技术为案主服务。

在实践中，社会学、心理学、管理学、政治学和伦理学是社会工作者必须具备的知识基础，除此之外，在社会工作专业教育的议题中，存在着"通才"与"专才"的争论，这样的争论主要是由于社会工作服务对象的多样，不同类型的服务对象在实践中使得社会工作者需要具备的知识结构会有所不同。比如，在青少年社会工作中，社会工作者需掌握教育学的相关知识；在老年社会工作中，社会工作需掌握老年护理学的知识；在司法矫正社会工作中，社会工作者需掌握法学的相关知识

---

[1] 隋玉杰、杨静编：《个案工作》，北京：中国人民大学出版社2007年版，第115页。

等。同时，由于社会工作实践领域的宽广性，使得社会工作者在实践中必须具备不同层次的知识结构。比如，在社区发展中，需要从人与社会的本质去思考，这就使得社会工作者需要掌握哲学这样宏观层次上的理论知识；而在微观的个案服务中，社会工作者还需掌握十分具体的沟通技巧。再则，由于案主问题的复杂性，社会工作者需要运用多种理论模式去审视与解决问题，这要求社会工作对介入策略相关知识的掌握具有一定的宽度。社会工作者在实践中需要选择不同介入模式面对不同案主的问题，比如，危机介入、任务中心、优势视角等。就上述几方面意义而言，社会工作的学科综合性是其专业对实践者的必然要求，也自然成为了其学科的必备特征。

3. 实践应用性

正如上面所讨论的，无论是社会工作学科的科学性，还是综合性，其都是为社会工作的实践性需求服务的。社会工作是以解决实际问题为宗旨的应用科学。和自然科学中以解决现实问题为宗旨的工程学类似，社会工作学是社会科学中以解决现实社会问题为宗旨的或可称为"社会工程学"其中的一门。[①] 既然是"社会工程学"，其对问题的解决并非置于学理性探讨中，或是去构建一个严谨的问题解决模型，而是以问题解决为导向，运用各种方法、手段去解决它。

纵观社会工作专业的发展脉络不难发现，社会工作专业是一个发端于实践的专业，并在发展中经历了先有实践后有理论，先职业化后专业化的发展历程。这样的发展历程均是以实践作为主线的，且是以知识的应用作为基础的。因此，在社会工作专业教育的过程中，对学生实践能力的要求非常高。在19世纪末早期的社会工作专业教育中，授课的教师绝大多数为具有丰富一线实践经验的社会工作者，而不是大学教授。

[①] 李迎生：《社会工作概论（第三版）》，北京：中国人民大学出版社2018年版，第28页。

初出茅庐者的督导也不是具有深厚理论功底的学者,而是具有丰富经验的一线从业者。现下,国内社会工作虽然倡导并出现了一些高水平的社会工作理论或学理性研究,但这些研究的绝大多数结论与目的指向仍指向实践,比如,实践模型的构建、实践流程的概括与改进等。总而言之,无论是从历史维度,还是基于现实考虑,实践应用性是社会工作的一大学科特质之一。

(二)实践特点

上述内容阐明了社会工作的学科性质,学科性质是社会工作作为一门学科在逻辑上所展现出的特质。而社会工作的专业特质不仅在此,还在具体行动实践中予以显现。

1. 社会工作的城市性

梳理整个西方社会工作发展史不难发现,无论是社会工作发展早期的《伊丽莎白济贫法》《汉堡制》和《爱尔伯福制》,还是19世纪后半期的英美"慈善组织会社"和"社区睦邻运动",早期社会工作的实践皆发端并实践于城市。在1601年的《伊丽莎白济贫法》中规定贫民救济应该由地方教区举办,每一个教区设立若干名监察员,同时中央政府也设立监察员;而在德国1788年的《汉堡制》和1852年的《爱尔伯福制》中均规定,贫民救济以城市为单位,在全市内设立一个中央办事处,处理全市的救济业务,并将全市划分为若干个区,每个区设立监察员一名,救济员若干名。在19世纪后半期的英美"慈善组织会社"和"社区睦邻运动"中,城市均是其主要的实践场所。"汤恩比馆"建立在伦敦,"霍尔馆"建立在芝加哥,而"社区睦邻运动"也是深入城市的贫民社区中。不难发现,社会工作起源并走向专业化的社会基础就是工业化和城市化的历史进程,其发端、发展及走向成熟的实践均深深植根于城市土壤。可以说,原发内生性的西方社会工作具有十分明显的城市色彩。另一方面,就我国社会工作本土实践发展而言,目前国内专业社会工作本土化实践的前沿在城市,特别是中东部地区的发达城市,而广大欠发达的地区和农村地区,除受地震、泥石流等重大自然灾害侵袭的少数地区外,专业社会工作的元素甚少,可以说,目前国内专业社会工作发展的"星星之火"主要是在城市燎原。就此种意义而言,社会工作专业重要的实践特征就是城市性。这种城市性的实践特点就意味着社会工作专业实践的主要时空是在城市,由此社会工作专业价值理念的形塑、专业理论的成熟和专业方法的确立均来源于社会工作者在城市中长期行动实践的总结。可以说,社会工作的专业价值、理论和方法绝大多数均首先适用于城市人口。

2. 社会工作的人本性

社会工作专业价值重要的思想渊源之一就是西方的人道主义。人道主义的本质是反对神权,提倡人权。在早期社会工作的专业实践中,在早期社会工作的专业实践中,基斯·鲁卡斯(Lucas A. K.)提出著名的HPU(Humanist Positivist Utopian)体系,其中有关人道主义论述所使用的词汇,人会获得善良、成熟、正义或生产等,通过它们,人和其社会的大部分问题都将被解决。①

而在现代成熟的社会工作价值中,著名的操作定义(Operation Definition)、比斯台克(Biestek, F.)和泰彻(Teicher, M.)的三大价值体系中,均把人本主义的思想作为社会工作最主要的实践价值,如,比斯台克指出,人的尊严和价值是至高无上的;泰彻指出,每一个人都有作为个人的尊严和价值,每一个人都应该受到尊敬和得到周到的对待;操作定义中指出,个人是社会首先要关心的对象,尽管对每个人来说,他们都具有共同的人类需要,但是每一个人从本质上来说是唯一的,与

---

① 王思斌编:《社会工作概论(第三版)》,北京:高等教育出版社2014年版,第45页。

其他人是不同的。① 而在我国，党和国家早已把以人为本作为国家发展的基本策略，这无疑也成为了社会工作在我国本土实践的基本价值。在实践中，社会工作专业实践的一个重要原则就是要尊重和满足每个服务对象的个别化需要，而在具体实践中，社会必须意识到每个服务对象存在的问题及其成因，解决其问题的阻力与助力是独一无二的，同时，解决问题是要运用艺术化的方式而不是公式化的方式予以展开。可以说，人本性是社会工作基本的实践特性，其延伸出了社会工作的多个实践原则，形塑着各个领域的社会工作实践，包括在跨文化差异中的社会工作实践。

3. 社会工作的服务性

服务性是社会工作专业实践的又一基本属性。社会工作以专业性的服务供给为目标诉求，通过"助人自助"解决其经济上、精神上、社会交往上存在的困难。服务性即社会工作的根本特性与价值诉求。② 社会工作实践诞生伊始，其在新教伦理的催生下，对贫民的救助就不仅仅是物质性的，更多救助为服务性质的，比如开设习艺所，即就业培训场所，为身体健全的贫民提供就业培训；将孤儿收容到感化所中，为其提供教育、医疗等各种服务。在后来社会工作专业实践的发展历程中，社会工作的实践者们始终为案主提供服务和服务案主两层服务性价值理念作为其实践的重要行动逻辑。在界定社会工作者与案主的关系时，社会工作者并非将自己以专家自居，而是一个提供服务的人，两者的关系也并非治疗关系，而是一种帮助关系，也就是说，社会工作者为案主提供的是一种帮助，而并非治疗。与此同时，就宏观层面的实践而言，社会

---

① 李迎生：《社会工作概论（第三版）》，北京：中国人民大学出版社2018年版，第28页。

② 李静：《合作治理视域下社会企业介入社会服务的路径研究：逻辑、优势及选择》，载《人文杂志》，2016年第6期，第120—125页。

工作可以通过向社会中的弱势群体提供各种专业性服务，成为社会的"润滑剂"和"稀释剂"；同时，社会工作作为社会服务里服务的传递者，由于提供的服务具有专业性与科学性的特征，其可能成为社会服务传递的"导航仪"和"定位器"，使社会福利服务准确地传达至处于困境的人们。可以说，为案主提供服务本身就是一种社会治理方式，社会工作作为一种制度安排，在整个社会治理体系中发挥了一种"柔性"治理或是"善治"作用，具有促进社会稳定与团结的潜功能。

4. 社会工作的增能性

社会工作在实践中的助人活动，并非简单地为人提供救助性的服务，从根本上说，其实践的目标导向是促进服务对象的增能。增能性是社会工作实践的重要特性，从某种意义而言，增能性是社会工作行动实践的根本特性，是社会工作助人活动区别于其他专业助人活动的本质特征。社会工作实践活动的增能功能特点，源自于新教伦理的助人思想，在新教伦理中谈及："不成功或越轨的人不应受到帮助，虽然应该做出有限度的努力，以便恢复或激发这些失意者为了他们自己更加努力工作"[①]。可见，在新教伦理中，其崇尚的是一种"授人以渔"的助人观，这些也深深地影响了社会工作的实践指向。

在早期的社会工作中，无论是伦敦各郊区"牧师"在《伊丽莎白济贫法》指引下的慈善活动，还是汉堡和爱尔伯福街头监察员监督下组织化程度很高的救助活动，均始终以感化受助贫民回归社会，并努力提升其就业、生活能力为工作目标。在19世纪中后期英美的社会工作实践中，"汤恩比馆"和"霍尔馆"本身就不是简单的救助场所，而是带有浓厚感化和习艺性质的场所，而"社区睦邻运动"本身就是以"道德提升"为目标的贫民教育运动。在操作定义、比斯台克和泰彻的三大

---

① 王思斌编：《社会工作概论（第三版）》，北京：高等教育出版社2014年版，第44页。

价值体系中均将增能置于非常重要的地位。操作定义价值体系一共六条，其第五、六条指出："民主社会的一个基本属性就是通过积极地参与社会，实现每一个人全部潜能和社会责任假设。社会有责任提供各种方式，克服或阻止在个人和环境之间存在的自我实现的障碍。"① 比斯台克的价值体系一共十条，其中就有第二、三、四和六条论及增能。其论及，人在生理、智力、情感、社会、审美和精神方面具有天赋的潜能，并具有实现潜能天生的驱动力和义务，同时人需要自我选择、自我决定，并找到合适的手段去实现。② 而在泰彻的价值体系中也论及，每一个人都应该自由发展他自己的能力和天赋。③

在目前我国社会工作的本土实践中，无论是在弱势群体帮扶的微观领域，还是在社区建设、扶贫攻坚的宏观领域，虽然工作层面与焦点有所不同，但增能的思想始终一以贯之。可以说，增能是社会工作专业性的重要标志，也是社会工作最根本的实践特点之一。

三 社会工作与城市少数民族流动人口服务管理的内在关联性

上述内容探讨了社会工作专业的学科性质与实践特点。若要进一步探讨社会工作嵌入城市少数民族流动人口服务管理议题内在逻辑的合理性，首先需进一步澄清社会工作专业的学科性质与实践特点与我国传统的城市少数民族流动人口服务管理工作具有内在的关联性。这样的关联

---

① Gordon, W.E., "A Critique of the Working Definition", *Social Work*, Vol.7, No.4, 1962, pp.3-13.

② Biestek, F., *The Casework Relationship*, UK: George Allen & Unwin, 1961, p.89.

③ 王思斌编：《社会工作概论（第三版）》，北京：高等教育出版社2014年版，第4页。

性体现在社会工作与城市少数民族流动人口服务管理的趋同性,和社会工作对城市少数民族流动人口服务管理的弥补性。

(一) 趋同性

社会工作与城市少数民族流动人口服务管理的趋同性主要体现在价值理念、工作对象与学科支撑等多个方面。

1. 价值理念方面

价值理念是否趋同是社会工作在实践层面能否嵌入城市少数民族流动人口服务管理的重要基础性条件。因此,在探讨两者的趋同性时,价值理念层面的问题应予以澄清。在我国《城市民族工作条例》第三条中指出,城市民族工作坚持民族平等、团结、互助和促进各民族共同繁荣的原则。2017年《关于加强和改进少数民族流动人口服务管理工作的意见》(中办发〔2017〕20号)中关于少数民族流动人口服务管理的总体要求为,坚持各民族平等对待、一视同仁,保障少数民族流动人口合法权益;坚持尊重差异性与强调共同性相结合,不断增强中华民族共同体意识;坚持促进各民族交往交流交融,因地制宜、积极有序推进少数民族流动人口市民化,推动建立相互嵌入式的社会结构和社区环境;坚持以人为本、改革创新和依法管理,既把一般性少数民族流动人口工作纳入城市流动人口整体工作统筹规划,又采取必要措施解决好少数民族流动人口的特殊困难和问题,不断提高服务管理工作能力和水平……可见,城市少数民族流动人口服务管理工作的基本价值理念包括了各民族一律平等、尊重差异性、促进少数民族群众在城市中的融入与参与、坚持以人为本等,更多的是从宏观的基本原则层面予以呈现。

另一方面,在社会工作的学科本位中,包括在民族社会工作的实践领域中,其价值理念更多的是从更为微观的方面予以呈现。研究者任国英等提出,民族社会工作的基本价值理念包括提供服务、尊重个人与生俱来的尊严和价值、维护社会公平公正和尊重并理解多元文化等方面。① 不难发现，虽然城市少数民族流动人口服务管理的价值理念与民族社会工作的价值理念在表述方式与表述层次上有所不同，但两者的价值内核是趋于一致的。均强调各民族的平等性、差异性，均强调为少数民族提供均等化的服务，均强调促进少数民族的融入与发展。因此，两者在实践中的价值理念是趋同的，这样的趋同为社会工作嵌入城市少数民族流动人口服务管理内在逻辑的合理性奠定了价值基础。

2. 工作对象方面

在实践中，社会工作的实践对象与城市少数民族流动人口服务管理的实践对象具有一致性，是两者趋同性的重要表现之一。就城市少数民族流动人口服务管理工作而言，其直接工作对象显然是全体城市少数民族流动人口，这一点十分明确。而就社会工作的实践对象而言，特别在民族社会工作实践领域，城市少数民族流动人口也是重要的实践对象之一。在关于民族社会工作的实践范围问题上，研究者们普遍认为其主要包括民族地区的社会工作和城市民族社会工作。其中，城市民族社会工作的重点是少数民族流动人口。如研究者任国英等认为民族社会工作既要重视民族地区各民族的工作，同时要兼顾城市中的少数民族，两者缺一不可。② 又如研究者王华也认为民族社会工作包括民族地区的民族社会工作和城市社区中的民族社会工作。③

从上述论述中不难发现，城市民族社会工作是民族社会工作的重要实践领域。而就社会工作专业总体性的实践对象而言，弱势群体是其主

---

① 任国英、焦开山：《论民族社会工作的基本意涵、价值理念和实务体系》，载《民族研究》，2012年第4期，第8—16、107页。

② 任国英、焦开山：《论民族社会工作的基本意涵、价值理念和实务体系》，载《民族研究》，2012年第4期，第8—16、107页。

③ 王华：《关于民族社会工作学科发展的思考》，载《民族教育研究》，2014年第4期，第130—134页。

要的工作对象。在城市中，相对于常住的少数民族群众而言，城市少数民族流动人口处于相对弱势的地位，就此种意义而言，在城市开展的民族社会工作中，最主要的工作对象显然是处于相对弱势地位的少数民族流动人口。就工作对象而言，民族社会工作在城市社区中的工作对象与城市少数民族流动人口服务管理工作的工作对象是一致的。这是两者趋同性的重要方面之一。

3. 学科背景方面

无论是城市少数民族流动人口服务管理工作，还是针对城市少数民族流动人口开展的社会工作，都是具有实践应用性的工作。而这两者之间具有趋同性，其在学科背景方面也显得十分重要。因为实践工作背后的学科背景对其实践取向的选择是基础性的。

就社会工作的学科性质而言，如前所述，社会工作的学科支撑具有多学科综合性的特点。这些学科包括社会学、心理学、政治学、管理学等，而在某些具体领域的社会工作中，这一具体领域的基础性知识也是该领域实践的重要学科支撑。例如，在民族社会工作实践领域中，民族学、民族理论与政策等就被纳入其学科支撑范畴。若具体到在城市少数民族流动人口服务管理工作中嵌入社会工作，公共管理学的相关知识也必将成为其实践的背景性知识。而就城市少数民族流动人口服务管理工作而言，其学科支撑也是多元的，其中涉及的流动人口服务管理的实践，其背景性知识涉及社会学、公共管理学等学科，而涉及的少数民族方面的议题则有民族学、民族理论与政策等诸多背景性知识。

诚然，在实践层面，社会工作与城市少数民族流动人口服务管理工作差异甚大，但不难发现，两者在学科背景上具有较高的交叠性，这样的交叠性是社会工作与城市少数民族流动人口服务管理工作趋同性的重要方面之一，为社会工作嵌入城市少数民族流动人口服务管理议题的内在合理性在学科背景方面奠定了基础。

（二）弥补性

在探讨社会工作嵌入城市少数民族流动人口服务管理内在逻辑的合理性时，除了以上探讨的社会工作与城市少数民族流动人口服务管理的趋同性外，在逻辑上，还需进一步阐明社会工作对城市少数民族流动人口服务管理工作的弥补性。

如前所述，传统的城市少数民族流动人口服务管理工作具有政治性、任务性与经验性的特点，这无疑是城市少数民族流动人口服务管理工作在历史沿革中沉淀下来的宝贵模式，构成了当下该项工作的主要行动框架。但伴随我国城市少数民族流动人口出现的新特点和新需求以及国家治理体系与治理能力向现代化迈进，这种原有的工作模式已经表现出诸多不适应、不匹配之处，有待创新。而城市少数民族流动人口服务管理社会化就是重要的创新方向之一。党的十九大报告进一步指出，要"加强社区治理体系建设，推动社会治理重心向基层下移，发挥社会组织作用"①。《关于加强和改进少数民族流动人口服务管理工作的意见》（中办发〔2017〕20号）中指出，要引导和支持社会组织参与少数民族流动人口服务工作，这为社会工作组织参与城市少数民族流动人口服务管理工作奠定了外在合法性。

然而，更为重要的是，除了外在合法性之外，这种内在合理性还需从社会工作行动框架对原有工作行动框架的弥补性功能契合予以澄清。也就是说，是需澄清社会工作的行动框架在哪些方面弥补了现有城市少数民族流动人口服务管理行动框架的功能性缺陷。具体而言，可从如下几个方面予以澄清。

---

① 习近平：《决胜全面建成小康社会 夺取新时代中国特色社会主义伟大胜利——在中国共产党第十九次全国代表大会上的报告》，北京：人民出版社2017年版，第49页。

1. 日常服务性对应急管理性的弥补

如前所述，城市少数民族流动人口服务管理工作存在着重"事后处置"、轻"事前预防"的困顿，加之在工作职责上也往往容易注重管理而忽视服务，甚至以管理替代服务，这就容易忽视对城市少数民族流动人口的日常关心与服务。而社会工作就是一个以服务为本的专业，而且服务取向上注重日常服务，而不仅仅是危机介入。也就是说，社会工作者绝大多数的行动时空是在服务对象的日常生活中，是以生活为本的行动实践形式。而在预防社会工作创始人哈根·替尔斯（Thiersch H.）的社会预防思想中，以日常生活为本的社会工作实践就是对社会问题最好的预防。① 同时，在新公共服务思想中，为民众提供服务就是最好的管理，社会工作的行动本身就是一种服务性治理。② 因此，就此种意义而言，社会工作行动框架的日常服务性恰恰弥补了现行城市少数民族流动人口服务管理工作行动框架中在日常服务方面的功能性缺失。

2. 人本增能性对行政任务性的弥补

现有城市少数民族流动人口服务管理工作具有自上而下的行政任务性的特点，同时，在实际工作中又存在着重"顶层设计"、轻"细化落实"的问题，这容易使得在城市少数民族流动人口服务管理工作中各项政策落实出现悬浮，甚至在落实中出现断裂。同时，在此行动框架中，工作人员的主体性、自觉性和创造性不易被调动，且工作对象的个别化需求容易被忽视，很多福利政策难以精准传达。而反观社会工作行动框架，社会工作的价值理念要求社会工作者具有很强的主体性、自觉性和

---

① 张威：《生活世界为本的社会工作理论思想——兼论构建社会工作基础理论的战略意义》，载《社会工作》，2017年第4期，第3—25、108页。
② 王思斌：《社会工作在创新社会治理体系中的地位和作用——一种基础—服务型社会治理》，载《社会工作》，2014年第1期，第3—10、150页。

创造性，而且应以服务对象的需求为导向，向服务对象提供精准性服务，且在服务过程中以服务对象的增能为目标。社会工作行动框架表现出的这些特性恰恰可弥补现有城市少数民族流动人口服务管理行动框架中行政任务性所带来的功能性缺失。

3. 专业规范性对个人经验性的弥补

如前所述，经验性是现有城市少数民族流动人口服务管理工作的特点，同时，在对工作人员的能力要求上，存在着重行政管理能力，轻专业能力的状况。这意味着现有的城市少数民族流动人口服务管理工作往往在工作落实效果、操作规范性、服务管理工作的延续性等方面存在着不确定性。而反观社会工作的行动框架，其要求工作者的行动逻辑并非以个人主观的经验为依据。也就是说，社会工作者在开展工作时，需摒弃个人价值观、主观臆断等个人因素，而是严格按照其专业角色的行动框架开展工作，按照专业实务价值观推动实践，约束自身行为，严格按照科学的工作流程开展服务，并利用科学手段进行效果评估。同时，调动一切可调动的资源为服务对象提供服务。社会工作实践中所表现出来的专业规范性是在长期的历史实践中演化而来的，具有深厚的历史积淀性。其最初的助人活动带有浓厚的宗教慈善色彩，而后，其在实践中不断发展演化，组织性、世俗性和科学性程度逐步提升，并在通过借用心理学、社会学等学科的基础知识及医学的工作模式而走向专业化，并在专业化思维的引领下不断发展演化至今。因此，在工作过程中，社会工作秉持的专业价值观、工作的操作流程和对工作效果的评估都是严格按照社会工作专业角色的行动逻辑来执行的，并形成相对稳定的行动惯习，具有很强的专业规范性。这无疑对现有城市少数民族流动人口服务管理工作存在的经验性、非专业性的功能性缺失是一种弥补。

第二章 嵌入的实践：沪深两地的探索

沪深两地社会工作嵌入城市少数民族流动人口服务管理是全国的试点。本章基于两地实地调查所收集的一手资料，从嵌入的实践背景、嵌入的实践过程及嵌入实践的主客体等方面对沪深两地开展实践的趋同与趋异之处予以阐述。

一 实践背景

社会工作嵌入城市少数民族流动人口服务管理的探索性实践是在特定的社会背景与政策背景中产生的，通过对沪深两地田野资料与相关文件资料梳理与研判发现，虽然两地实践产生的年限、政策、推力等方面有所不同，但两地实践背景因素的共同之处有较大交叠。概而要之，可从如下三方面予以阐明。

（一）少数民族流动人口数量激增带来的倒逼压力

就实践缘起的背景而言，城市少数民族流动人口服务管理工作客体的倒逼压力是社会工作在城市少数民族流动人口服务管理领域嵌入性实践的基础性社会背景。在此方面，实地调查中收集到的沪深两地实践的访谈资料与文字资料中，均对城市少数民族流动人口数量激增给城市治理带来的倒逼压力有较为详细且明确的表达。

第二章 嵌入的实践：沪深两地的探索 Ⅰ

首先，在收集到的2009年由社会工作嵌入城市少数民族流动人口服务管理项目首位主管ZB撰写的项目总结报告中关于项目背景有这样一段描述：

> 我国是一个统一的多民族国家，共有55个少数民族，分布在祖国的各个地域。随着改革开放和社会经济的发展，少数民族地区的经济发展水平及人民的生活也得到了逐步的提升。在现今人员流动频繁的时代，少数民族人士也从他们的聚居地走向全国各地，成为构建和谐社会的重要力量。不同的民族会呈现不同的特点。在文化习俗、生活习惯上，少数民族与汉族存在着不少的差异，从而形成了这一群体利益诉求的特殊性。因此，根据少数民族人士的特点，协助他们满足生活、经济、个体发展、群体共融等各方面的需求，发挥他们在社会建设中的作用，更进一步促进各民族融合，是和谐社会的重要课题。上海以"海纳百川"的怀抱，吸引了许多少数民族人士的到来，他们有的已经成为新上海人，有的暂时在上海安家，他们是建设上海、建设P区的一支生力军。据统计，在上海市P区，有着全部55个少数民族的成员，户籍人口10061人，来沪约2880人，其中以回族居多。

上述文字材料论及了社会工作嵌入城市少数民族流动人口服务管理领域客体倒逼压力的宏观背景，即从改革开放特别是21世纪以来，我国进入了人口流动的活跃期，少数民族流动人口也大量进入城市，特别是沿海发达城市。上海市P区作为改革开放的前沿地带，自然秉持一种包容开放的态度，接纳了大量的流动人口，其中包括诸多少数民族流动人口。这无疑客观上给城市治理也包括城市少数民族流动人口服务管理工作带来了压力。

与此同时，在深圳，最早承接和开展社会工作嵌入城市少数民族流动人口服务管理实践的社会工作机构是位于F区的深圳市S社会工作服务机构。在从深圳市 S 社会工作服务机构获取的最早一份少数民族流动人口社会工作服务项目的申报书中,有关少数民族流动人口数量激增的问题是这样论述的:

> 随着城市化水平的加快,珠三角地区外来少数民族人口迅猛增长,已经成为全国输入少数民族人口最多的区域。深圳作为珠三角地区重要城市之一,早在 2002 年 9 月就成为继北京之后我国第二个 56 个民族齐聚的城市。三十年来,深圳市的少数民族人口增长速度创造了我国人口发展史上的一个奇迹。1980 年时,深圳市少数民族人口不过 100 多人,而根据深圳市公安局 2010 年 5 月份数据,深圳市少数民族人口现已达 75.56 万人,是广东省少数民族人口最多的城市。他们所从事的工作以务工、餐饮和经商为主,居住状态以散居为主要特点。

从此段材料不难发现,深圳市 S 社会工作服务机构在设计此项目的过程中,对项目实施背景予以了充分论证。其列举了一组十分准确的数据,其中 2010 年深圳市少数民族人口约是 1980 年的 7600 倍。与上海不同,深圳是改革开放后发展起来的新兴城市,城市中的少数民族人口主要是由外来流动人口组成,甚至说,城市中几乎所有的少数民族都是外来流动人口。如此庞大的少数民族流动人口必然给这座年轻城市的民族工作带来巨大的压力与挑战。

有关这一点,对最早负责这一社会工作服务项目社工 ZR 的一段访谈对话描述十分直观:

> 其实当时深圳民宗局这边对这个项目的期待很简单,首先是要摸清楚,深圳这么多少数民族流动人口,他们来深圳,住在深圳,到底怎么想的,都在干什么,都有什么困难和困惑,特别是有什么没法解决的问题。所以项目实施的第一年,我们几乎用了一年时间

第二章 嵌入的实践：沪深两地的探索 |

在整个深圳走街串巷去调研，做了一个有 7000 多个样本的调查报告，这可是我们项目组一脚一脚走出来的。（深圳市 S 社会工作服务机构项目社工 ZR，访谈地点：深圳 F 区某餐厅内，访谈时间：2017-12-3）

这段访谈材料是社工 ZR 对项目实践伊始的一段回忆性自述，其谈及项目实施的第一年，项目组的社工在深圳市域范围内开展了全市少数民族流动人口的调查，调查的样本量达到了 7000 多个。更为重要的是，调查的目的是深圳民宗部门希望通过社会工作者开展的问卷调查，了解来深少数民族流动人口的基本状况和基本需求。这表明，深圳当地负责民族工作的部门也感到了少数民族流动人口的数量激增必然给其工作带来了新的压力与挑战，使其迫切想掌握当时来深少数民族流动人口的新问题、新情况和新需求。这样的压力具体表现如何，又会给社会和谐稳定带来哪些风险因素？下面两段材料较为直观地显现了这一问题。

这段材料来自对上海市城市少数民族流动人口服务志愿者的深度访谈。

少数民族流动人口还没有融入这里，只是想这个大上海到处可以赚钱，但是上海有上海大城市的规矩，他们来到上海，中间就会发生很多冲突。我也是少数民族，我是回族，我们在清真寺服务的都是穆斯林的志愿者，这样交流起来会很方便，在他们的拉面馆，外面的摊位，交流起来都会很方便一些。他们最早时和城管的冲突，并不是因为他们没有一些正规的营业执照，而是因为跨门经营，即占道经营，把摊锅、案板什么的都放在外面，说是西北老家的习俗。你不能说他们错了，只是他们不符合上海这个城市的管理，照上海的城市管理，占道经营是不允许的。一开始他们不能接受，他们认为从来都是这样的，拉面就是当着客人的面拉出来的，汤锅里面全是牛肉、骨头烧的原汁汤，这都是没有假的，这些都是要给客人看的。现在的西北地区还这样，但是上海不行，这个事情就产生比较大的矛盾，包括我们街道范围内也出现过，引起各方面的重视。……我们是在上海的少数民族，我们也不希望出现这种情况，我们希望的是稳定和谐，所以我们就介入了。而且社工也介入了，他们帮助我们一起来做工作，共同制定了各种规则，柔性的规则，这是我们YJ街道最早开始的。（上海市少数民族志愿者HLJ，访谈地点：上海P区清真寺内，访谈时间：2017-11-24）

这一段访谈材料是在YJ街道清真寺现场对"社区共融"项目已从事志愿服务工作十年，即最早被社工纳入服务团队的志愿者HLJ的访谈记录。从此段访谈中可很直观地了解到，此种倒逼压力直接源自于城市少数民族流动人口对城市管理规则的不适应。而究其成因，主要是少数民族流动人口的文化习俗与城市规矩之间的矛盾，而这样的矛盾，影响了诸多少数民族流动人口融入城市生活的难度，出现了"内卷化"的情况。

接着这段来自《深圳市S社会工作机构项目申报书（2010年）》中对项目背景的进一步描述。

当前，虽然深圳市各级政府及相关主管部门在保障少数民族人士权益、城市社会融入方面相继采取了一系列措施，但户籍制度、社会保障制度等制度性障碍所产生的消极影响在短时间内难以消除，加之语言、文化、经济、宗教信仰、风俗习惯等非制度障碍的存在，地区差异、城乡差异和民族差异三者交织，少数民族人士在多元化利益满足及城市社会融入方面呈现出"内卷化"态势，突出体现在朋辈交往、情感支持及心理观念等方面。

这段材料更为直观地描述了由于地域、城乡、文化等各种差异导致了来深少数民族流动人口出现了"内卷化"态势，难以融入城市。

总之，上海与深圳作为我国改革开放的"排头兵"，流动人口的大量涌入参与城市建设与发展是必然。而在此过程中，少数民族流动人口会面临复杂的城市融入问题，这无疑给两地的城市治理带来更大的倒逼压力，这势必成为社会工作在城市少数民族流动人口服务管理领域开展实践的基础性背景因素。

（二）政府主体主动谋求社会治理模式的创新

沪深两地均为我国社会治理模式创新的先行城市。在 2007 年，沪深两地政府出台了一系列推进政府职能转变、加强社会组织参与社会治理与提供公共服务的相关文件。

在 2007 年，上海市及 P 区相继出台了《P 区关于政府购买公共服务的实施意见（试行）的通知》等一系列文件，推进社会治理创新在全国的先行实践。《意见》指出："按照 P 区综合配套改革试点的要求，推进行政管理体制改革，进一步转变政府职能，加快公共服务型政府建设，促进政社合作和政社互动，规范政府购买公共服务行为，提高政府购买公共服务的效益，切实履行政府的社会管理和公共服务职能。"

而在 2007 年 10 月，深圳市委、市政府颁发了"1+7"文件，即《关于加强社会工作人才队伍建设推进社会工作发展的意见》和 7 个配套文件，对社会工作的体制机制、具体业务和操作方法等进行了制度性安排，包括建立督导制度、设置社工岗位、购买服务、培育和发展社会组织、整合资源等方面。其中，《关于进一步发展和规范我市社会组织的意见》的基本原则中，第一条就指出，要解放思想，先行先试。准确把握社会组织在公民社会中的功能定位，继续发扬"敢闯敢试"的特区精神，加大转变政府职能力度，为社会组织的生存发展和发挥作用提供空间；加大社会领域的投入和改革力度，扶持社会组织参与社会管理和公共服务；改革创新社会组织发展的体制和机制，着力培养社会自治能力。

正是在此种背景下，沪深两地社会工作嵌入城市少数民族流动人口服务管理的先行实践孕育而生，呼之欲出。下面两段材料来自沪深两地少数民族社会工作服务项目的总结报告或申报书，详述了两地政府主体均将社会工作力量介入作为政府主体社会治理模式创新的实现路径。

"小政府、大社会"是中国政府体制改革的发展方向，以政府为核心，鼓励和引导社会蓬勃发展，在政府领导下共同参与，治理我们的国家和社会。上海市P区以"走在中国发展的最前端"成为社会改革与发展的领头羊，在"小政府、大社会"的发展方向中，进行着积极的尝试与探索。……上海市P区政府根据新区综合配套改革要求和上海市委统战部及市民族和宗教事务委员会的有关工作精神，于2007年6月，经区政府第10次常务会议审定，在上海市P区民族工作领域尝试引入社会组织和社会工作专业力量，以设立项目的形式，由政府向专业组织购买专业服务，以L功能区5个街道为试点，开展社会工作专业活动，根据需求、尊重差异的原则提供切实的服务，维护和保障被服务者的权益，畅通少数民族和政府职能部门的诉求渠道，以专业方法来满足少数民族人士的需要，建立和发展民族工作的"体制外模式"，以达到维护民族团结、促进社会稳定、构建和谐社会的目的。（源自《上海市L社会工作机构2009年项目总结报告》）

社会工作是社会建设的重要组成部分，它是在专业价值理念指导下，在社会服务、社会管理领域，综合运用专业知识、技能和方法，达到"助人自助"目的的职业活动。社会工作的社会福利性和助人自助性决定了社会工作在追求社会福利理想过程中为保障城市少数民族权益、协调处理民族关系方面的问题、促进民族间的融合和交往和构建和谐社会贡献应有的力量已是责无旁贷。同时，鉴于社会工作专业特有的方法和技术，引进社会工作机构的专业社工服务，根据社区内少数民族人士的实际需求和民族差异等提供切实

第二章 嵌入的实践：沪深两地的探索 |

的服务，维护和保障他们的权益，畅通少数民族和政府职能部门的诉求渠道，以专业方法帮助满足少数民族的需求，探索为少数民族服务的体制外模式，达致维护民族团结，促进社会稳定将成为进一步推进民族工作的主要选择。（源自《深圳市 S 社会工作服务机构2010 年项目申报书》）

从上述两段文字描述中可知，在 2007 年 4 月，上海 P 区出台了政府购买公共服务的相应文件两个月后，也就是 2007 年 6 月，P 区政府经第 10 次常务会议审定，在上海市 P 区民族工作领域尝试引入社会组织和社会工作专业力量，开展专业服务。而在深圳，基于经济特区解放思想、敢闯敢试的特区精神，2008 年出台了系列文件，主动探索社会组织在社会治理中的功能与定位，而社会工作组织是开展社会服务与社会治理的重要社会力量，因此，深圳也在此背景下，社会工作力量被尝试引入城市少数民族流动人口服务管理领域。

城市少数民族流动人口服务管理领域引入专业社会工作力量成为了上海 P 区与深圳 F 区当时社会治理综合配套改革的先行突破口和先行试点领域。在上海 P 区社会治理创新的现行改革实践中，城市少数民族流动人口服务管理的社会工作嵌入成为了先行者。就此种意义而言，上海市 P 区社会治理综合配套改革就成为了上海市 P 区社会工作嵌入城市少数民族流动人口服务管理先行实践的直接推动力。从更为宏观的视角看，政府为何要推动其职能转变，为何要向社会力量购买公共服务呢？也就是说，政府购买公共服务的内在动力为何？在此方面，最早从事"社区共融"项目的上海市 L 社会工作服务机构社工 YRY 的一段访谈材料具有典型性。

> 政府购买社工服务是一个大趋势，为什么这样说呢？现在随着社会的发展，提出了新要求，政府职能和政府工作目的也在改变，跟以前也不太一样，往服务型政府转变。那么政府在为居民提供服

务或者提供某些功能的时候，会发现它的能力是不能达到所有细节上，甚至说对于有些目的他们现在的政府工作人员比较欠缺、不能达到。工作人员的数量和质量也跟不上，统战工作与民族工作就是典型的这个领域，所以在一些政府的触角所不能伸及的方面，它需要借延伸的工作人员，那么这个延伸的工作人员可能从政府的角度来说，他们不太适合派内部的这种在编工作人员出来，那么社工服务会给他们提供一些弥补不足的地方，提供新的思路、方式和方法。社工这个逐步开展的工作能力，也可弥补这些政府机构的一些固有官僚作风，拖延或模式化的工作。（上海市 L 社会工作服务机构项目主管兼社工 YRY，访谈地点：上海 P 区 W 街道社工服务点内，访谈时间：2017-6-26）

在此段材料中，项目主管兼社工 YRY 从政府的视角谈及了政府购买社会工作服务的内在动因。事实上，随着政府职能从单一性管理向服务性的转变，无论是从工作人员的数量还是质量的角度而言，已远远无法承载此种职能的转变。对于传统统战、民宗工作框架下的城市民族工作而言，此种矛盾也十分凸显。因此，此种传统工作模式与新型工作职能之间的内在张力便成为了城市少数民族流动人口服务管理领域嵌入社会工作力量的内在动因。

（三）社会工作本土化发展的先行与引领

在沪深两地社会工作嵌入城市少数民族流动人口服务管理的实践背景中，党和政府对内地社会工作职业化、专业化与本土化的积极推动也是不可或缺的背景性因素，特别是沪深两地作为内地社会工作职业化、专业化与本土化的先行城市，其在此方面拥有了得天独厚的优势与积淀。例如，开展"社区共融"项目的上海市 L 社会工作服务机构是中国内地首家正式注册的专业社会工作服务机构。而在深圳率先开展城市少数民族流动人口社会工作服务的深圳市 S 社会工作服务机构也是深圳

第二章 嵌入的实践：沪深两地的探索 |

成立最早的社会工作服务机构。下面文字资料是两个社会工作服务机构的简介：

> 上海 L 社工服务社，成立于 2003 年 2 月，是中国大陆第一家非营利的社会工作服务机构。①
>
> 深圳市 S 社工服务中心于 2007 年 7 月经深圳市民政局批准注册成立，是深圳市成立最早、也是全国成立最早的专业化民间社工服务机构之一。是全国百强社工服务机构之一、深圳市 5A 级社会组织和深圳市十佳社工服务机构。机构社工服务通过了 ISO 质量管理体系认证。②

从上述两段社会工作服务机构的简介中可知，早在 2003 年，上海市 L 社会工作服务机构就已正式成立，而到了 2007 年，社会工作嵌入城市少数民族流动人口服务管理项目的正式运营，上海市 L 社会工作服务机构已有了四年的发展与沉淀。同样，深圳市 S 社会工作服务机构也是深圳最早成立的社会工作服务机构及全国最早成立的社会工作机构之一，至 2010 年深圳开展社会工作嵌入城市少数民族流动人口服务管理的服务项目时，其也有了四年的发展与沉淀。

更为重要的是，2006 年党的十六届六中全会上提出要建立一支宏大的社会工作人才队伍。就此，中国的社会工作专业迎来了快速发展期。社会工作的发展成为了国家层面的发展战略。从 2007 年开始，在国家发展战略的推动下，沪深两地相继出台了一系列促进专业社会工作发展的相关政策措施。2007 年，上海市出台了《上海市妇女联合会、上海市民政局关于推进妇联系统社会工作者队伍建设的实施意见》《上海市民族宗教事务委员会、上海市民政局关于开展民族宗教系统社会工

---

① 上海市 L 社会工作服务机构网站，http://www.lequn.org/。
② 深圳市 S 社会工作服务机构网站，http://m.szsw.org/m/。

作者队伍建设试点工作的通知》等文件。深圳市也在 2007 年至 2008 年连续出台《关于加强社会工作人才队伍建设推进社会工作发展的意见》《深圳市社会工作者职业水平评价实施方案（试行）》《深圳市社会工作人才教育培训方案（试行）》《深圳市社会工作专业岗位设置方案（试行）》《深圳市社会工作人才专业技术职位设置及薪酬待遇方案（试行）》《深圳市发挥民间组织在社会工作中作用的实施方案（试行）》《深圳市财政支持社会工作发展的实施方案（试行）》《深圳市"社工、义工"联动工作实施方案（试行）》等一整套专门推进深圳市专业社会工作发展的综合性配套文件。因此，沪深两地作为社会工作职业化、专业化和本土化的先行试验区，也是社会工作嵌入城市少数民族流动人口服务管理在沪深两地先行开展实践的重要背景性因素。

二 实践过程

如前所述，无论是上海，还是深圳，社会工作嵌入城市少数民族流动人口服务管理的探索性实践，均是城市少数民族流动人口数量激增的倒逼压力、政府主体寻求创新社会治理方式以及两地社会工作本土化在全国先行示范的共同背景下产生的。而两地项目实施的概况如何，本部分内容将继续通过对田野调查资料的梳理予以进一步澄清。通过对资料梳理，实践实施概况将接着从实践的形成、实践的发展等方面予以呈现。

（一）实践缘起

1. 上海实践的形成：统战、民宗领域政社合作的偶然与必然

在我国政府购买公共服务的发展历程中，特别是政府购买社会工作服务的发展历程中，最先发起与推动的往往是民政部门，而在上海 P

第二章 嵌入的实践：沪深两地的探索 Ⅰ

区，2007年4月出台了政府购买服务的相关政策性文件，到了8月，上海市民族和宗教事务委员会就联合上海市民政局出台了《关于开展民族宗教系统社会工作者队伍建设试点工作的通知》，同月"社区共融"项目就迅速成形落地。统战、民宗部门对该文件有如此快的响应速度，也就是说，项目形成的速度甚快，其中原因为何？通过调研发现，这一统战、民宗领域的政社合作是偶然与必然的统一。

在此方面，在对多位多年从事"社区共融"项目的社工、社工督导及项目主管访谈中纷纷有所谈及。有关项目形成的偶然性，下面对项目主管兼社工 YRY 与社工 FPH 的两段访谈材料表述得较为明确。

> 最早项目为什么会搞出来，当时在民宗办有一个人，是学社工的，是长沙民政学院，他有社工的理念，和我们当时的社工主任志同道合，尝试第三方购买。这种购买模式，由民宗委购买，也就是政府部门是出资方，此前政府很少用购买的方式。（上海市 L 社会工作服务机构社工 YRY，访谈地点：上海 P 区 W 街道社工服务点内，访谈时间：2017-6-26）

> 当年之所以弄出这个项目，有一个很重要的因素就是统战部在这方面发挥了很大作用，这一方面是基于政府的工作考虑，也出于社工的情怀和理念。（上海市 L 社会工作服务机构社工 FPH，访谈地点：上海市 L 社会工作服务机构总部内，访谈时间：2017-6-28）

这两段访谈资料谈到，项目的快速成型，一个偶然的因素即在政府的推动下促成。也正是这一偶然因素促使了社会工作嵌入城市少数民族流动人口服务管理的探索性实践首先在上海 P 区开展，这一领域的实践，甚至早于当时在上海许多由民政部门主导的社会工作常见服务领域，如儿童、青少年、妇女、老人等。然而，偶然性因素在事物发展过程中往往只是促发性因素，其背后必然有其内在动因，也就是必然性因素。下面上海市 L 社会工作服务机构社工 JRY 的一段表述较为深刻地阐明了这一必然性。

> 统战工作归到宣统部，而宣统部的文明宣传工作或志愿者工作是两个大头。因为一般来说宣统部只有一个公务员，有的甚至还不是公务员，他可能还做很多文明宣传工作和志愿者工作，统战工作做的不多，所以才可能会有这样的一个项目去补充。（上海市 L 社会工作服务机构社工 JRY，访谈地点：上海市 L 社会工作服务机构总部内，访谈时间：2017-6-28）

从此段谈话内容不难看出，社会工作嵌入城市少数民族流动人口服务管理实践形成的内在动因主要是基层统战工作人员的匮乏，基层对统战工作重视不够而导致许多统战工作职责难以落实，作为统战、民宗部门，迫切需要有"新鲜血液"进入统战、民宗工作人员队伍，以弥补基层统战、民宗工作力量不足，工作成效不显著的缺陷。

总之，在上海，社会工作嵌入城市少数民族流动人口服务管理实践项目——"社区共融"，是统战、民宗领域政社合作偶然与必然的统一。

2. 深圳实践的形成：社会工作服务领域不断拓展与创新的必然

深圳社会工作嵌入城市少数民族流动人口服务管理的探索性实践始于 2010 年，此种探索性实践的出现也与深圳当地经济社会发展中遇到的新情况、新问题以及各种政策举措的出台密切相关。可以说，深圳市社会工作嵌入城市少数民族流动人口服务管理实践的出现也是在多种背景性因素的催生下出现的。通过对深圳市调研获取第一手资料的梳理，深圳市开展社会工作嵌入城市少数民族流动人口服务管理形成的直接促成因素主要是深圳民政系统拓展社会工作服务领域的需要。在 2007 年深圳市印发的《关于加强社会工作人才队伍建设推进社会工作发展的意

第二章 嵌入的实践：沪深两地的探索 |

见》中，在开发社会工作岗位的内容里有这样一段表述：

> 积极拓展社会工作服务领域。根据社会工作岗位设置标准体系，按照整体规划、分步推进的原则，有计划、有步骤地重点在社区建设、社会福利与救助、青少年教育、医疗卫生、社会矫正、监所管理、禁毒、残障康复、人口计生、外来务工人员服务、婚姻家庭服务等领域推进社会工作，多渠道吸纳社会工作人才。拓展社会工作服务领域要坚持试点先行、示范带动、以点带面、协调发展的原则，根据现有工作基础和服务需求，可先选择教育、司法、民政、残联等领域开展社会工作试点，在总结试点经验的基础上，逐步扩展社会工作服务领域。

从此段文件表述中不难发现，深圳市在推进社会工作发展、拓展社会工作服务领域的过程中，主要采取了"试点先行、示范带动、以点带面、协调发展的原则"，先在社会工作服务基础性领域试点先行，在总结经验的基础上，再逐步向其他新的服务领域拓展。而2010年，深圳市S社会工作服务机构开发了《关爱城市少数民族弱势群体社会服务项目》，该项目的开发与形成正是在深圳市稳步拓展社会工作服务领域，创新社会工作服务项目的必然结果。这一点，当时从事该项目的社工ZR也有所谈及。

> 当时这个项目的成形，是因为深圳民政局觉得社工服务项目做了几年，可在其他领域有所创新，要让其他的一些不是很了解社会工作的部门了解社会工作，便从福彩公益金里面拿出一部分钱支持一些具有创新性的服务项目。我们机构当时刚好有个少数民族社工，建议弄个少数民族相关的项目。后来我们就跟机构谈了这个想法，机构管理层也觉得非常不错，就联合了项目研发部共同做了这个项目（申报书），后来就去竞标，结果很快就批了。资方觉得项

目很有创新性,还专门协调了民宗局专门给我们安排了一个办公场所,挂了牌,我们团队六个人都在那上班。(深圳市 S 社会工作服务机构社工 ZR,访谈地点:深圳 F 区某餐厅内,访谈时间:2017-12-3)

从此段谈话中可知,2010 年深圳社会工作嵌入城市少数民族流动人口服务管理探索性实践的形成是深圳市 S 社会工作服务机构主动谋求服务领域创新的行动结果。然而,进一步考量不难发现,这一行动后果背后的实践逻辑是深圳民政部门有计划拓展社会工作服务领域的结构性框架的推动。也就是说,深圳市 S 社会工作服务机构这一少数民族社会服务项目的形成是深圳在推进社会工作发展,拓展社会工作服务领域这一结构性推力的派生物。

(二)实践发展

1. 上海实践的发展:十一年实践中的曲折探索

上海市社会工作嵌入城市少数民族流动人口服务管理的实践始于 2007 年,到 2018 年经历了十一年的发展历程。然而,通过实地调研发现,此项实践在十一年间经历了规模、服务群体、架构等多方面的更迭与变迁。综合多方访谈与文献资料,十一年的实践可根据服务规模和服务群体这两大因素大致作如下划分:

第一阶段:初探期(2007 年 8 月至 2008 年 12 月)。这一阶段主要是项目的初探阶段,项目名称为"少数民族社工项目",服务范围是 P 区 L 功能区的 5 个街道,服务对象仅限于少数民族群体,包括在沪少数民族和来沪少数民族。在收集到的一份当时项目总结报告《上海市 L 社会工作服务机构 2009 年"社区共融"项目总结报告》中,上海市 L 社会工作服务机构项目主管兼社工 ZB 对项目服务内容通过表格与文字做了如下总结:

第二章　嵌入的实践：沪深两地的探索 |

根据服务对象的数量、特点和需求以及项目服务形式，上海市L社会工作服务机构每月有目的、有计划地实施服务内容，加大推进服务项目的力度，具体社区服务项目实施内容如下表所示：

时间	内容	目的	参与对象
第一阶段	◆社区了解，完成全年实施计划 ◆服务对象探访工作	◆确立服务方向及初步建立关系	◆少数民族联络组组长
第二阶段	◆"老小孩"活动团建立 ◆"小生活、大智慧"活动 ◆《家在社区》社区通讯宣传及工作 ◆圣诞节爱心活动 ◆社区少数民族迎新歌会 ◆"我的故乡"情怀活动 ◆开展志愿者活动	◆熟悉少数民族中老年人群体，提供社区参与的平台 ◆增加服务对象与社区的互动，关注社区 ◆居民参与，体现社区责任感和归属感	◆社区团体 ◆少数民族联络组组长及积极分子 ◆全体社区居民 ◆学生志愿者
第三阶段	◆我的父亲母亲 ◆"美丽社区美丽家"征文影展活动 ◆暑期夏令营之"骄阳似我"团队活动 ◆志愿者活动的开展 ◆社区工作总结，递交社区社会工作经验报告	◆提升社区认可 ◆促进社区共融 ◆对一年的工作进行总结、评估，整理资料等，形成经验	◆全体社区成员

结合项目目标，社工开展了以下一些工作：

第一，调查研究，了解情况。一种是通过走访、会议、文件学习等方式，帮助社工掌握社区的大致面貌，并接触到一批服务对象；另一种是集中的问卷调查，调查户籍数达1508户，调查来沪拉面馆68户，分别占上海市P区总户数的95%和100%，所得信息有一定代表性，为制订服务计划、开展专业社会工作起到了指导性的作用。

第二,整合资源,回应民生需求。一方面,社工对这些服务对象进行家庭走访,了解真实情况。另一方面,通过资源网络联系及调动的方式,在项目资源的基础上,挖掘本机构及社会的资源,为他们提供帮助和支持。比如引进慈善基金会的"装扮爱心树"活动,送温暖给来沪少数民族小朋友。又比如对清真食品需求的回应,以HM为试点,在相关领导的帮助和支持下,充分借助和运用上海市P区的资源,开创了清真餐的送餐服务。……对于清真食品网点设置,社工以街道为单位进行考察。……社工组织有需求的代表人士,进行现场沟通和交流,也通过热线的方式,为有需要的服务对象提供网点信息。还比如,成立"喜洋洋成长俱乐部"为来沪少数民族家庭的孩子进行学前预备以及入学适应培训。

第三,畅通服务渠道,加强与服务对象的沟通和互动。上海市L社会工作服务机构开通了少数民族社会工作服务热线和电子邮箱,设立ZY、LX、BL三个服务点,服务对象有任何需求都可以通过热线、电子邮箱或上门寻求帮助和支持。更主要的途径是,社工通过外展的方式,在社区内建立其他的服务渠道,各个街道开展的少数民族联络组工作成为一个通道,将更多少数民族居民的声音反馈到社工这里。社工又通过各种各样的服务及活动,加强与服务对象之间的沟通,使需求一步步得以落实。

第四,民族共融,促进团结,增加互动,协调矛盾,相亲相爱。……比如社工趁开斋节之际邀请来沪经营的拉面馆参加"我是拉面王"拉面技艺比赛,该活动促进了社工、社区与来沪少数民族人士相互接纳、信任。又比如开展少数民族文化节,社区内少数民族居民尽情投入,汉族居民积极参加,既得到了快乐,又促进了相互认识和了解。还比如,社工通过政策宣传、社区活动参与等不同服务模式,帮助来沪少数民族服务对象逐步了解上海,又通过学习规范,为他们提供政策方面的指导。除此之外,社工还介入来沪拉面馆与城管执法之间的冲突处理工作,化矛盾为谅解。

第二章 嵌入的实践：沪深两地的探索 |

第五，挖掘潜能，与社区、社团合作，为社会做贡献。在问卷调查和平日走访社区居民的过程中，社工了解到有很多少数民族居民热心参加志愿者服务及社区公益服务的信息。……比如"民族共融闹元宵"活动，包括节目的准备、维持现场等环节都有少数民族志愿者主动参与。又比如上海市 L 社会工作服务机构青少年部的"跨越心际的彩虹"笔友情项目，与来沪打工者的孩子建立笔友联系，关心他们的学习和生活，帮助他们融入上海。还比如，在新区民族联合会（简称"民族联"）和社工的共同发起下，服务对象代表、新区少数民族联共同参与了"浦川鸿雁牵手行动"为四川灾区孩子写信的活动。

通过该报告，在 P 区开展少数民族社会工作服务项目中，虽然服务群体涉及少数民族群体，但作为服务对象的重点是来沪的少数民族，具体聚焦于来沪的清真拉面馆经营者。首先，社会工作者按照社会工作专业实务流程开展了社区少数民族情况的摸底调查、需求调查及民族政策文件的学习工作，了解来沪少数民族流动人口的需求，形成了十分翔实的调查报告。其次，积极整合资源，回应需求，开展便民热线与服务点，开展了以"喜洋洋成长俱乐部"促进来沪孩子学前预备以及入学适应小组为代表的系列小组活动，还开展了以"我是拉面王"为代表的各类社区活动，旨在促进来沪少数民族的社区融入与认同。在这一阶段，社会工作专业的行动框架十分凸显，通过社工的努力，社工已与服务对象建立起了良好的专业关系，并借助此种关系参与到了矛盾调处与危机介入等工作中。该资料中提到的"少数民族联络组"和"少数民族联合会"等展现了上海实践中的一个重要工作模式，即将在沪少数民族群体作为潜在的志愿者资源予以挖掘与整合。这一工作方式在项目初期得以成形，为后续该项实践的开展奠定了坚实的基础。

第二阶段：扩大影响期（2009 年 1 月至 2011 年 1 月）。这一阶段之所以称之为扩大影响期，主要是因为这一阶段在沿袭初创期工作框架与策略的基础上，项目名称得以确立，实践的范围与社会影响进一步扩大。从《上海市 L 社会工作服务机构 2010 年"社区共融"项目总结报告》中获知，2009 年 1 月，项目名称正式更名为"社区共融"项目，范围开始从 L 功能区向 S 功能区拓展，辐射的街区拓展到 11 个，社会工作服务点也扩展到了 5 个。更为重要的是，"社区共融"项目实践的社会影响力持续扩大。在此期间，该项目社工组织了大量在沪的少数民族志愿者参与了世博会期间的志愿服务工作，得到了政府与社会各界的广泛认可，并于同年获中国社会工作协会颁发的"全国民族社会工作创新奖"。

第三阶段：快速发展期（2011 年 1 月至 2014 年）。从 2011 年 1 月开始，该项目迅速发展，从最初的 5 个街道扩展到了 20 个街镇。这一时期，该项目的服务范围已覆盖到 P 区 12 个街道和 8 个镇，是"社区共融"项目服务范围最广的一个阶段。同时，不仅项目的服务范围增大，项目的服务对象的外延也有了进一步拓展。项目的社工人数也从最初的 10 名，迅速增加到 34 名。服务对象也从原先的少数民族服务扩展到"大统战"人群的服务，即包括少数民族、侨胞侨眷、台胞台属、民主党派人士、宗教人士等，但少数民族流动人口仍然是其最主要的服务群体。但与此同时，由于项目辐射范围扩大到 P 区 12 个街道和 8 个镇，特别是部分街镇位置较为偏远，项目组不得不打破原有区域服务点的工作构架，而改为"服务点+服务站"的工作架构，只保留了原有 L 和 S 功能区的两个集中服务点，而其他的社工站均设在落地街镇的办公场所，社工均与街镇的工作人员合署办公。这样的工作模式使得项目实践出现了行政化与内卷化的趋势。虽然服务群体范围扩大了，但是这几年间的直接服务人数反而逐年下降，而社工承担的行政工作越来越多。

第四阶段：稳定博弈期（2014 年至 2017 年）。在这一阶段，"社区共融"项目进入到了一个稳定博弈期。2014 年开始，P 区统战部、街镇领导更迭导致部分街镇对该项目的评价褒贬不一。Z、Q、P 和 K 四个镇相继终止了购买服务,因此服务范围也从 20 个街镇缩减到了 16 个街镇,项目的社工人数下降到 25 人左右。然而,这并不影响"社区共融"项目在 P 区开展的整体状况。在这一阶段,上海市 L 社会工作服务机构负责人和项目主管积极与时任统战部分管部长 J 沟通,旨在摆脱行政化困境,再次争取专业空间。从 2014 年开始,"社区共融"项目组开始打造一街一品的特色服务项目,使得服务再次得到认可与新的社会影响。

第五阶段:曲折发展期(2017 年至今)。从 2018 开始,P 区统战部不再出资购买统战领域的社会工作服务,"社区共融"项目进入到一个较为困难的时期,L 机构只能分别与各个街镇分别进行项目购买的洽谈,目前只与 P 区 H、P、T 三个街道和 S、X、Z 三个镇共计 6 个街镇达成了购买协议,继续开展"社区共融"项目。

2. 深圳实践的发展:从项目制向岗位制转变的八年实践

通过对深圳 F 区社会工作嵌入城市少数民族流动人口服务管理相关实践的梳理发现,深圳探索性实践的发展由于实践模式的变化、服务提供方的变更等因素经历了几个发展阶段。例如,在实践模式上,项目制在实践伊始是主流,而随着实践的深入,项目制的实践模式开始转变成岗位制的实践模式。这其中还经历了一段时间的并行阶段。而在实践开展的社工机构上,2015 年以前一直是深圳市 S 社会工作服务机构在开展此种实践,而 2015 年以后,则转由深圳市 F 社会工作服务机构、深圳市 W 社会工作服务机构和深圳市 Z 社会工作服务机构开展此项实践。综合多种因素考虑,深圳实践的发展大致可分为如下几个阶段。

第一阶段:初创探索期(2010 年 7 月至 2012 年 6 月)。在该阶段中,社会工作嵌入城市少数民族流动人口服务管理的实践以社会工作项目制的方式运行,项目名称为"关爱少数民族弱势群体社会工作服务项目",该项目由深圳市 S 社会工作服务机构研发,于 2010 年 5 月获深圳市第二批福彩公益金资助,与市委统战部合作,面向全市,以 F、L、

N、B为重点区域,开展城市民族群体的社工专业服务。项目实施一年,完成深圳市少数民族人员生存状况调查7390份,基本把握了该群体的需求数据。同时,经过一年的探索实践,发现在深圳少数民族群体存在以下需求:对政策法规的了解、民族文体活动的参与、少数民族子女教育的申请、医疗保障权利的享受、清真食品的获取以及城市生活的适应等。深圳少数民族群体需求的无法满足将直接制约该群体的社会融入与发展,也不利于城市和谐社会建设。在项目实施第二年,项目组以"融入和发展"为主题,以文化接纳、社会认同和行为适应等为切入点,为城市少数民族同胞提供更加专业化、多元化和个性化服务。在该阶段,深圳社会工作嵌入城市少数民族流动人口服务管理的实践以项目制的形式运营。

  第二阶段:拓展创新期(2012年9月至2013年8月)。在这一阶段,深圳社会工作嵌入城市少数民族流动人口服务管理的实践有了新的形式——岗位制,进入了项目制与岗位制并行的阶段。从2012年9月至2015年8月,深圳市S社会工作服务机构继续开发并开展了两个少数民族社会工作服务项目。其中,2012年9月至2013年8月,深圳市S社会工作服务机构开展了《城市贫困少数民族流动儿童成长救助项目》。该项目是深圳市S社会工作服务机构向"中华少年儿童慈善救助基金会"申请的面向城市贫困少数民族流动儿童的社会工作服务项目,是针对未成年少数民族群体的一次服务尝试。此项目多次尝试与义工、社区服务中心合作,整合社会资源为城市贫困未成年少数民族提供服务:建立了5个流动儿童法律援助工作站,开展4场社区活动,建立流动图书馆,开展兴趣小组等。2014年3月至2015年3月,深圳市S社会工作服务机构开发了"'五颜六色'少数民族社会服务项目",该项目以"个人潜能,优势视角多方参与,共创和谐,多元文化,精彩深圳"为工作理念,面向深圳市辖区内的少数民族居民(包括户籍内及户籍外)提供包括个案、小组、社区等专业的直接服务以及资源链接、扩大社会影响和培育义工等间接服务等。在项目制运营的同时,2012

年9月开始,深圳社会工作嵌入城市少数民族流动人口服务管理的实践有了新的形式——岗位制模式。2012年9月至2015年8月,深圳市S社会工作服务机构在深圳市F区民宗局提供了3个少数民族岗位,专门负责F区少数民族流动人口服务管理的试点工作。社工的工作职责是为辖区内少数民族流动人口提供服务咨询、危机事件干预等服务,建立少数民族服务咨询专线,设置一个倾听少数民族诉求的网络邮箱,及时查阅邮件。同时印发工作手册、服务指南等,为有需要的少数民族人员提供咨询服务指引,以及配合做好试点体系建设的协调联络工作。对因自然灾害、疾病、突发意外等造成家庭生活有特殊困难且符合F区社会救助政策的少数民族人员给予临时救助的转介咨询服务。

第三阶段:稳定发展期(2015年9月至今)。这一阶段,深圳社会工作嵌入城市少数民族流动人口服务管理的实践以岗位制模式为主,项目制的运作模式只在少数社区零星开展。位于F区的深圳市民宗局及F区民宗局的岗位提供机构也通过规范的招标过程,由深圳市S社会工作服务机构分别变更为深圳市F社会工作服务机构、深圳市W社会工作服务机构和深圳市Z社会工作服务机构。同时,在深圳其他区也分别以岗位制的形式开展了社会工作嵌入城市少数民族流动人口服务管理的相关实践。

三 实践主体与客体

实践主体与客体是社会工作嵌入城市少数民族流动人口服务管理议题中需要解决的问题。通过对田野资料与文献资料的梳理分析发现,沪深两地的实践主体与客体有所差异。在实践主体方面,主要在实践出资方性质上的差异,此种差异是一种客观事实上的差异。而在实践客体方面,体现在行动实践者在行动中对服务对象意义建构上的差异,此种差异主要是主观释义上的差异。

（一）实践主体

沪深两地社会工作嵌入城市少数民族流动人口服务管理的实践是通过政府购买公共服务的形式来实现的。政府购买公共服务是指政府通过公开招标、定向委托、邀标等形式将原本由自身承担的公共服务转交给社会组织、企事业单位履行，以提高公共服务供给的质量和财政资金的使用效率，改善社会治理结构，满足公众的多元化、个性化需求。① 在政府购买公共服务的运作体系中，实践主体事实上有两个，一个是购买主体，即出资方；另一个是承接主体，即服务提供方。由于沪深两地的项目承接主体均为专业社会工作服务机构，此内容已在上文中谈及，在此，重点探讨的是实践的购买主体，即出资方。政府购买公共服务的出资方主要是各类政府主体，主要是通过使用各类各级财政资金以购买服务的形式，将费用支付给承接该项服务的第三方机构。

1. 上海实践项目的购买主体：统战职能框架下的多购买主体

上海的实践项目始于 2007 年，正式名称为"社区共融社工服务项目"，是上海市 L 社会工作服务机构受上海市 P 区统战部委托，在 P 区多个街镇开展的统战、民宗领域社会工作专业服务项目。通过调研发现，在项目购买方，即购买主体方面，"社区共融"项目具有较为鲜明的特点———一个项目多个项目购买主体。下面这段访谈材料是"社区共融"项目的项目主管兼社工 YRY 对项目购买方的一段描述：

> 我们这个项目从 2007 年 8 月份开始，快整整 10 年啦。一开始是统战部下面的民族宗教办公室作为购买方。购买资金（一年）为一百万，现在应该有两百多万了。起步时有 5 个街镇（都在 P 区

---

① 徐家良、赵挺：《政府购买公共服务的现实困境与路径创新：上海的实践》，载《中国行政管理》，2013 年第 8 期，第 26—30、98 页。

这边,因为它是P区的统战部购买的),然后由5个扩展到11个,最大的时候扩展到20个,现在就16个街镇。……我们街道是由P区购买的,镇的项目是他们自己购买的,分两种购买形式。(上海市L社会工作服务机构项目主管兼社工YRY,访谈地点:上海P区W街道社工服务点内,访谈时间:2017-6-26)

从此段访谈材料中不难发现,"社区共融"项目的购买主体分为区、镇两个层面。2011年是该项目范围与规模最大的一年,一共覆盖P区12个街道和8个镇,项目总经费达到了261万元。然而,这些经费并非完全来自区统战部,区统战部只出资购买了12个街道的项目经费,而其余8个镇的项目是每个镇单独出资购买。也就是说,在2011年的时候,上海市L社会工作服务机构分别与P区统战部和P区的8个镇一共签订了9份项目协议。在随后的几年中,虽然项目覆盖的范围有所缩减,但该项目一直存在区镇两个层面购买主体的现象,也就是一个项目多代购买协议的状况一直予以延续。然而,值得注意的是,不管是区统战部作为购买主体,还是镇级层面的购买主体,其出资购买社工的工作职责均为统战工作,特别是城市少数民族流动人口服务管理工作。

2. 深圳实践项目购买主体:力推社会工作发展的各级民政部门

深圳社会工作嵌入城市少数民族流动人口服务管理的实践始于2010年。然而,与上海不同的是,推动该领域实践探索的并不是深圳的统战部门或是民宗部门,而是民政部门。在访谈资料中,多位受访者的谈话证实了这一点。

这个项目组最早开发出来,主推社会工作的部门是民政局。当时民政局为了推动社会工作的发展,鼓励各个机构多申请有特色的项目,多在各个方面进行尝试。当时我们S(社工机构)就想着能在这方面有所创新,刚好有人建议搞个专门服务少数民族人群的服务项目，我们就申报了这个项目，没想到民政局那边觉得我们这个项目很有新意，就批了，还主动帮我们和统战部那边协调，在统战部那边专门给了我们一个场地，还挂了牌子。（深圳市 S 社会工作服务机构社工 ZR，访谈地点：深圳 F 区某餐厅内，访谈时间：2017-12-3）

这个项目最初其实是 F 区民政局采购的。深圳有不一样的地方，即所有服务采购项目最早的时候是民政局牵头的。至于为什么是民政局呢，很简单啊，民政局要促进社会工作的发展，在其他部门不了解的情况下，民政局主动出钱，把人派到各个部门去，让其他单位先免费试用一段时间，发现它好了，就会主动花钱。（深圳市 W 社会工作服务机构社工督导 ZJ，访谈地点：深圳市 W 社会工作服务机构总部内，访谈时间：2017-12-4）

岗位经费来源于民政局，我们的三个社工购买经费由民政局出资，且开展活动的经费都来自民宗局。至于是少数民族社工岗位，还是社工项目，可以这么理解，它的购买方式是以岗位，不是以一个项目形式来购买。只是具体工作以项目的形式来运作的，由我们三个人具体承担。以项目形式购买，即整体打包给你，比如 100 万经费，是用于工资，还是各种开销，由你自己来计划。（深圳市 W 社会工作服务机构社工 ZB，访谈地点：深圳市 W 社会工作服务机构总部内，访谈时间：2017-12-4）

上述三段谈话分别是 2010 年最早从事少数民族社会工作项目的深圳市 S 社会工作服务机构社工 ZR、2015 年从深圳市 S 社会工作服务机构手中继续承接该项目的深圳市 W 社会工作服务机构社工督导 ZJ 和社工 ZB 的表述。ZR 谈及，最早有关少数民族社会工作服务项目的购买主体是民政局，动机主要是为了推陈出新。ZJ 则谈及，民政部门主动出资在各个部门中设置社工岗位或项目，其初衷是向各个部门推介社会工作专业，让其他对社会工作不甚了解的部门更多地了解并感受到社会工作者的专业性,而 ZB 则谈及,社工的岗位薪酬全部是以项目打包的形式由民政局出资,而服务经费则从民宗局日常的运营经费里支出,且并不由社工自主支配。事实上,三位受访者在对深圳民政部门购买项目的具体动机上虽有所不同,但核心要义是一致的,主要包括两层意思:第一,社会工作嵌入城市少数民族流动人口服务管理的项目购买方,即出资方是民政部门;第二,民政部门的初衷是为了推动社会工作在深圳的发展,拓展社会工作服务领域,这与前述深圳市《关于加强社会工作人才队伍建设推进社会工作发展的意见》文件中有关推进社会工作岗位、拓展社会工作服务领域的表述是吻合的。

(二) 实践客体

在社会工作嵌入城市少数民族流动人口服务管理实践中,实践客体即工作对象,是城市少数民族流动人口。而在实践客体的问题上有两个议题值得探讨:第一,对于工作主体而言,服务客体(城市少数民族流动人口)是在何种意义脉络中得以建构的。第二,在服务城市少数民族流动人口群体中,聚焦的是哪些群体?

1. 上海实践的服务对象:"统战人士"与"来沪"双重意义建构下的少数民族流动人口

通过对上海实践中的调查,上海的服务对象主要是少数民族流动人口:

> 因为我们这个项目最早是从少数民族开始做的,所以现在来说做的最大部分还是少数民族。(上海市 L 社会工作服务机构社工 ZL,访谈地点:上海 P 区 Y 街道办事处内,访谈时间:2017-6-29)

在获取的《上海市 L 社会工作服务机构 2016 年"社区共融"项目总结报告》中,有关服务对象的具体服务频次数据,如下表格:

表2-1 上海市L社会工作服务机构2016年"社区共融"
项目中有关服务对象的具体服务频次数据

类型（人次）	民族	侨务	其他（党派、宗教）
走访/探访	5671次/8101人次	6366次/8868人次	3421人次
咨询	806次/1061人次	367次/620人次	34人次
小组服务	282次/782人次	107人/415人次	6人/56人次
社区服务	2800人/3116人次	2728人/3067人次	550人次
团康服务	2873次/3153人次	3661次/3786人次	442人次
个案服务	14人	4人	0

表2-1表明，在"社区共融"项目中有关服务对象的具体服务频次数据中，针对少数民族的服务在次数上超过了侨务，特别是在涉及社工专业服务领域的个案服务上，项目组针对少数民族的个案服务有14人，而侨务的仅4人，这可从一个方面反映了少数民族是项目组主要的服务对象。

> 我们这边服务的对象主要是少数民族，也包括侨、台、民主党派，而少数民族这块则以回族、满族、壮族等居多。少数民族流动人口暂居在上海部分地区，尚未形成成片居住的情况。所以我们开始时的主要突破便是来沪进驻的拉面馆。我们服务比较多的还是回族……（上海市L社会工作服务机构项目主管兼社工YRY，访谈地点：上海P区W街道社工服务点内，访谈时间：2017-6-26）

> 在这8年中，服务的人群主要是少数民族。他们保有一些少数民族的习惯，比如有一些清真条例的约束，过古尔邦节，过开斋节，也吃油香等。此外，他们有着强烈的宗教信仰。（上海市L社会工作服务机构社工FPH，访谈地点：上海市L社会工作服务机构总部内，访谈时间：2017-6-28）

第二章 嵌入的实践：沪深两地的探索Ⅰ

我们服务比较多的对象是拉面馆、清真餐饮以及清真场所等。（上海市 L 社会工作服务机构社工 JRY，访谈地点：上海市 L 社会工作服务机构总部内，访谈时间：2017-6-28）

我是一个拉面馆的一个结对的联络员，能做的尽量帮他们做吧。我主要负责的事情是每个月去走访、了解情况、慰问等。（上海市少数民族志愿者 SGT，访谈地点：上海 P 区清真寺内，访谈时间：2017-11-24）

上面四段对话分别来自"社区共融"项目的三名社工和一个志愿者。在服务对象的问题上，YRY 和 FPH 首先谈及了"社区共融"项目的两大服务群体分别是少数民族与侨台群体，而少数民族群体是主要的服务群体之一，"社区共融"项目一开始就是从少数民族群体开始介入的，因此少数民族群体一直是其最主要的、基础性的服务群体，特别是来沪的少数民族流动人口，而在这一群体中，又以经营清真拉面的回族流动人口为主。事实上，在调查过程中，受访的社工和志愿者均表示，"社区共融"项目的服务对象是统战人士，而在统战人士中，与社会工作服务聚焦最为契合的就是少数民族流动人口。在这一群体中，具有显著文化差异和民族特质的少数民族群体主要是回族拉面馆经营者，他们内部联系与互动较为密切，且经营场所较为固定，这一群体就成为了社会工作嵌入城市少数民族流动人口服务管理上海实践中的主要服务群体。

2. 深圳实践的服务对象："深圳人"意义下的少数民族流动人口

在深圳市 F 区的社会工作嵌入城市少数民族流动人口服务管理的实践中，有关服务对象问题，在收集到的深圳市 S 社会工作服务机构申报书与结项评估报告中，均表述为"少数民族群体及其家庭"，而未使用"少数民族流动人口"这一概念。对于此种表述，受访的多位社工与社工督导均谈及，由于深圳是一个移民城市，所以并不像其他

社会工作嵌入城市少数民族流动人口服务管理研究

城市那样强调常住人口与非常住人口,其中深圳市 W 社会工作服务机构社工督导 ZJ 和深圳市 S 社会工作服务机构社工 JB 的谈话内容反映了这种情况。

> 这个问题很简单的,在深圳,谁敢说自己是老深圳人,其实大家都是新人。因此,在深圳这样一个城市,我们会忽略"流动人口"这个概念的,甚至会淡化这个概念,包括少数民族群体。我们服务的理念更多的是把他们都当作是"深圳人",欢迎大家一起来深圳创业,欢迎大家一起融入这个城市。(深圳市 W 社会工作服务机构社工督导 ZJ,访谈地点:深圳市 W 社会工作服务机构总部内,访谈时间:2017-12-4)

> 我们在做服务的时候,强调我们都是深圳人,包括少数民族的,都是来深圳工作的,要融入这个城市,做这个城市的主人,不会刻意去强调有没有深圳户口,是不是深圳人。从某种意义上来说,几乎现在在深圳所有的人都是流动人口。深圳本来就是一个新兴城市,你刚才也跟我说了上海的情况,我感觉这应该是深圳做这项工作(少数民族流动人口社会工作服务)与上海最大的不同吧。(深圳市 S 社会工作服务机构社工 JB,访谈地点:深圳 F 区某公园内,访谈时间:2017-12-2)

因此,在深圳的实践过程中,社会工作服务惠及的服务对象主要是来深的少数民族流动人口。在 2017 年 5 月 16 日的《中国民族报》中登载的一篇《让少数民族群众更好地融入城市》的报道中有这样一段表述:

> 深圳市现有少数民族流动人口 92.6 万人,为了使各族群众共享特区改革发展成果,我们大力倡导"来了就是深圳人"的观念,以政府主导、政策引领,撬动社会力量,多元参与,帮助少数民族

第二章 嵌入的实践：沪深两地的探索

群众更好地融入和适应城市生活。①

而在聚焦群体上，深圳的实践显得更加广泛，在访谈中，深圳针对少数民族的服务并非聚焦于哪一特殊群体，而更多的是聚焦于这一群体的问题，也就将问题对象化，而非将对象问题化。在此方面，几个社工均有谈及。

> 我们并不会主动去社区里的，因为你知道，深圳的社区社工是全覆盖的，每个社区都有社工服务中心，一般的个案都在社区里解决了，除非是社区里解决不了的。我们联系社区，一般都是为了搞一些宣传活动。（深圳市 F 社会工作服务机构社工 LJF，访谈地点：深圳市市民之家办事大厅内，访谈时间：2017-12-5）

> 我主要具体负责接一些少数民族人群打来的热线，很多都是法律援助的问题。至于什么民族比较多，不一定，什么民族的都有，遇到的问题也各种各样的。

> （深圳市 F 社会工作服务机构社工 ZL，访谈地点：深圳市民宗局内，访谈时间：2017-12-7）

由此可知，在深圳实践的框架中，社工并非到社区里去寻找服务对象，而是当接到社区里有报送需要帮助的少数民族同胞或是有少数民族同胞遇到困难主动到民宗局求助时，他们才会介入这些个案，去帮助这些个案。这些个案并非涉及哪些特定民族，或是聚焦哪个民族。

总之，在沪深两地的实践中，服务对象虽然主要是城市少数民族流动人口，但两地对该群体的意义建构是有所差异的。就上海 P 区的实践而言，其聚焦的人群主要是来沪穆斯林流动人口，特别是清真拉面的经

---

① 安宁宁：《让少数民族群众更好地融入城市》，载《中国民族报》，2017 年 5 月 16 日。

营者，而其行动实践背后的意义建构主要是基于统战工作的行动意义，而且这样的行动意义还是显性的，也就是说，当社工或志愿者面对服务对象时，首先是将其建构成为"统战人士"，而更为重要的是，其背后还隐藏了一个隐性的意义建构，那就是"来沪"的意义建构。相比而言，在深圳的实践中，虽然其行动实践背后的意义建构也具有统战工作的性质，但其社工面对服务对象时，更多的是基于新"深圳人"的意义予以建构。可以说，由于沪深两个城市的历史与定位不同，其对少数民族流动人口的意义建构是有所不同的。而在聚焦群体方面，上海实践更加聚焦于穆斯林流动人口，主要是清真拉面经营者，相比之下，深圳实践的服务客体则显得并不如此聚焦。若究其深层次原因，主要是由于两地的社会工作服务体系及少数民族社会工作服务的工作模式存在差异造成的。

第三章 嵌入的效应：多重实践效应的显现

在嵌入性发展的分析概念体系中，嵌入的效应是很重要的分析向度。所谓社会工作的嵌入效应是指专业社会工作嵌入社会服务实践所产生的效应。这种效应包括两个方面，一个是社会效应，是指社会工作介入实际社会服务所产生的服务效果，即通过这种介入服务对象获得了哪些益处；另一个，则是对自身发展产生的效应，即社会工作进入实际的、由政府主导的社会服务领域，通过互动对专业社会工作自身发展带来的影响。① 本章在阐析社会工作嵌入城市少数民族流动人口服务管理的效应时，逻辑框架即遵循此种表述进行研究。更为重要的是，对嵌入效应问题的探讨不能仅仅停留在概念推演的应然层面，更应基于经验概括的实然层面。

通过对经验资料的检视，社会工作在城市少数民族流动人口服务管理嵌入性实践中，与多实践领域中的多个行动对象均产生了深度互动，这些行动对象包括直接服务对象——城市少数民族流动人口，间接服务对象——少数民族志愿者组织、社区、政府主体等。因此，就社会工作嵌入城市少数民族流动人口服务管理实践的社会效应看，其效应是多元多维的。而另一方面，就社会工作自身专业发展而言，其效应也显现在多个层面的结构生长。

---

① 王思斌：《中国社会工作的嵌入性发展》，载《社会科学战线》，2011年第2期，第206—222页。

一 少数民族流动人口社会福利服务的精准供给

助人是社会工作的基本功能。① 从某种意义上说,助人是社会工作专业的价值所指,更是社会工作作为一个职业的职业追求,是社会工作者开展所有行动的意义所在。特别是,社会工作者的助人行动并非是一种间接性的宏观政策传导,而是直面服务对象的精准传递。事实上,此种行动逻辑始终根植于社会工作实践发展全过程。早在17、18世纪《伊丽莎白济贫法》《汉堡制》和《爱尔伯福制》等早期社会工作实践中,救济员就需直接面对每个服务对象,并登记在册,评估调查他们的问题与需求。而到了19世纪中后期,在英国美国的"慈善组织会社"和"社区睦邻运动"中,调查、分析每个服务对象的工作方法得以进一步被形塑。而到了社会工作的专业性和职业性得以被确认的20世纪初,直接面对服务对象,对服务对象的问题与需求进行准确把握,并"对症下药"地介入的解决问题方法已经成为社会工作者们最基础的行动逻辑。1917年玛丽·瑞奇蒙德(Richmond,M. E.)出版的《社会诊断》(Social Diagnosis)一书正是对此种专业行动逻辑的科学概括。而在西方国家现代社会福利制度建立后,社会工作者的行动意义进一步拓展,成为国家和政府社会福利惠及民众不可或缺的传递者。之所以不可或缺,就因为社会工作者供给社会福利服务、满足服务对象福利需求的精准性。此种精准性源自于社会工作专业行动逻辑的两大基本特质,即直接面对服务对象和科学地供给社会服务。有关社会服务的内涵,不同学科、不同学者有不同的解释和界定。在社会工作的专业视野中,社会服务是在社会保障(社会福利)制度框架下,由政府或社会力量向民

---

① 王思斌编:《社会工作概论(第三版)》,北京:高等教育出版社2014年版,第26页。

第三章 嵌入的效应：多重实践效应的显现

众特别是困难群体提供的公共福利服务。①

所谓福利服务，即政府通过提供社会服务，可以满足市场化服务不愿或不能涉足、而人民群众日常生活又离不开的服务需求。② 从政府购买主体而言，社会服务集中体现的是非营利性与福利性。从传递主体而言，社会服务则又表现为专业性与非专业性的社会服务，即一般性的社会福利服务与专业的社会工作服务。从服务对象而言，其更多的表现为服务对象无偿，至少是远低于市场的费用享受到各种福利服务。

我国传统的城市少数民族流动人口服务管理在工作机制上存在着重"顶层设计"、轻"细化落实"，重管理、轻服务等问题。而就专业的行动逻辑而言，社会工作的日常服务性往往可弥补传统城市少数民族流动人口服务管理的不足。因此，在探索社会工作嵌入城市少数民族流动人口服务管理嵌入效应时，社会工作者面对服务对象，并向服务对象精准供给社会福利服务，应成为嵌入性效应最先予以研究的问题。通过对沪深两地的调查，沪深两地社会工作嵌入城市少数民族流动人口服务管理的实践虽存在差异，但社会工作者直接面对服务对象——少数民族流动人口精准供给的服务福利却具有高度的趋同性。主要包括日常生活服务、信息提供与政策咨询、危机干预、促进社会参与、能力与意识提升等多个方面。而在社会工作助人功能实现的概念框架中，上述福利服务大致可被分为三类，即带有救难性质的补救性服务、具有解困性质的预防性服务和具有增能性质的发展性服务。

（一）救难功能的补救性服务

"危机"是对压力或创伤性的生命事件或一系列个体感到危险的、

---

① 王思斌：《社会服务的结构与社会工作的责任》，载《东岳论丛》，2014年第1期，第5—11页。

② 唐钧：《民政工作的开放性及社会福利服务的整合》，载《北京工业大学学报（社会科学版）》，2015年第6期，第1—7页。

威胁的或极度难受的事件不能通过传统的应对方法解决时的主观反应。① 危机干预是一种有计划地、明确地运用于帮助个体、家庭和社区克服意识到的危机和提高应对水平的短期干预。② 在社会工作实务中，特别是直接面对服务对象的个案工作实务中，积极主动地进行危机干预，协助服务对象积极、妥善地处理生命中的危机事件是社会工作者的基本的工作职责，更是社会工作者专业性的重要表现之一。从沪深两地社会工作嵌入城市少数民族流动人口服务管理实践看，社会工作者能及时介入，帮助案主走出危机事件，主要涉及少数民族流动人口生育、意外死亡和被抢劫等方面，比如上海社工及时介入挽救维吾尔族孕妇生命、深圳社工协助处理青海循化回族小孩车祸死亡突发事件、上海社工积极介入被劫清真拉面馆，帮助其恢复正常生产生活等。下面两个较为典型案例是源自上海市 L 社会工作服务机构《"社区共融"项目服务手册（2007 年—2015 年）》。

可爱的生命，艰难的降生
——维族妇女剖腹产案例

1. 服务理念

P 区来沪少数民族的人数逐年增加，他们在这里生活、工作，成为这个城市的一分子。地理环境的融入是容易的，只要在这里有一所住处，有一项谋生的工作，他们能够较快地安定下来，过着和家人在一起的异地生活。不过，心理环境的融入不是简单的事，需要一段很长的时间，需要一个很长的过程。

本案例的服务对象是一位即将临盆，在难产中的维吾尔族妇

---

① Roberts, A.R. & Yeager, K. R., *Pocket Guide to Crisis Intervention*, New York: Oxford University Press, 2009, p.2.

② 〔英〕Barbra Teater：《社会工作理论与方法》，余潇等译，上海：华东理工大学出版社 2013 年版，第 235 页。

女，由于文化习俗差异、个人理解等方面的原因，她不接受医院医生剖腹产的建议，危在旦夕。这位妇女、她的家属、当值医生都陷入了很大的困境，面对这个情况，社工需要进行紧急的介入，进行危机干预，尽可能地帮助这位妇女做出正确的决定。

2. 服务目标

促进案主转变想法，增强其面对困难的信心和勇气，接受手术，以保障生命的安全。

3. 服务计划

第一，寻求支持，明确需求。由于案主只能用维吾尔语沟通，上海话普通话基本都听不懂，要沟通、要了解案主的想法，必须先解决语言问题，否则没有沟通的基础。另外，案主作为来沪少数民族，她或许对外界的信任度还不高，需要有一些合适的"同辈群体"来支持她。社工联络2位来沪维吾尔族服务对象，担任语言沟通的桥梁，协助明确案主的顾虑和需要，有同伴在场也减轻案主紧张感。

第二，解除顾虑，生命为先。人的生命是第一位的，一切应以保护案主性命为根本，因此只有找到案主拒绝手术的根本原因，才有可能找到解决问题的钥匙，才能找到转变案主想法的办法。案主是穆斯林，她不肯接受剖腹，一是认为宗教教义和家乡的习俗是不允许孕妇剖腹生产；二是她是第一次生产，不知道剖腹有何后果，也认为剖腹产会导致她无法再生养第二个小孩。她这两方面的顾虑，导致目前的危机。为此，社工联络了阿訇以及医院医生的资源，分别就这两个问题给案主进行了分析及说明，从教义和医学两个方面来解除疑虑，卸下担忧。

第三，对案主的同理及肯定。案主处于弱势的状态，她的"坚持"来自于她内心的恐惧和未知，在举目无亲的他乡，在沟通困难的情境下，理解关怀是多么的重要，社工运用同理心来理解案主的处境，用非语言的支持技巧传递对案主的关怀。虽然社工不懂得维吾尔语，很难用语言与案主沟通，但是关怀的眼神、支持的安抚、耐心的守护和陪伴，同样能够使服务对象感受到温暖。

4. 服务成效

经过大家的共同努力，案主终于转变了态度，接受了医院的建议，签约同意进行剖腹产。当天下午，一个八斤半小男孩降生在了这个世界，母子平安，案主夫妇既高兴又感激。

此案例是上海市 L 社会工作服务机构项目主管兼社工亲历的案例，是一个典型的危机干预案例。从此案例处置全过程可以看出，社工的处置方法非常专业。首先是找来维吾尔族的"同辈群体"，建立起语言和心理沟通的桥梁，明确服务对象的顾虑和需求。在了解服务对象的恐惧和抗拒情绪是由于文化差异和知识匮乏两个因素导致后，及时找来了阿訇和医生分别从价值和知识层面加以解释，并通过同感、肢体语言等专业技巧打消了服务对象面对危机事件时的负面感受，促使服务对象恢复理性，做出了正确选择。在此过程中，社工始终坚持社会工作的基本专业价值，把保护生命放在首位，并积极促使恢复理性，提升自决的能力。这些均彰显了社会工作者在处理危机事件时浓厚的人文精神和专业的处理手法，体现了社会工作者服务服务对象的专业性，可以说，专业性保障了服务传递的精准性。

劫后"重生"

——拉面馆遭抢劫危机干预

1. 服务理念

来沪少数民族中的回族、东乡族、撒拉族等，其在沪的主要生存方式是经营清真拉面馆。一些拉面馆全天候 24 小时经营，即便不是全天开门，大多数也是"开门早、关门晚"。从一门生意的角度而言，他们能够尽可能多的吸引顾客，从安全的角度而言，清晨和深夜这两个顾客较少的时段,是他们安全隐患最大的时段。通常,拉面馆人手不多,妇女和青少年是看店的主力,给守护"安全"打了折扣。在服务中,社工就遇到过服务对象收到假钞、被收"保护费"、遭遇抢劫的求助。

本案例,就是一起拉面馆店家遭遇抢劫的案例。一家人的有效证件、部分现金和物品被劫。事发时案主读中专的儿子亲眼见到抢劫过程。虽然店家遇事时已第一时间报警,但是在等候警方处理的过程中,因这个突如其来的危机而恐惧和焦虑的情绪得不到舒缓,一家大小对此事的感受无法及时吐露,不知道接下来该如何是好,安全感顿失,因此求助于社工。社工在接到求助电话之后,立即赶到了服务对象的拉面馆,了解事情始末,正式介入处理服务对象的危机。

该个案属于突发事件,社工在服务时运用危机干预的方法,协助服务对象,处理迫在眉睫的问题,恢复情绪和心理的平衡,安全度过危机。

2. 服务目标

情绪疏导,缓解案主焦虑、低落的情绪,协助案主及时了解案情进展,案主按照相关要求尽快补办身份证、户口本、暂住证等证件,帮助案主提升安全意识,逐步回归正常生活。

3. 服务计划

第一,现场了解情况,明确事发后服务对象的状况。由于电话沟通中很多事情的不明确,需要在现场进一步沟通,清楚地知道发生了什么事,案主自行做过怎样的处理,目前最大的困扰是何,内心的感受。

第二,积极倾听,帮助服务对象抒发遇事后的情绪和感受。遇到突发事件,不仅仅案主个人受到惊吓,儿子和女儿也受到惊吓,身份证件也随之被劫,各种不便和麻烦的事冲击着服务对象,他们感到恐惧、焦虑,对于警方处理过程"长"感到不满而无奈。这些情绪，需要社工引导服务对象表达出来，并且很好地倾听，帮助他们表达情绪，从而进一步确定下一步的处理方法。

第三，处理眼前需要，尽量减轻对生活的影响。告知服务对象证件办理的方法，使其尽快补办证件，避免影响其子的考试升学等事情。同时与街道民族联的负责人联系，与民族联的成员一起关心案主一家的需要。

第四，与警方保持联系，协助服务对象跟进案件处理的进度。服务对象对于警方的态度表示不满，同时又期待能够尽快破案，社工鼓励及协助服务对象定期保持与警方的联系，了解案件的消息。

第五，提升安全防范意识，以防危险再次发生。人手少，开门时间长，需要服务对象提升自身的安全防范意识，做到"店开有人守，守店不轻心"，才能避免再次发生类似的事件。同样，在生活工作的各个方面，都要打起精神，增强安全的意识和能力。

4. 服务成效

在社工的服务下，服务对象一家人的情绪得到了及时的控制，并且根据社工提供的信息和方法，顺利地补办了身份证件，减少了不便。在社工的辅导、民族联成员的帮助下，服务对象得到了关心，渐渐走出了阴影，恢复了正常的心理状态。虽然，在社工即将结案时，警方还未最后破获此次案件，但是可以弥补的方面，已经在服务对象的努力下进行了处理，事件不再成为服务对象生活中的"大事"。

此案例描述了服务对象——清真拉面馆老板在遭劫后主动向社工求助，社会工作者积极主动协助服务对象走出危机事件、恢复正常生产生活的情况。在此案例中，社工在事件发生伊始，首先是对服务对象进行情绪疏导，及时协助服务对象恢复心里平静。在随后的处置中，社工积极明确案主的需要，协助其补办各种证件，并继续深入跟进事件的发展，及时疏导服务对象的不满情绪和期待能够尽快破案的焦躁情绪，并

第三章　嵌入的效应：多重实践效应的显现Ⅰ

鼓励及协助服务对象定期保持与警方的联系，了解案件的消息，并努力提升服务对象的安全防范意识。最终，社工联络了多方力量，帮助此服务对象及家庭走出了阴影，最大限度地减少了危机事件对其及家庭带来的创伤。

危机干预是一种简短的干预，着眼于调动案主的优势、资源和应对机制试图克服面临的危机以及提高案主的应对水平、信心和解决问题的能力。①上述两个案例表明，此种介入手法是社会工作者开展对服务对象危机事件处置的重要行动框架，能够使社会工作者在处理服务对象的危机事件过程中遵循及时介入、疏导情绪、联结资源、提升能力等基本行动策略，为服务对象提供专业、有效的精准福利服务。虽然此种服务具有补救性，但是"亡羊补牢未为晚矣"，经常能够"雪中送炭"，使危机事件对服务对象的创伤大大减弱。换言之，在社会工作嵌入城市少数民族流动人口服务管理实践中，社会工作者为服务对象提供的危机干预服务虽然是事后补救性，但从服务效应而言，其也大大提升了服务对象的福利水平与应对危机的能力。可以说，为服务对象提供的危机干预服务是社会工作者为少数民族流动人口提供福利服务的重要方面。

（二）解困功能的预防性服务

为服务对象解决日常生活中的困难是社会工作者重要的行动策略。此种行动策略则植根于社会工作"预防"性的实践逻辑。

此种实践逻辑的思想渊源可追溯到德国社会工作理论家，"图宾根学派"的代表人物——哈根·替尔斯。第二次世界大战后，面对满目疮痍的德国及其民众，他提出了"以生活世界"为本的社会工作理念，试图通过理解服务对象的生活世界，即日常的生活方式和背后蕴含的意义，去建构社会工作的任务和意义。他提出了社会工作的五个行为准

---

① 〔英〕Barbra Teater：《社会工作理论与方法》，余潇等译，上海：华东理工大学出版社2013年版，第233页。

则：第一，预防；第二，非集中化/地区化；第三，接近日常生活；第四，服务项目的正常化；第五，服务对象的参与权。① 可以说，替尔斯的上述思想对当今社会工作的影响和贡献很大，他重新建构了社会工作的目标群体和实践逻辑，即将社会工作的目标群体由弱势群体扩展至普通大众，而将社会工作的实践逻辑由补救拓展至预防。② 因此，就服务供给而言，面对普通大众提供具有预防性质的日常生活服务成为了社会工作者提供的重要社会服务。

通过对沪深两地城市少数民族流动人口社会工作服务调查发现，社会工作者为城市少数民族流动人口提供的社会服务大部分是面向其日常生活并帮助其解决日常生活中遇到的各种困难。包括提供信息与政策咨询、办理证照、解决子女就学、疏导情绪等。

1. 信息提供服务

城市少数民族流动人口来到城市后，往往对城市生活中的各种政策、法规、规则和生活信息等方面不甚了解，影响其在城市中的生活质量，以及在城市中的安全感与信任感。在面向城市少数民族流动人口的日常生活服务中，为其提供各种了解信息的渠道显得十分重要。沪深两地的社会工作者在服务城市少数民族流动人口时，很多时候扮演着信息提供者的角色，通过各种方式为该群体提供各种信息，包括主动的，也包括被动的；既有服务对象个别化的需求，也有服务对象普遍化的需求。比如，在为少数民族流动人口提供城市生活信息时，沪深两地的社工都不约而同地为城市少数民族流动人口制作了"生活指南"的小册子。下面是深圳市 S 社会工作服务机构社工 ZR 的一段访谈资料：

---

① 张威：《生活世界为本的社会工作理论思想——兼论构建社会工作基础理论的战略意义》，载《社会工作》，2017 年第 4 期，第 3—25、108 页。

② 高建科、冯浩：《浅析维希昂与替尔斯的社会工作思想——兼论其对中国社会工作本土化的方法论》，载《社会工作》，2014 年第 3 期，第 69—78、154 页。

第三章 嵌入的效应：多重实践效应的显现 |

当时我们第二步就制作了生活指南，然后去派发。生活指南是个小册子，里面内容很多，有基本生活信息、地铁图、交通图、各种少数民族的优惠政策、各种求助渠道，还包括法律援助以及深圳民宗局和我们的热线电话等。我们做的这个生活指南，其实因为当时是跟市统战部合作的，然后通过这层关系就把这些资料逐级下发，真正下发到少数民族人群手上，因为只有通过他们的力量才能实现更大范围的影响力。(深圳市 S 社会工作服务机构社工 ZR，访谈地点：深圳 F 区某餐厅内，访谈时间：2017-12-3)

深圳市 S 社会工作服务机构社工 ZR 谈及，在随后的几年间，每年均有制作类似的生活指南，内容涉及广东省的、深圳市的、地方的政策法规及少数民族的政策法规等。

在《深圳市 S 社会工作服务机构 2014 年度服务成效年度报告》中也写道："编印和派发少数民族流动人口本地适应需求的服务手册"。而在对深圳市 F 社会工作服务机构社工 LJ 的访谈中了解到，这样的生活指南，社工每年都在制作和更新，然后进行分发。

与深圳相比，上海制作的小册子显得更加细致与全面。下面是源自上海市 L 社会工作服务机构《社区共融项目服务手册（2007 年—2015 年）》的文字资料：

"家在 P 区"少数民族生活服务指南

1. 服务理念

《家在 P 区》是由 P 区统战部牵头、协同上海市 L 社会工作服务机构少数民族服务组共同主办的宣传手册，旨在为 P 区的少数民族同胞创造一个更为广泛的交流平台，让更多的人了解 P 区、了解少数民族的风俗习惯和民族特色，是 P 区少数民族服务的一个窗口。

2. 服务目标

通过资源整合的方式，为P区（主要为LJZ、WF、TQ、HM、YJ街道）少数民族提供生活服务、民族政策、民族风俗、清真资源、社工服务等方面的信息，提供可链接的诉求渠道。

3. 服务计划

阶段	名称	内容	目标
筹备阶段	手册策划	制定手册框架 了解服务需求	确立手册服务内容
收集阶段	信息收集	收集所需信息	建立资源库
发放阶段	手册发放	印制手册 发放手册	与服务对象建立关系
服务阶段	需求回应	接受服务对象的咨询 提供个案服务 设计相关的服务活动	提供专业化社工服务

4. 服务成效

第一，制作完成《"家在P区"少数民族生活服务指南》手册。

第二，通过资源信息传递，与更多的服务对象建立关系。

第三，形成少数民族服务信息资源库。

5. 服务预算

第一，经费：2000元（印发1000册）。

第二，人员：社工1名，志愿者3名。

同时上海市L社会工作服务机构社工JRY谈及，这个生活指南还被翻译成了多种少数民族语言。除了上述谈及的为少数民族流动人口制作和派发生活指南手册外，上海社工还开设了"流动小课堂"，下面是项目主管兼社工YRY的一段访谈资料：

第三章 嵌入的效应:多重实践效应的显现 |

> 我们社工通过"流动小讲堂"的形式,去给他们上课,让拉面馆的流动人口了解政策。因为他们平常很忙,基本上一天到晚都在店里,信息闭塞。他们不知道社区能够给他提供什么样的服务,甚至不太理解这样的服务。(上海市 L 社会工作服务机构项目主管兼社工 YRY,访谈地点:上海 P 区 W 街道社工服务点内,访谈时间:2017-6-26)

社工除了上述通过生活指南和"流动小课堂"的形式对少数民族流动人口普遍性的信息需求予以回应外,在沪深两地实践中,社工还经常性地回应少数民族流动人口个性化的需求。

> 主要为少数民族流动人口解决什么样的问题。过去各居委会都有一个少数民族联络员,就是面向街区居委会的少数民族,如果他们有什么困难,反映到我们联络员,我们联络员就反映到街道。还有,每个星期一中午一点钟开始有一个接待日,我们帮助解答少数民族人群的一些疑难问题。后来延伸到拉面馆的人群。不仅管全市常住的少数民族人口,还管流动的来沪少数民族人口。他们的一般问题是小孩读书、健康证、居住证等事儿,我们就帮助他们,引导他们怎么去解决,如何去申请办那些证。(上海市少数民族志愿者 ZLR,访谈地点:上海 P 区清真寺内,访谈时间:2017-11-24)

> 我对服务少数民族流动人口有些自己的认识。我们经常帮助清真寺来的那些外地回族人群熟悉环境,他们主动跟我们拉拉家常,我们也主动陪他们拉拉家常。有时候,在他们需要帮助的时候,我们都会尽量帮助。我们服务的对象中有一位拉面馆老板,他想出国,因为在上海做了很长年数生意的拉面馆,钱也赚到了,生活改善了,想出国去玩,他说想出国旅游,要办手续,一些签证、护照不知道怎么办。我就给他进行辅导,告诉他该到哪里去咨询具体流程,具体到哪儿办证,等等。他们觉得我们帮他实现了出国这种以

前想都不要想的事情，非常高兴。一般我们解决不了的，社工来想尽办法来解决。小Z非常热心，给人家办了不少事情。我们有一个微信群，微信群里如果提出问题，我们的志愿者能够回答就回答，回答不了的，社工马上就跟上去了，回答他们的问题。另外，像申请资助需要什么手续，孩子上学的问题，托儿所的事情，幼儿园的事情，还有卫生证、居住证、营业执照等问题，帮他们解决后，那人家是非常感谢的。(上海市少数民族志愿者SGT，访谈地点：上海P区清真寺内，访谈时间：2017-11-24)

上述两段访谈资料是上海P区两位少数民族志愿者的访谈资料。在上海实践中，社会工作者培育了较为庞大的志愿者队伍和较为完善的志愿者工作机制，因此，社工往往通过社区内的少数民族联络员了解和回应服务对象的困难与需求。上海市志愿者ZLR谈及，街道或社区的少数民族联络员会把少数民族流动人口反映的困难与问题反馈给街道，并专门建立了"接待日"的工作机制，了解和回应辖区内服务对象的问题与需求。其谈及，少数民族流动人口在日常生活中普遍匮乏的信息与渠道主要是子女就学、健康证和营业执照方面的政策和办理流程等。而志愿者SGT谈及的则是其及时回应服务对象办理护照的需求，为其提供各种政策和信息，最终帮助其顺利办理护照的事件。不难发现，在上海实践中，社会工作者主要是通过培育社区内的志愿者队伍的方式来回应少数民族流动人口个别化需求的。

通过对深圳调查资料的检视发现，与上海不同，在深圳对少数民族流动人口日常生活中的政策和信息的个别化需求，社工主要是通过两种途径予以回应。第一是通过市、区两级市民之家的接待窗口，第二是各个社区社会工作者转介。下面是两段访谈资料：

我平时主要就在这边上班，一个星期花三四天吧。服务大厅主要是对接一些少数民族优惠政策，具体包括为少数民族学生中考、

第三章 嵌入的效应：多重实践效应的显现 |

高考加分，民族成分变更，土葬等，告诉他们哪些是符合条件的，资格审核要准备什么材料……（深圳市 F 社会工作服务机构社工 LJF，访谈地点：深圳市市民之家办事大厅内，访谈时间：2017-12-5）

我们帮助社区搞少数民族流动人口信息采集工作、试点社区建设工作时，与社区的社工和工作人员建立很多联系。深圳的社区社工是全覆盖的，很多问题是由他们先发现先接触的。一些较专业的政策和法律问题他们解释不了，就会转介到我们这里，然后我们这边再帮忙反映和解答。（深圳市 W 社会工作服务机构社工督导 ZJ，访谈地点：深圳市 W 社会工作服务机构总部内，访谈时间：2017-12-4）

在上述两段访谈资料中，第一段资料的访谈地点就在位于深圳 F 区的"深圳市市民之家"，当时 LJF 正在服务大厅前台工作，可以说信息与政策咨询就是社会工作者主要的工作职责之一。而在第二段谈话中，ZJ 则谈及了由于深圳社区社工的全覆盖，很多少数民族的问题与需求会由社区社会工作者转介过来。

2. 情绪疏导与链接沟通服务

城市少数民族流动人口在工作与日常生活中，由于对城市规则与政策的不甚了解，在遇到困难时，往往会进行不正确、不理性的认识，从而产生负面情绪甚至不合理的需求。因此，社会工作者在服务城市少数民族流动人口的过程中，经常需要对服务对象开展情绪梳理服务，让其对事件有正确的认识，使其恢复理性，化解其不良情绪。以下谈话资料描述的是社工介入的此类事件。

我们做的是一些协调性的个案，主要是沟通性工作。举例来说，一个回族孩子就学时吃饭的问题。我们会跟学校，以及相关单位，如教育局、民政局等，做好沟通协调。一方面要考虑这些孩子有没有特殊的政策保障，另一方面要跟家长沟通。在资源不足的情况下，我们考虑的是希望大家都能够从现实角度出发，降低不合理的需求，社工沟通工作就体现在这个地方。但确实会碰到一些极特殊的案例，我们肯定跟不了，比如像一个学校可能只有三个少数民族孩子，学校没办法专门为你建一个特殊的清真食堂。它超出现实范围，这的确是不可能。我们会做一个两头的解释，让他们降低需求，降低目标，降低期待，从现实角度出发，提出合理需求，才会达到一个最大化的满足。（深圳市 W 社会工作服务机构社工督导 ZJ，访谈地点：深圳市 W 社会工作服务机构总部内，访谈时间：2017-12-4）

社工去了解你现在需求的是什么，现在面临的问题是什么。比如，街道整治工作，为什么冲你来，可能是因为这条道路要进行整治，我们就告诉他，所有店门口只要有这种突出的广告箱或其他的，全部没收，不仅是你家的，隔壁的也照样收。如果只没收你家的，你向我反映后，我会带你一起到城管大队去询问。还有一项就是情绪疏导工作，当他理清他现在面临的问题是什么，有哪些途径可以去解决，可以做哪些努力，一般他有方向去争取的时候，他就不会抗议、不会情绪激动。有时候他去做一些比较冲动的事，因为他觉得他无路可走了。（上海市 L 社会工作服务机构社工 FPH，访谈地点：上海市 L 社会工作服务机构总部内，访谈时间：2017-6-28）

上面两段谈话资料分别来自深圳市 W 社会工作服务机构社工督导 ZJ 和上海市 L 社会工作服务机构社工 FPH。在第一段谈话中，ZJ 讲述了其处理回族流动人口子女清真餐问题的个案。在此个案中，ZJ 更多的是安抚服务对象的情绪，做好解释工作，让服务对象放弃不现实的需求，去寻找解决问题的现实路径。第二段谈话资料则更为直观，社工

FPH在处理清真拉面馆经营者由于城管正常执法而产生的负面情绪时，更多的是安抚情绪，告诉其事实，并坦言，在日常的服务中，服务对象的负面情绪，往往是由于其信息匮乏或是缺乏解决问题、理清思路、明确需求的能力，往往滋生诸多负面的非理性情绪，因此，在日常服务中，一大部分的工作是情绪疏导。

情绪疏导服务背后蕴含了社会工作通过专业的理念与方法改变服务对象认知的行动逻辑。从工作过程而言，在理念上，社会工作者秉持了尊重、平等、增能的理念，在理论模式上，往往运用理性情绪工作模式，而在工作技巧上则灵活运用了倾听、同感、澄清、解释等多种社会工作个案技巧。同时，从其实践结果而言，其预防性意义是不言而喻的。在科赛（Coser，LA.）的社会学思想中，敌对情绪的积累往往是社会冲突的重要诱因，因此缓解与释放紧张、敌对等情绪，即建立起一种"安全阀"机制是预防社会冲突的重要路径。① 显然，社会工作者在日常生活中对服务对象施予的情绪疏导服务，从实践后果而言起到了"安全阀"机制的功能，有效地化解了敌对情绪，降低了社会冲突的风险。

3. 子女就学服务

子女就学是少数民族流动人口在城市生活的重要需求，关系到其是否能在城市稳定生产生活，是否能够融入城市。在社会工作者面向服务对象日常生活开展的各种服务中，子女就学服务是重要方面。在沪深两地的调查中，诸多调查资料均反映了社会工作者协助少数民族流动人口子女顺利就学的情况。下面是上海两位社工的访谈资料。

在SH路有一家拉面馆，去年九月店主遇到一件难事。他8岁女儿已到了上小学的年龄，但由于市政新规"外来经营者子女就

---

① 侯钧生主编：《西方社会学理论教程（第4版）》，天津：南开大学出版社2017年版，第188页。

学,须经营者持有灵活就业证"子女方能入学。店主把自己的困难告诉了(少数民族志愿者)金阿姨。经过一番了解后立即带领他来到区信访办咨询,通过培训等手续,及时让他家女儿入学。同时吃饭的问题也通过与校方积极沟通,解决了午餐送清真餐的问题。(上海市 L 社会工作服务机构社工 ZLX,访谈地点:上海 P 区 S 街道办事处内,访谈时间:2017-6-29)

这边有一个店主,他的小孩想上学,根据上海的规定,对外来孩子的就学限制很多,非常严格。但是这个店主对他孩子上学的需求比较迫切,所以他就跟我咨询了很多次。他觉得他在这里工作,为什么不让孩子上学,情绪上有一些对抗性的。后来,我给他讲了制度,还具体将这里的大致情况说了几遍后,他就按照这个程序去办,有相应的手续,像就业证、营业执照、缴金(缴纳社保,上海习惯称为缴金)等,最后他的孩子可以去上学了。他还不放心,孩子临上学之前的一个星期,他还要拖着我去上访,他还怕不行,我说你按这边的政策办了,那肯定会让你孩子上学。随后还陪了他去信访办,信访办也明确说了只要你做到了,我们肯定要你上,不上,你来找我。(上海市 L 社会工作服务机构社工 WJJ,访谈地点:上海 P 区 W 街道社工服务点内,访谈时间:2017-6-27)

在上述材料中,第一段材料是社工 ZLX 描述了社区民族志愿者帮助清真拉面馆经营者子女就业,并协调解决清真餐饮问题的个案。第二段材料则是一段访谈资料,是社工 WJ 带领清真拉面馆经营者去往各个部门,协调各种问题,最终帮助其子女成功就学的案例。事实上,受访的社工均谈及,2014 以前,上海的外来人口子女就学政策较为宽松,他们经常帮助服务对象解决子女就学的问题。而到了 2014 年后,上海外来人口子女就学的政策收紧,条件非常严格,他们接触少数民族流动人口子女就学的个案也减少了很多。但即使是这样,他们还是竭尽全力地帮助符合条件的少数民族流动人口子女就地入学。

在深圳,帮助少数民族流动人口子女就学是社会工作者为服务对象提供日常服务的重要内容。下面是深圳市 S 社会工作服务机构社工 JB 的一段访谈材料:

> 对于少数民族小孩的一些服务,主要就是给他们入学提供一些建议,那些外来的,就像那个开拉面馆的,他们来到深圳没有户口,上不了公立学校,但是我们就可以考虑她的情况,跟教育局沟通一下她能就近入读公立学校。(深圳市 S 社会工作服务机构社工 JB,访谈地点:深圳 F 区某公园内,访谈时间:2017-12-2)

同时,在深圳市 S 社会工作服务机构《社会工作者服务成效评价报告》中写道:"F 区民宗局的社工在统战部的平台下,帮助少数民族流动人口子女解决读书和就近入学问题 50 多人,较大程度缓解了少数民族流动人口在深圳归属感差、受教育难的问题。同时,在细微层面,为辖区少数民族学生到市民宗局开具中考、高考加分证明和办理户籍更改手续提供了政策咨询和办理引导 100 多人次。"可见,无论是上海还是深圳,在社会工作嵌入城市少数民族流动人口服务管理实践中,为服务对象提供子女上学服务是其产生的重要效应之一。

(三) 促进增能和参与的发展性服务

社会工作发展的功能是指通过社会工作促进人的发展,特别是社会弱势群体成员潜能的开发,使之摆脱困境,成为正常的社会一员。① 在社会工作者提供的诸多服务中,具有发展性功能的社会服务具有更高的层次性,其不仅仅满足的是服务对象更高层次的社会福利需求,其背后更有深刻的哲学内涵,即增强人的权能感。增能(Empowerment),也

---

① 李迎生:《社会工作概论(第三版)》,北京:中国人民大学出版社 2018 年版,第 31 页。

称增权，或者赋权，如绪论部分所述，是巴巴拉·所罗门（Solomon, B.）出版的《黑人的增能：被压迫社区里的社会工作》这一先驱性论著中首先提出的概念。所罗门的理论观点也逐渐成为社会工作理论和实践框架的重要概念。他认为，增权是在处理问题中的特殊障碍，改变受到外在社会污名化的团体界定，使团体内的成员，重新界定及认识该团体，以拾得的自信与自尊。① 增能理论有不同的分析视角：一是认为社会工作强调尊重案主，帮助他们增强能力，使他们自己对问题和需要作出判断，鼓励有相同处境的人建立互助团体，在团体中促进个体意识的觉醒，摆脱无力感状态，建立自尊心，共同推动社会公平与正义；二是认为增能是个人在与他人及环境的积极互动过程中，获得更大对社会空间的掌握能力和自信心，以及促进环境资源和机会的运用，也进一步帮助个人获得更多能力的过程。②

可见，增能是社会工作者作为促进服务对象发展的基本实践逻辑，而在具体的行动策略上，促进能力或意识的提升以及促进服务对象的社会参与是两个基本维度。沪深两地社会工作嵌入城市少数民族流动人口服务管理的实践中，一线的社会工作者开展了大量基于增能这一实践逻辑的行动实践。而具体的行动策略具体显现在如下几个方面。

1. 健康支持服务

在沪深两地的实践中，两地的社工均为服务对象——少数民族流动人口及其子女开展了健康类的服务，包括体检、义诊、健康养生知识讲座等。而这样的一些服务，社工也付出了很大的努力，链接了诸多社会资源。下面是上海实践中源自上海市 L 社会工作服务机构《社区共融项

---

① Solomon, B., *Black Empowerment: Social Work in Oppressed Communities*, New-York: Columbia University Press, 1976, p.89.

② 王思斌主编：《社会工作综合能力（中级）》，北京：中国社会出版社 2007 年版，第 105 页。

目服务手册（2007年—2015年）》中的一个案例。

听声传情
——来沪少数民族健康支持项目

1. 服务理念

随着上海的经济发展，许多来沪打工的人潮涌入上海，他们由于民族习惯以及风俗的关系，加之很难了解当地的政策及风俗，以至于很难融入当地社区的生活。

根据社工的了解问题主要集中在三个方面。首先，卫生常识方面。其次，服务对象对于自身健康的意识非常的薄弱。最后，是遭受各种诈骗的高危人群。

而且由于语言不通，当地的政府及社会服务部门与她们沟通并服务于她们存在一定困难。社工在为她们服务的时候也遇到了很大的瓶颈。

2. 服务目标

本项目通过将健康知识制作成音频的形式来排除服务对象在语言和文字上的障碍，让服务对象在了解健康知识、掌握正确健康观念的同时，增加其与社区间的交流与互动，让服务对象能够逐渐融入社区。

3. 服务计划

时间	名称	内容	目标
第1月	"听声传情"之我的健康知多少	制作健康知识问卷，走访询问的方式完成问卷调查	了解服务对象所欠缺的健康知识，并且了解服务对象需要哪些方面的健康知识
第2—3月	"听声传情"之健康之声	根据问卷反馈的内容，整理健康资料，并且制作语音材料	根据问卷反馈的信息制作健康知识的音频内容，并且翻译成回族语言、维吾尔族语言以及普通话三个版本。让服务对象可以了解到健康信息。

时间	名称	内容	目标
第3—4月	"听声传情"之听声天使团队	志愿者团队的招募与建立	组建一支"听声天使"志愿者团队，专门为这些来沪少数民族来翻译一些信息及宣传资料
第5月	"听声传情"之健康体检	为服务对象提供体检服务	让服务对象能够准确地了解自己的身体情况
第6—7月	"听声传情"之健康义诊	为服务对象提供就近地区的集中义诊，请专业医生就上次体检出现的问题给予现场解答和咨询	为服务对象解释之前体检的情况，让服务对象能够更加清楚自身身体状况，并且树立正确的健康理念
第8—9月	"听声传情"之听声天使的降临	制作听声传情项目健康手册，在来沪少数民族集中的社区发放手册。针对有需求的服务对象发放语音健康资料	宣传项目内容，让更多的社区居民参与进来。丰富"听声传情"项目的内容，让社区居民更多地了解服务对象，用正确的视角去理解她们

4. 服务成效

第一，完成语音健康资料。

第二，建立一支长效的志愿者服务机制及团队。

第三，完成健康支持手册。

第四，完成健康需求调查报告。

5. 服务预算

第一，场地：一个固定的活动场地，可容纳20人左右。

第二，人员：社工2名，志愿者若干。

第三，经费：8000元。

从上述案例看出，此服务项目名称是"听声传情"健康支持项目，

第三章 嵌入的效应：多重实践效应的显现 |

主要针对来沪少数民族。主要是针对少数民族妇女卫生知识、自身健康意识和甄别各种虚假健康信息等问题与需求而开展的。同时，由于语言、文字等因素，很多健康知识无法通过文字予以传达，因此，社会工作者通过将健康知识制作成音频的形式来排除服务对象在语言和文字上的障碍，让服务对象在了解健康知识、掌握正确健康观念的同时，增加其与社区间的交流与互动，让服务对象能够逐渐融入社区。而从活动内容看，内容涉及了健康知识宣传、健康体检、义诊等方面。此外，在上海实践中，社工还开展了"四季养生——社区长者养老计划"和"乐享光明——眼科健康计划"等健康支持类服务。上海市 L 社会工作服务机构项目主管兼社工 YRY 谈及，这些项目不仅仅针对来沪少数民族妇女，来沪少数民族的长者、儿童都涵盖其中。

同时，在深圳实践中，社工 JB 谈及，每年他们都会到社区为少数民族流动人口开展各种健康类服务，比如给老人进行基础性的免费健康体检，而儿童进行眼科健康检查等活动。而在深圳市 S 社会工作服务机构年度服务成效报告上也写道："4 月，在社区开展了'促进民族团结，共建和谐家园'义诊活动，为社区少数民族进行免费测血压血糖、提供健康建议等。比如，开展针对儿童的免费体检、义诊活动、义工服务活动等。"

可见，在服务少数民族流动人口过程中，沪深两地的社工均开展了大量针对少数民族流动人口的健康支持服务。事实上，健康风险是个人与家庭需要防范的基础性风险。因此，提升少数民族流动人口的健康卫生意识，提升对自身健康状况的觉知能力十分重要。

2. 社会参与服务

促进人的社会参与是满足人的被尊重与归属的需求的重要途径。对于城市少数民族流动人口而言，由于其生产生活方式较为单一，文化上又与当地社会存在差异，因此很少能有机会被组织起来参与当地社区的活动，也很少有人将其组织起来开展各种活动，这样会导致他们缺乏社会归属感与参与感，从而大大影响了他们的社区融入程度。在沪深两地的社会工作者对城市少数民族流动人口开展服务的过程中，组织了大量的促进其社会参与的活动。这些活动形式多样，颇具特色，深受服务对象喜爱。

> 当时最早搞的活动就是拉面比赛，跟他们（拉面馆）说后，他们都来，而且当时很积极的，到现在都这么多年了，他们每年还来问我们拉面比赛什么时候搞。至于他们为什么愿意参加拉面比赛，是因为他们可以展现技能。他们在老家也比，因为在上海好不容易能有比赛，他们很开心。在他们老家自己的群体里面，比如说他得了第一名也是很争光的一件事情。我们搞过好多届了，地点经常换，在清真寺搞过，在露天搞过，在室内也搞过。比赛奖励有奖牌、奖品什么的。（那这也是一个很好的交流方式）（上海市 L 社会工作服务机构项目主管兼社工 YRY，访谈地点：上海 P 区 W 街道社工服务点内，访谈时间：2017-6-26）

> 我们搞的"我是拉面王"少数民族拉面比赛活动，不是每个街道都有的，一般是新区层面组织的，我们动员每个街道的拉面馆都参加。后来我们就觉得每个街道搞这个活动，有点重复，有些街道就联合搞一个。（上海市 L 社会工作服务机构社工 FPH，访谈地点：上海市 L 社会工作服务机构总部内，访谈时间：2017-6-28）

上面两段访谈资料是 YRY 和 FPH 对"社区共融"项目组在上海 P 区打造的特色服务项目"我是拉面王"的描述。其中 YRY 谈到，由于拉面比赛是清真拉面馆经营者在老家就经常开展的活动，因此，"社区共融"项目组发掘并回应了清真拉面馆经营者的参与需求，组织了这样的比赛活动。FPH 则谈到活动开展范围很广，覆盖了 P 区绝大部分的街道，而且每年都举办，深受服务对象欢迎。主要是因为这是展示其技能的平台，当然愿意参与。同样，在深圳 F 区，社工每年也会在社区中

第三章 嵌入的效应：多重实践效应的显现

开展很多促进少数民族流动人口参与的活动。下面是深圳市 W 社会工作服务机构社工 ZB 的一段谈话：

> 我们每年都要组织开展很多活动的，比如前几年我们就组织了少数民族青年篮球赛、民族运动会、新春慰问茶话会，还有端午节包粽子、中秋节活动等。从社工的宗旨来说，这些活动就是让他们感受到一种存在感，让他们觉得在深圳没有被这个城市遗忘。（深圳市 W 社会工作服务机构社工 ZB，访谈地点：深圳市 W 社会工作服务机构总部内，访谈时间：2017-12-4）

社会参与需求是人发展性需求的重要方面。从需求层次理论而言，是生存和安全需求基础之上，人对归属、尊重乃至自我实现需求的重要表现。参与感是归属感与融入感的前提。上述调查涉及的沪深两地社工组织的各种展示技能、文体娱乐、节庆活动等，从显在目标而言是促进了少数民族流动人口在城市里的社会参与度，而就潜在目标而言则是积极回应了其发展性的福利需求。

总之，在社会工作嵌入城市少数民族流动人口服务管理实践中，沪深两地的社会工作者均为城市少数民族流动人口提供了分别具有补救、预防和发展性功能的社会服务，这些社会服务有的具有专业性，如危机干预、情绪疏导等，有的则是事务性，如信息服务或子女就业服务等。但从服务供给过程而言，无论何种形式的服务，社会工作者为服务对象提供的服务，均显现出了精准性的特点。此种精准性至少体现在如下几个方面：第一，及时性。所谓及时性，即从时间维度而言，社会工作者在介入服务对象问题反应时间短，总能及时了解与处理问题，防止问题恶化或升级。第二，科学性。所谓科学性，即社会工作者对服务对象提供的社会服务，均是在对服务对象问题与需求评估基础之上而实施的。也就是说，体现了一种以服务对象需求为本的导向，而非传统工作模式中的任务导向。第三，全面性。即社会工作者为服务对象提供的社会服务具有综合性。就某一服务对象而言，社会工作者为其提供的服务不是某一方面的服务，而是将其看成"环境中的人"，评估其在环境中的各种需求，并调动各种资源为其提供全面性的服务。第四，持续性。即社会工作者为城市少数民族流动人口提供的服务时间跨度长，服务频率高。如在上海实践中，有社会工作者已为服务对象提供了近10年的服务。而在Y街道的清真寺，社会工作者每周五都会到清真寺了解服务对象的问题与需求，并提供服务。

自社区共融项目开展以来，统战社工通过自身努力，赢得了服务对象的认可，服务对象从被动接受服务到主动寻求社工服务，双方之间逐步形成了一种相互信任的关系。服务对象对统战社工提供的服务不但有了充分的认识，而且给予了充分的肯定。2011年该项目的"服务对象满意度"调查结果显示，对统战社工服务的宣传、设计组织、内容形式等环节，总体满意度均超过97%，认为一般的低于3%，不满意率为0。此外，认为服务效果很好的占68.66%，认为较好的占28.36%；认为服务对自己帮助很大的占61.19%，认为较大的占34.33%；强烈主张项目持续下去的占97.01%，认为应该继续下去的占2.99%，没有被调查对象认为项目该就此结束；表示非常愿意参加统战社工组织的服务活动的占74.63%，表示愿意的占25.37%，同样没有不愿意的。总分10分的前提下，服务对象对统战社工服务的评价为9.62分，达到了极高的水平。

二 少数民族志愿者组织的"自组织化"建设

上节内容呈现了社会工作者为城市少数民族流动人口提供的各种社会服务，此种服务的性质属于直接服务，即直接面对服务对象的服务。但在社会工作嵌入城市少数民族流动人口服务管理实践中，除直接服务的供给外，社会工作还通过少数民族志愿者组织为少数民族流动人口提

第三章　嵌入的效应：多重实践效应的显现 Ⅰ

供了各种服务。可以说，少数民族志愿者组织是社会工作者传递服务的重要载体。因此，在沪深两地的实践中，社会工作者从开始就积极调动与发挥其在服务少数民族流动人口中的重要作用，并十分注重对少数民族志愿者组织的"自组织化"建设。

"自组织化"建设是社会工作专业重要的实践逻辑。此种实践逻辑的形塑具有深厚的理论基础与实践积淀。首先，从理论基础而言，其源自系统论与协同学。耗散结构理论创始人普里高津（Prigogine，I.）认为，自组织是系统自发出现或形成有序结构的过程。[①]"协同学"创始人哈肯（Haken，H.）认为，一个体系在获得空间、时间和功能的结构过程中，没有外界的特定干涉，那么该体系就是自组织。[②] 在西方国家，"自组织"理论早已被迁移至社会科学领域，"社会自组织"的概念已在从微观个人到宏观制度的各个层面广泛运用。国内对"社会自组织"研究主要聚焦于中观层面的社区。有研究认为，自组织是一群人基于自愿的原则主动地结合在一起，包括两个阶段：首先是一群人形成小团体；其次是这个小团体拥有特定目标，并能够为了该目标进行分工合作、采取行动。[③] 国内学界对"自组织"关注的逻辑前提是社会结构转型中社区层面自组织发育不佳，而导致的民众原子化与个体化问题。因此，"自组织"就不仅仅只是一种静态层面的结构性意涵，而具有动态层面的变迁意涵。社区自组织作为一种机制，是指不需要外部力量的强制性干预，社区通过自身就可以实现自我管理、自我教育、自我服务、

[①] 〔比〕G. 尼古拉斯、〔比〕L. 普里戈京：《非平衡系统的自组织》，徐锡申等译，北京：科学出版社1986年版，第175页。

[②] 〔联邦德国〕哈肯：《信息与自组织——复杂系统的宏观方法》，郭治安等译，成都：四川教育出版社1988年版，第28—29页。

[③] 罗家德：《自组织——市场与层级之外的第三种治理模式》，载《比较管理》，2010年第2期，第1—12页。

自我约束，进而实现社区生活的有序化。① 可以说，社区自组织可被理解为"社区自组织化"的过程，是其自我结构化的动态变迁过程。由此，促进社区内自组织的"自组织化"在逻辑上得以成为可能。在实践积淀方面，社会组织本身是社会工作者介入社区的重要行动策略。此种行动策略同样源自早期社会工作的实践，并在长期的社会工作实践中得以被沉淀，其在实践中形塑成为了方法与过程兼有的行动逻辑。如邓纳姆（Dunham, A.）指出，社区组织是一个有意识的社会互动过程，也是一种社会工作方法。② 但无论是社区组织在实践中是一种过程还是方法，社区组织均关注于社区居民的发动与参与，使其被有序地组织起来，参与到社区的事务中，其中便有积极培育与建设社区自组织的深刻内涵。

概而要之，无论是理论基础层面，还是实践积淀层面，对社区内自组织的培育与建设都是社会工作者基本实践逻辑。对培育与建设的过程而言，自组织能力的培育与建设则是主要的行动策略。自组织能力是指"社区共同体不需要外部力量的强制性干预，自身就可以自我整合、自我协调、自我维系，进而实现社区公共生活有序化的能力"③。也就是说，社区自组织能力主要是自身自我结构化的能力，即"自组织化"能力，因此，社会工作者在进行社区自组织能力的培育与建设过程中，促进社区自组织的"自组织化"是其最重要的行动策略。

通过对沪深两地调查，社会工作对少数民族志愿者组织的"自组织"建设主要从组织凝聚力的增强、组织成员能力与意识的提升、组织运行的规范化与常态化三个方面展开。

---

① 杨贵华：《自组织与社区共同体的自组织机制》，载《东南学术》，2007年第5期，第117—122页。

② Dunham, A., *The New Community Organization*, New York: Thomas Y. Crowell Co., 1970, p.4.

③ 杨贵华：《城市社区自组织能力及其指标体系》，载《社会主义研究》，2009年第1期，第72—77页。

第三章 嵌入的效应：多重实践效应的显现 |

（一）组织凝聚力的增强

在涂尔干的社会学思想中，组织化是其进行社会控制、实现社会整合的最终策略。而实现此种策略的方式有二：一是社会约制，二是社会吸引。社会吸引的本质即增强组织对其成员的凝聚力。凝聚力一词起源于拉丁词"Cohaesus"，表示结合或粘合在一起的意思。勒温（Lewin, K.）认为凝聚力是作用于集体成员的心理力量，它使群体成员转向群体内部的力量（正的诱引力）。① 我国社会心理学家沙莲香将群体凝聚力（Group Cohesiveness）定义为多数群体成员凝聚为一体，合力于群体或组织目标活动的心理结合力。群体凝聚力实质上是群体对成员、成员对成员的吸引力，它对于群体的存在、活动，有着重要作用。② 在组织管理学的视角中，群体凝聚力更多地被认为是一种组织凝聚力。在管理学领域，美国管理学家罗宾斯（Robbins, S.P.）对组织凝聚力的界定最具影响力，他认为，"组织凝聚力是群体成员之间相互吸引并愿意留在组织中的程度"③。组织凝聚力实质上指的就是组织对成员的向心力和吸引力，是连结组织和组织成员的重要纽带④。卡伦（Carron, A.V.）等人将凝聚力至少区分为两个方面的内容：一是任务凝聚力，它与团队的目标和成绩指标的承诺相关；二是交往凝聚力，它更多地涉

---

① Lewin, K., *A Dynamic Theory of Personality*, New York: McGraw-Hill, 1935, p.79.

② 沙莲香：《社会心理学（第三版）》，北京：中国人民大学出版社2011年版，第208—209页。

③ 〔美〕斯蒂芬·P.罗宾斯：《组织行为学（第十版）》，孙健敏等译，北京：中国人民大学出版社2005年版，第445页。

④ 杨守建：《共青团组织凝聚力研究》，载《中国青年研究》，2009年第12期，第5—8页。

及人际间的关系，如友谊关系和交往情感上的支持。① 因此，在社会工作者开展自组织建设的过程中，凝聚力建设是其重要的行动策略。在沪深两地社会工作嵌入城市少数民族流动人口服务管理实践中，社工开展了大量促进组织凝聚力的工作。下面是上海市 L 社会工作服务机构三名社工的访谈资料：

> 至于志愿者的选用形式，一是在社区中招募志愿者；二是每年民族联都会有改选，我们会给街道推荐一些比较热心，又比较有能力的人。(上海市 L 社会工作服务机构社工 JRY，访谈地点：上海市 L 社会工作服务机构总部内，访谈时间：2017-6-28)
>
> 少数民族联络员生活在社区里，但不是社区工作人员，他们就是当地的一些少数民族人员。我们这边基本上每个地方，每个社区，每个街道和镇都会有一个少数民族联络组，一般是按照少数民族人数来配比的，有的街道就一个人，比如一个居委会一个少数民族联络员，都是当地的居民，也算是志愿者。他们自己组建团体，但是需要在政府指导下组建，这其实也是一种志愿者的性质。社工每年做的比较多的工作就是帮助他们建设，组织活动，建设他们这个团队。(上海市 L 社会工作服务机构社工 WJJ，访谈地点：上海 P 区 W 街道社工服务点内，访谈时间：2017-6-27)
>
> 上海 P 区有一个少数民族委联合会，还有很多分会，我们 NMT 有一个 NMT 分会，是一个民间组织，但归街道管，经费也是街道出，是注册过的社团组织。组长在他们之间产生，社工会发掘一些比较有热心有能力的人推荐给街道。每个街道都有一个联络员，有可能是每个社区的情况不一样，有一些有联络员、有一些没

---

① Carron, A. V., Widmeyer, W. N., Brawley, L. R., "The Development of an Instrument to Assess Cohesion in Sport Teams: the Group Environment Questionnaire", *Journal of Sport and Exercise Psychology*, Vol.7, No.3, pp.244-266.

第三章　嵌入的效应：多重实践效应的显现 |

有。我们每年都会帮助他们进行团队建设，搞活动，增强凝聚力和熟悉度；还会慰问他们，送过年物资，开联欢会，等等。（上海市L社会工作服务机构社工FPH，访谈地点：上海市L社会工作服务机构总部内，访谈时间：2017-6-28）

上面三段材料均谈及，上海P区的少数民族志愿者组织一般是由街道牵头成立的，但是社会工作者会对志愿者组织进行团队建设。JRY和WJJ均谈及其定期会开展很多活动，进行团建。而FPH则更加详尽地介绍了志愿者组织凝聚力建设中开展的具体活动，包括定期发放慰问品、组织联欢联谊活动等。而值得注意的是，JRY和FPH均谈及，社会工作者会在与志愿者合作的过程中发掘组织中具有领导力和号召力的少数民族志愿者作为志愿者组织的领导者。

同样，在深圳调研中，深圳市S社会工作服务机构社工JB和深圳市F社会工作服务机构社工LJF等均谈及了其针对深圳当地的少数民族志愿者组织"民促会"开展了诸多团建活动。而深圳市S社会工作服务机构和深圳市F社会工作服务机构的年度工作报告对社工开展团建活动的记录更为详尽与清晰。

帮助区民促会策划开展了丰富多彩的民族联谊活动。2014年4月19日在外伶仃岛举行了一届三次理事会暨民族联谊活动，多才多艺的少数民族理事在活动上展示了各民族特色鲜明的歌舞和服饰，进行了深入的交流，增强了对彼此民族文化的认识；策划组织民促会组建民族风情服装展走秀队，下一步即将在各社区通过服装展示的形式宣传各少数民族的风土人情和文化；2014年6月14日，民促会赴惠东莱蒙水榭湾开展民族联谊活动，市区民促会通过沙滩运动增强了交流。（源自《深圳市S社会工作服务机构2014年社会工作者服务成效评价报告》）

在协助义工开展服务方面，按照用人单位需求和计划，协助市民促会义工队伍开展了徒步登山活动、"团结杯"乒乓球比赛活动和少数民族"一家亲"端午包粽子活动等，获得了服务对象好评。（源自《深圳市F社会工作服务机构2017年工作总结》）

从上面两段文字材料不难发现，协助深圳当地的少数民族志愿者组织"民促会"（即少数民族团结发展促进会）开展各种团建联谊活动是社会工作者日常的基本内容。这些工作内容涉及文艺、体育、生活休闲、节庆等方面。这些活动的开展势必会增加组织成员之间的相互了解和熟悉程度，提升组织成员对志愿者组织的认同感与归属感。

沪深两地社工开展的少数民族志愿者组织团建活动表明，在组织凝聚力建设方面，社会工作者主要聚焦于交往凝聚力的建设。而形式主要有两种：一是通过各种形式的团建联谊活动促进组织成员的交往和情感上的联系；二是挖掘组织领导者，从而提升组织的向心力。

与此同时，需要指出的是，在组织凝聚力建设方面，还包括任务凝聚力的建设。然而，此方面的建设往往是通过组织成员在完成组织目标与任务过程中实现的，也就是任务凝聚力的提升，是组织目标和任务完成过程中自然实现的。因此，在论及社工开展组织凝聚力建设的内容中，主要涉及的是有关交往凝聚力建设方面，而在任务凝聚力的建设实际上已在社工与志愿者协同完成的各种针对城市少数民族流动人口服务管理工作中实现。

（二）组织成员能力与意识的提升

在一个组织中，无论是正式组织还是非正式组织，每一个组织成员能力与意识的提升是组织发挥其更大能力、更好地运行的关键性因素。因此，组织成员能力与意识的建设是组织建设的重要方面。尤其对于社会工作者而言，无论是在社区工作的社区发展模式，还是在小组工作"社会—目标"模式的行动策略中，其中重要的目标维度——过程目标就是要促进组织成员的增能。这种能力的提升是组织成员在组织作为行

第三章 嵌入的效应：多重实践效应的显现 |

动主体的行动实践中，自身能力与意识的提升。这一过程是社会工作"助人自助"的价值追求在小组和社区工作层面的实现。通过调查发现，在社会工作嵌入城市少数民族流动人口服务管理的实践中，尤其是上海的实践中，社会工作者在与少数民族志愿者共同工作的过程中，十分注重少数民族志愿者服务城市少数民族流动人口能力与意识的提升。在此方面，他们开展了大量的工作。

> 我们培训会主要是讲解一些政策，了解穆斯林的文化风俗等，还涉及成长类的课程，跟他们讲政策，以及我们做这些事情的目的等。（上海市 L 社会工作服务机构项目主管兼社工 YRY，访谈地点：上海 P 区 W 街道社工服务点内，访谈时间：2017-6-26）

> 我们会做一些培训，比如说会统一培训拉面馆，让他们知道顾客需求是什么。比如说他们的子女就学，他们到上海把孩子也带了过来，那就要上学，怎么上，要办相关证件，怎么办，怎样的途径，找谁办，政策是怎么样的，等等。比如说他们想寻求一些帮助时要找人，我们就帮助建立一个支持的网络，先让联络员和他们进行对接，我们定期对联络员进行培训增能等这样的工作。（上海市 L 社会工作服务机构社工 FPH，访谈地点：上海市 L 社会工作服务机构总部内，访谈时间：2017-6-28）

> 社工会经常给我们培训，然后我就知道该怎么样为拉面馆服务。比如介绍卫生检查的相关知识，告诉我们卫生检查怎么弄，食品监督是怎么回事，食品质量标准有哪些，志愿者应该怎么做、做什么事情等。我觉得社工通过具体的指导提升了我们服务质量或效果。（上海市少数民族志愿者 SGT，访谈地点：上海 P 区清真寺内，访谈时间：2017-11-24）

> 我觉得社工他们是帮助我们的，他们会给我们设计一些方案，给我们提供一些想法，或者是把我们的想法付之于实践，教我们如何具体操作。比如说我们搞那个流动红旗，在他们的指导

下，怎么样弄，怎么安排，怎么分头对接等都顺利推进。另外，社工还帮助策划一些项目的文字工作、表格设计工作等。其实不光是社工小Z，小Z之前的几个老社工，他们几个都是做了大量的前期工作。我们非常认可他们，不光帮我们，还教我们。（上海市少数民族志愿者HLJ，访谈地点：上海P区清真寺内，访谈时间：2017-11-24）

上述四段谈话材料分别来自上海的两位社工和两位少数民族志愿者。社工YRY和FPH均谈及，她们会给少数民族志愿者进行培训，还设计了专门的课程，课程内容大到宏观的政策、小至服务拉面馆的具体方面。FPH谈及的志愿者培训是其一个颇具特色的志愿者培训品牌，其以"魅力统战志愿者、共建和谐NMT"为主题，向民族联络员传授有关民族政策、民族文化、民族常识和志愿服务精神等方面知识，以提高志愿者服务的专业技能。同时，还定期组织开展本街道民族联络员之间及与其他街道民族联络员之间的经验交流，培养志愿者自我服务、自我管理和自我发展的能力。

在后两段材料中，对两位少数民族志愿者的访谈资料表明，他们十分认可社工对他们的培训工作，认为这样的培训是十分有必要的。事实上，在上海实践中，成为"联络员"的少数民族志愿者均来自当地社区的少数民族同胞。这一群体有两个基本特点：一是大部分均为退休人员，年龄偏大；二是并非都是穆斯林。同时，在上海P区实践中，聚焦的服务对象大多是清真拉面馆的经营者。所以，对于开展对此类群体服务而言，社工需对这些少数民族志愿者进行各种政策、风俗习惯等方面的培训，这些培训实际上是对志愿者组织成员的服务能力与意识的提升。

与上海相比，在深圳的实地调研中收集到有关对志愿者能力与意识提升培训的资料甚少。究其成因，深圳两位社工的谈话资料恰好对此问题进行了解释。

第三章 嵌入的效应：多重实践效应的显现 |

我们几个都是汉族，在跟进维族的一些案主时，由于他们普通话不太会说，如果是比较严重的那种，上升到集体事件的，可借助那个义工协调小组。这个义工组，主要是从青海还有新疆当地派过来的驻深干部（他们就是派驻在深圳这边，帮着做一些这样的工作），每个区民宗局只有一两个，但他们会召集一些比如说少数民族里面比较积极的、热心这些事情的人，像什么伊斯兰教协会负责人啊，就有一些少数民族他们自己的社会团体的人，他本来有一份自己的工作，然后这个就等于是兼职，遇到一些沟通不畅，或者是涉及文化习俗方面的事情，就让他来解决会比较方便，他们就帮了很大的忙。（深圳市F社会工作服务机构社工LJF，访谈地点：深圳市市民之家办事大厅内，访谈时间：2017-12-5）

社工在这个过程中其实是一个沟通、协调的角色，然后去落实一些工作，包括说我们会组织不同的义工去参与这些工作。这些义工的成分，其实在F区的话有两拨民族义工。一拨是F区民族自治法官组成民族义工团队，基本上是各种服务他们都会参与，包括民族文化的展示，还有民族活动的协助。另外一个就是F区有很多少数民族当中比较精英的分子，他们也有一个这样的义工团队。像民促会这样的。民促会，他们有法律方向的，还有其他各种方向的，只是现在法律方向居多一些。那这些方向的义工会参与进来做一些工作，他们做的更多的是专项融合性的问题，还有是我们涉法的问题，涉及心理咨询、心理方面的协助工作。（深圳市W社会工作服务机构社工督导ZJ，访谈地点：深圳市W社会工作服务机构总部内，访谈时间：2017-12-4）

通过上述两段可大致了解深圳市少数民族志愿者及组织的基本状况。深圳少数民族志愿者大概由三类人群组成，包括青海、新疆派到深圳的驻深干部、少数民族法官志愿者和"民促会"成员（大部分由已经在深圳站稳脚跟的精英群体组成）。驻深干部负责联络深圳当地的一些少数民族群体开展工作，少数民族法官志愿者主要负责法律咨询与援助工作，而"民促会"的成员主要负责宣传民族文化的各种社区活动。可以发现，从人员构成来看，与上海不同，深圳的三类志愿者要么具有丰富的工作经验，要么具有较高的专业实务能力，要么主要从事一些不直接面对服务对象的社区宣传类服务，都在其专业领域具有较高的能力与意识，因此，社工在其中更多的是起到了一种沟通、协调以及如前所述的凝聚力建设等方面的作用。

（三）组织运行的规范化与常态化

组织运行规范化与常态化是组织"自组织化"的重要标志。在韦伯（Weber, M.）的社会学逻辑中，不同的理性行动最终会形塑不同的社会结构。建立在价值理性社会行动基础之上的社会互动会形塑"共同体化"的社会结构，而建立在工具理性社会行动基础之上的社会互动则会形塑"社会化"的社会结构。然而，这只是韦伯用于分析社会结构而建立的"理想类型"。在现实社会中，任何一个组织甚至是群体，价值理性与工具理性的行动逻辑均兼而有之。更为重要的是，在现实中，以一种行动逻辑为主导的组织，往往另一种行动逻辑较为匮乏，需要加以培育与建设。比如，建立在工具理性基础之上的企业，往往对内要进行企业文化建设，对外则需要进行社会责任的培育与建设。反观志愿者组织，由于其是建立在"志愿精神"这一价值理性行动逻辑基础上的社会结构，其组织的行动往往注重"价值理性"层面志愿服务这一行动意义的实现，而忽视了作为组织所需要工具理性的行动逻辑，比如组织运行能力的培育与建设等。

在沪深两地社会工作对少数民族志愿者组织开展的"自组织化"建设中，组织运行规范化与常态化的建设就成了开展工作的重要内容。下面三段访谈资料是社工对志愿者组织开展工作的描述。

对于少数民族联络员这个事情，就是让这些联络员和这些拉面

第三章 嵌入的效应：多重实践效应的显现 |

馆做一些定期一对一的结对，然后建立这些支持网络。（上海市 L 社会工作服务机构社工 JRY，访谈地点：上海市 L 社会工作服务机构总部内，访谈时间：2017-6-28）

联络员原来比较松散，没有秩序，经过我们（社工）的努力，现在志愿者已经发挥了很大的作用，会定期一对一去走访，有什么问题会定期反馈。他们主要是走拉面馆，平时有事没事儿也到人家拉面馆坐坐，跟人家聊聊，有什么情况也会反馈的。具体的事，我们前期会跟他们联络员进行联系，告知相关要求，进行培训，定期会进行例会总结，还会组织活动，帮助民族联的阿姨们，知道要服务社区什么。（上海市 L 社会工作服务机构项目主管兼社工 YRY，访谈地点：上海 P 区 W 街道社工服务点内，访谈时间：2017-6-26）

第一个是我通过服务这些志愿者，然后再间接地服务，这些志愿者阿姨会给我们反馈一些流动人口的消息、需要解决的问题，比如说他们的子女就学，生意经营证件上的问题，然后我们再反映给街道，或者我们这边有详细的咨询信息的我们也就给他们，然后具体接触他们的是这些志愿者阿姨。（上海市 L 社会工作服务机构社工 ZLH，访谈地点：上海 P 区 W 街道社工服务点内，访谈时间：2017-6-27）

第一段材料是对 JRY 访谈的有关社工通过对志愿者组织建立了定期一对一帮扶制度。而第二段材料则是对 YRY 访谈的，原先少数民族志愿者组织比较松散，没有秩序，而现在已经能够一对一地长期稳定服务于清真拉面馆，并且定期将问题反馈给社工。ZLH 也提到，少数民族联络员会定期把少数民族流动人口遇到的问题及时反馈给社工，社工也会将很多信息通过联络员反馈给服务对象，与少数民族志愿者建立起稳定的信息传递与反馈机制。从这三段访谈资料看出，在上海，社会工作者培育、建设的少数民族志愿者组织已经能够对城市少数民族流动人口形成长期且稳定的作用。从组织运行的视角而言，这种服务的长期性和稳定性恰恰是组织运行规范化与常态化的重要表现。值得进一步思考的是，社会工作者采取了哪些措施使少数民族志愿者组织运行规范化和常态化。下面对上海少数民族联络员的访谈可以说明此问题。

社工加志愿者，为什么这么说呢，单看社工，你是外来的，对不对，你对这里当地的情况，毕竟了解得不够太多。但你们是年轻人，还有这方面的专业知识，而光靠我们这些志愿者呢，我们虽有积极性，但我们毕竟都是老人，我们的精力、体能各方面都受到限制，需要社工他们的配合，我们每次开会，每次好多东西，都是他们帮我们做好的，我们没有那么多精力。所以呢，我们这样配合了以后，就把他们拉面馆组织起来了。在开展具体活动中，社工给了我们很大的帮助。具体的就是我们在开展这些工作的时候，由于我们都是志愿者，都是一些退休的老人，比如说操作电脑这些都不太熟练，有的像我根本就不会，很多具体的工作，他们给了我们很大的帮助。像有好多组织各种活动，都要打表格啊，要打成文字啊，很多内容存档，以前做了很多资料都没有存档，现在都是他们在做这些，几乎每天都存在这些的大量工作。还有，就是他们会给我们分会制定很多制度，像每个月初都会开例会，在例会上很有秩序地安排各项工作，还组织跟其他分会、其他街道做沟通交流，还协调我们联络组的组员进行分工与安排。而且，他们还把上面的政策要求传达到我们这里来。（上海市少数民族志愿者 HLJ，访谈地点：上海 P 区清真寺内，访谈时间：2017-11-24）

后来是那个社工小 Z 与我们一起为来沪居民进行服务，像我们这些年纪大了嘛，电脑什么都不懂，都是小 Z 帮助我们的，他很能干，如果你要开什么会，要什么步骤，他都安排好了。小 Z 还帮我们资料宣传存档什么的，下次你有机会我们可以把以前做的那个材料给你看，我们每次搞活动我们都存了 U 盘，你如果需要的话，我把 U 盘给你。通过社工协助，我们内部就有要求，每月去检查

第三章 嵌入的效应：多重实践效应的显现 |

一次，我们有对口联络员，就是你这个店有一个专门的联络员，比如说我们去年的清真食品源是每个月检查一次，检查后，需要记录检查情况，提供照片、影像资料等。这个不光是我们街道，这个全区都是这样。每个月有一周我们都会有例会，例会的主要内容一般就是大家温习一下近期我们拉面馆什么情况，我们地区的少数民族什么情况，比如说我们前一段少数民族动迁有什么情况，用我们分会出面，做做工作的。而且少数民族这个情况时时的跟进呢，我们最要做的就是平安，确保一方平安、稳定。为了更好地服务少数民族，社工在例会上还会给我们一些支持方面的指导，我们一般就是根据社工的指导性意见，他怎么安排，跟我们分会讲，会长或者我，大家商量一下怎么搞，一般我们搞什么活动都有社工参与，而且他是牵头的，因为我们是退休工人，我们是义务的呀！我们现在有对口的服务，我们每个月都去的，专门负责你这个地方的，包括食品卫生、安全啊，你如果有什么事情，他把这个信息回馈到我们例会上，现在就是这样的，相当于有一种制度。（上海市少数民族志愿者ZLR，访谈地点：上海P区清真寺内，访谈时间：2017-11-24）

这两段材料是上海少数民族联络员HLJ和ZLR对社工参与P区少数民族联合会这一志愿者组织运行工作的描述。在第一段材料中，志愿者HLJ认为，社工年轻、专业能够帮助年纪大、文化程度有限的志愿者。具体而言，社工为民族联合会制定了实用稳定的制度，包括例会制度、工作的分工安排、文字资料与档案的保存与管理等工作。而ZLR除了提到与HLJ相似的内容外，还有社工能帮助志愿者组织做好活动的记录和存档工作，以及例会的准备、安排，并与志愿者一起讨论、策划今后工作的开展。在此过程中，社工起到了牵头人的作用。

显然，这位少数民族志愿者的访谈资料与上面2位社工的访谈资料是相互印证，共同呈现了在上海社会工作者对少数民族志愿者组织运行的规范化与常态化所起到的积极建设性的作用。社工对志愿者组织运行规范化与常态化的建设成效主要体现在以下几个方面：第一，例会制度的建立。在社工的帮助下，P区少数民族联合会及其各个分会建立了每月一次的例会制度，在会上，各个民族联络员会对本月的工作进行汇报交流，并安排随后的工作。第二，定期走访制度。在社工的帮助下，少数民族志愿者形成了对服务对象（主要是清真拉面馆的经营者）的定期走访工作，通过走访，志愿者能够及时了解服务对象的问题与需求，并将这些问题与需求及时反馈给社工或是街道。第三，文字记录与档案管理制度。由于P区民族联的志愿者多以退休人员为主，所以精力与文化程度有限，因此，社工主要帮助民族联进行了大量的文字、图片资料的存档记录和管理工作，使得民族联的工作资料得以有效的保存与管理。

同时，在调研中发现，在促进组织运行规范化与常规化方面，深圳社工实际参与的工作较少。原因有三：第一，深圳F区"民促会"成立时间较早，再加上深圳是"志愿者之城"，志愿者组织的运行与管理有较为成熟的一套模式。第二，深圳"民促会"的日常工作主要是在F区统战、民宗部门的领导下开展的，其日常开展的活动与工作主要由F区民宗局统一安排，社工在其中主要是起到沟通协调和协助组织的作用。第三，组织成员大多文化程度高，工作能力强，自身就能够很好地对组织运行工作进行有效的管理与控制。

三　少数民族流动人口的"服务性"协同治理

习近平总书记在党的十九大报告中指出，要推动社会治理重心向基层下移，发挥社会组织作用，实现政府治理和社会调节、居民自治良性互动。同时，习近平总书记进一步指出，在社会治理现代化方面，要完善党委领导、政府负责、社会协同、公众参与、法治保障的社会治理体制。注重动员组织社会力量共同参与，发动全社会一起来做好维护社会

第三章 嵌入的效应：多重实践效应的显现

稳定工作，努力形成社会治理人人参与、人人尽力、人人共享的良好局面。① 就我国城市民族工作而言，对城市少数民族流动人口这一群体治理策略的表述经历了由"管理"到"管理服务"再到"服务管理"的转变。这一转变事实上是城市民族工作主体积极响应习近平总书记号召，落实社会治理现代化的重要策略转向，其实质是工作策略由"管制"向"治理"的转向。社会工作在城市少数民族流动人口服务管理中的嵌入性发展就是在这一策略转向中孕育而生的。社会工作参与社会治理的方式是"服务性"治理。也就是说，从参与形式而言，社会工作参与社会治理的方式是"服务性"的。具体包括如下三种方式：一是通过服务解决社会问题，促进社会秩序；二是通过服务促进社会治理创新；三是通过政策倡导促进善治。② 然而，若从参与过程而言，此种参与是一种现在社会治理方式中协同治理的过程。协同治理的本质是多主体共同合作来实现社会管理。社会工作者作为一个行动主体，在协同治理的框架下，其具有服务性质，不仅在行动实践前行动意义的建构上赋予行动"治理"的意义，同时，行动的客观结果上也实现了治理的效应。

通过调查发现，在沪深两地社会工作嵌入城市少数民族流动人口服务管理的实践中，社会工作者这一行动主体通过具有多种"服务性"意义的行动策略实现了与涉及城市少数民族流动人口服务管理的各个政府主体的协同共治。

（一）各类"涉民族因素"纠纷冲突在基层的处置与化解

社会工作参与社会治理的方式之一就是通过服务解决社会问题，促

---

① 中共中央宣传部编：《习近平新时代中国特色社会主义思想三十讲》，北京：学习出版社2018年版，第240页。

② 王思斌：《社会治理结构的进化与社会工作的服务型治理》，载《北京大学学报（哲学社会科学版）》，2014年第6期，第30—37页。

进社会秩序。因此,在社会工作嵌入城市少数民族流动人口服务管理的实践中,社会工作通过自身的服务帮助化解涉及少数民族因素的各种社会冲突,是社会工作基层协同治理的效应显现之一。从现有的涉民族因素社会冲突类型看,冲突涉事方多为个体或少数群众,并不是整体性的民族对立,肇因多为经营、居住、餐饮、文化等,没有发生大规模的报复性集体行为。[①] 也就是说,这些矛盾冲突多以涉及个体层面的纠纷事件为主。纠纷的产生肇因多集中在经济利益、社会管理、社会交往中的人际关系及其误解等问题。其中,利益冲突是影响当前社会和谐稳定的最主要因素。[②] 然而,若这些低强度、低烈度和低破坏性的纠纷不及时处置,就有可能使得冲突双方的敌对情绪积聚,增大冲突的强烈程度和破坏性。因此,这些涉及民族因素的纠纷在基层的及时处置与化解显得尤为重要。

通过调查发现,在沪深两地社会工作嵌入城市少数民族流动人口服务管理的实践中,社会工作者在基层处置和化解了诸多涉及少数民族流动人口的纠纷冲突。

1. 经济利益类纠纷的处置与化解

经济利益类的纠纷主要是指由于经济利益而引起的相关利益方的对立与矛盾。在社会工作嵌入城市少数民族流动人口服务管理的实践中,上海的社工通过各种方式及时、准确地处置与化解了诸多此类纠纷。这些方式包括链接资源、寻找中间人、相互沟通协调等。

> 近期刚碰到的这个房屋纠纷问题,拉面馆老板想继续在这个店

[①] 吴新叶:《涉民族因素社会冲突治理中的问题及对策》,载《政治学研究》,2015年第4期,第42—51页。

[②] 王银梅、李龙:《西北少数民族地区社会和谐稳定问题实证研究》,载《西南民族大学学报(人文社会科学版)》,2012年第4期,第23—27页。

第三章　嵌入的效应：多重实践效应的显现

营业，愿意付房租，但房东不愿意租给他。沟通协商没办法解决，我（社工）协助拉面馆老板走法律程序，找援助律师，打官司。……最后走了正规的法律程序，也满足了他的需求。（上海市 L 社会工作服务机构社工 FPH，访谈地点：上海市 L 社会工作服务机构总部内，访谈时间：2017-6-28）

在社工 FPH 谈到的此案例中，社工通过为服务对象寻找法律援助的律师，通过正规的法律途径妥善解决了清真拉面馆经营者与房东因房屋出租而引起的纠纷。

一开始处理（矛盾调处）矛盾纠纷还是蛮多的，我印象很深的一个个案是，来自不同地域的拉面馆经营者，各自家乡的风俗习惯不同，有的有规定一个街道隔几百米之内不能同时有拉面馆，有的没有这样的规定，双方产生了矛盾……我们去给他们调解矛盾纠纷啊，其中他们有一个人信仰还是蛮深的，说要到清真寺，找阿訇去调解，然后我们再去给他做工作，协商协议啊什么之类的。（上海市 L 社工机构项目主管 YRY）

在此案例中，社工涉及参与调解了清真拉面馆将其行业规则强加于其他面食经营店而引发的冲突。在调解过程中，社工主动介入，了解到清真拉面馆经营者信仰虔诚，信任阿訇，因此，及时寻找阿訇这一中间人处理矛盾，最后顺利将此事很好地处置与化解，避免了引起更大群体性的矛盾与冲突。

比如说赔钱也就是最多正规的赔偿……坐在一起的这些单位也是我们社工把他们聚集起来的。确切地说，是我们跟街道一起，当然我们没有这么大的力量，街道在当中牵线的。就是社工和街道一起的，社工去了解一件事跟街道沟通，然后去制定一些方案，街道把这几方都叫到了一起。因为光我们跟拉面馆达成协议是没有用的，必须要多方同时对接，这相当于是一个非常理性非常好的一个效果。各个部门至少是知道这个拉面馆是怎么一回事，现在怎么处理的，那他们以后比如说在执法的过程，他们也了解这个情况，不能说只有街道知道，或是赔钱的知道，其他的都不知道，那是不行的，就算这个钱不是你执法部门出的，但是你要知道这个事。（上海市 L 社会工作服务机构社工 WJJ，访谈地点：上海 P 区 W 街道社工服务点内，访谈时间：2017-6-27）

来沪经营这个门面，就有一家人遇到拆迁，当时就挺难做的。前面的人走还赔钱了，到他这就不赔了，他当时也是有情绪，而我们也是通过很多次的走访、做工作，包括联合城管、公安局、拆迁队，五方一起坐下来开会，开了两三次。讨论出了一个比较好的解决方法……一共凑到两三万，对他来说就是补贴一点，都不够他贴出去的成本，当时房东也表了一个态，半年房租不收。最后服务对象能比较理性地去面对一些问题……当他能够理性地去面对现实的时候，他就不会去做那种极端的事情。（上海市 L 社会工作服务机构社工 FPH，访谈地点：上海市 L 社会工作服务机构总部内，访谈时间：2017-6-28）

第一段访谈内容是社工 WJJ 讲述的有关协同沟通拆迁纠纷的调处，在此过程中，社工起到了信息传递、组织协同、帮助各方相互理解、了解对方对立情绪根源的重要作用，比如，作为清真拉面馆一方，他们在经营此店面的过程中，由于遭受到了较大的经济损失，而不愿意动迁。社工就会组织多方共同协商，消除各方的对立情绪与抵触情绪，使问题回到理性解决的轨道上来。第二段材料则是社工 FPH 谈及了自身亲历的印象较深的有关店面拆迁案例，拉面馆经营遇到店面拆迁时，自己前期投入的成本无法收回，遭受较大的经济损失，一时无法接受。而社工主动去做工作，并联合政府、民族联等多方力量尽量弥补损失，并积极

第三章 嵌入的效应：多重实践效应的显现 |

主动地对服务对象进行情绪安抚，帮助服务对象理性面对问题，她坦言，如果服务对象能够理性面对问题，也就不会出现极端状况。

通过上述几段访谈资料不难发现，社会工作在处置与化解涉及少数民族流动人口经济利益纠纷中，社会工作者采取了资源链接、寻找中间人与多方协作等方法缓解与消除敌对情绪，鼓励与引导服务对象用理性合法的方式处理问题，而非极端的或暴力的方式，这样就有效地避免了纠纷的升级与恶化。

2. 社会管理类纠纷的处置与化解

2014 年中央民族工作会议上指出，要引导流入地城市的少数民族群众，自觉遵守国家法律和城市管理规定。在诸多涉及少数民族流动人口的纠纷冲突中，社会管理类的冲突也是较为常见的。在上海实践中，社会工作者也经常出面处置与化解少数民族流动人口与城市管理执法者等之间产生的纠纷冲突。下面源自上海市 L 社会工作服务机构《社区共融项目服务手册（2007 年—2015 年）》中的案例涉及此类问题。

钱不能解决所有的问题
——拉面馆经营纠纷案例

1. 服务理念

来沪少数民族中，许多回族人士的主要生存方式是经营兰州拉面馆，大街小巷，随处可见，一方面经营有收入，同时也解决了清真餐需求。但是由于成本的问题，大部分拉面馆的店面都难以达到相关要求，因此城管常常需要上门督促他们进行整改。这就很容易发生矛盾，此时就需要社工帮助服务对象寻求合理的解决问题的方法。

2. 服务目标

协助案主缓解情绪，能正确处理纠纷，并从此突发事件中吸取经验，从而更好地经商。

3. 服务计划

第一，当机立断，化解怒气。案主在他乡遇到问题，大多是找老乡一起商量解决，这就容易形成"抱团"现象，往往十几个甚至更多人一起做出过激行为。社工接到案主求助电话后第一时间赶到派出所，并且对案主及其家人的情况表示关心，协助他分析所面临的问题及应对措施，缓解其过激情绪。让案主明白人多虽然力量大，但是人多意见也多，会左右自己的想法不容易达成一致意见，这对处理纠纷是没有益处的。因此需要疏散老乡，留一两个出主意。最后是提出相应的政策和规定给案主，比如城管为何执法、城管是否有权执法等，还有遇到问题可以找哪个部门解决等。

第二，社会工作者价值中立的原则。社工要站在中立的角度，全面地了解和分析问题，因此在此突发事件中，了解事情的全部事实相当重要。

第三，协助案主处理非理性情绪。案主将此事视为要把来沪少数民族都驱赶回老家。对于案主这种情绪，以及一些消极的情绪，社工要协助其一一面对，改变认知。

第四，搭建沟通平台，促进双方有效交流。这类突发事件，大多是城管与商贩间缺少沟通，互相不理解、不尊重对方所造成的，尤其是来沪少数民族，他们需要有一个平台，促进与相关部门的交流。

4. 服务成效

第一，相关部门对案主做出一定赔偿，并归还所有没收物品。

第二，案主通过此事，认识到自己跨门营业等不文明经商行为，并且表示今后会积极配合城管工作，做到文明经商。

上述案例是社会工作者处置清真拉面馆经营者与城管之间的纠纷矛盾。在该案例中，由于城管执法未能考虑到少数民族同胞的情绪，发生

第三章 嵌入的效应：多重实践效应的显现 |

肢体接触，导致当事人敌对情绪。社工接到电话后主动介入，积极帮助当事人处理问题，最终将问题妥善处理。

此外，上海市 L 社会工作服务机构项目主管兼社工 YRY 的访谈资料也涉及此类纠纷问题。

> 那天有一个拉面馆的老板就说，城管吹哨子的行为就是侮辱他，在他们老家，只对牛羊吹哨子。那这就不可理解了，他们当时就发生了矛盾冲突，这就需要一个中间人去解释和调节，了解人家的心理。后来我们通过跟城管沟通解释，让他们别吹哨子了。（上海市 L 社会工作服务机构项目主管兼社工 YRY，访谈地点：上海 P 区 W 街道社工服务点内，访谈时间：2017-6-26）

上述访谈材料则是 YRY 处置的一个城管与清真拉面经营者由于文化上的差异而引起的纠纷冲突。在此案例中，由于城管执法者并不了解清真拉面馆经营者的文化习俗，导致服务对象感到人格受到了侮辱而情绪过激，最终社工出面安抚了当事人的情绪，并劝说城管执法者改变方式，要充分考虑到少数民族同胞的文化习俗。

从上述两段材料中不难发现，社会工作者也会经常介入社会管理类的纠纷，此类纠纷并非由于经济利益，主要是因为双方敌对情绪的积聚而引起的，属于非现实性冲突。但若不能及时处置与化解，此类冲突的烈度则会迅速提升，导致严重的后果。而社工能积极介入，化解双方的敌对情绪显得尤为重要。

3. 社会交往类纠纷冲突的处置与化解

在城市生活中，由于城市当地社区的居民对少数民族的文化习俗了解甚少，导致少数民族流动人口与当地居民产生纠纷冲突的事件屡见不鲜。这类纠纷冲突属于社会交往类纠纷冲突。对此，在上海实践中，社工也予以观照，建立了类似个案的处置机制。

> 像我们在一线，一般处理有关少数民族的需求和问题。主要就是他们的一些宗教信仰方面的事情，本地居民不理解或者有不了解穆斯林的一些生活习惯、宗教习惯，由此，可能互相之间发生一些冲突啊什么的，这种比较多。而我们社工要做的工作主要是去调解，或者去做一些资源链接的事情。(上海市 L 社会工作服务机构社工 JRY，访谈地点：上海市 L 社会工作服务机构总部内，访谈时间：2017-6-28)

> 像他们的斋月，斋月期间要晚上做饭会扰民啊什么的，所以跟居民会产生矛盾，很多居民不理解，我们就会建立一些个案的矛盾对接。(上海市 L 社会工作服务机构项目主管兼社工 YRY，访谈地点：上海 P 区 W 街道社工服务点内，访谈时间：2017-6-26)

在上述两段谈话中，JRY 和 YRY 均谈及了其参与调处少数民族流动人口与当地居民产生的矛盾冲突，这些冲突主要原因是当地居民对穆斯林的文化风俗不了解而引起的，而社工在其中就必须起到调解的作用，扮演着调解人的角色，并建立起此类事件稳定的长效处置机制。

总之，通过上述社工对三类纠纷冲突处置与化解的案例不难看出，社工在社会工作嵌入城市少数民族流动人口服务管理的实践中，在处置与化解涉及民族因素的纠纷冲突过程中，利用自己的身份或专业工作方法与技巧发挥了积极的建设性效应。

然而，值得进一步考量的是，是何种因素使社工及其团队能够及时处置与化解各种纠纷冲突？通过调研发现，与服务对象建立良好的专业关系是核心性的因素。下面几段谈话分别来自社会工作者、少数民族志愿者和服务对象三方。这三方的谈话内容相互佐证了此种良好专业关系的存在对解决纠纷的重要性。

> 至于社工在其中能做什么，主要是一些资源链接、协调关系，大部分的冲突其实可以通过互相的让步去解决。因为我们平时都是

第三章　嵌入的效应：多重实践效应的显现

做一些社区服务，一些文娱活动、拉面大赛、平时走访关心等，这些都会和少数民族建立一定的信任关系。建立了信任后，他们一有情况就会及时跟社工或者少数民族联络员去沟通，然后一旦发生突发情况，或冲突之类的，我们可以马上知道。（上海市 L 社会工作服务机构社工 JRY，访谈地点：上海市 L 社会工作服务机构总部内，访谈时间：2017-6-28）

我们这边会和街道有沟通，我们三方，街道、我们和阿姨（民族联络员）也会定期开会，主要讨论我们这期的流动红旗颁给哪个街道。这都是一个鼓励性质的，因为要鼓励他们参与到街道的活动中来，跟我们更熟悉，跟街道领导更熟悉。以后他们如果发生了纠纷，第一时间能想到我们。因为我们最怕的就是他们发生了纠纷，会第一时间找亲戚朋友来打架。现在他们会反馈给我们，我们会反馈给街道，然后替他们来解决这样一些矛盾。（上海市 L 社会工作服务机构社工 WJJ，访谈地点：上海 P 区 W 街道社工服务点内，访谈时间：2017-6-27）

上述两段访谈分别来自社工 JRY 与 WJJ，在日常工作中，社会工作者开展了诸多促进服务对象参与的活动，并时常进行关心走访，十分注重培育维系与服务对象良好的专业关系，而这恰恰是社会工作者专业实践中的基本行动逻辑。康普顿（Compton，B.）和格列威（Galaway，B.）提出了关于社会工作中专业关系性质的七要素：关心他人、承诺与责任、接纳和期望、同感、真诚与一致性、权威和权力、目的。[1] 这些要素是维系与培育专业关系这一行动逻辑的具体行动策略。事实上，社工在日常的实践中，正是通过上述行动策略，有效地培育与维系了与服务对象的良好专业关系。

---

[1] Compton, B. & Galaway, B., *Social Work Processes*, Illinoise: The Dorsey Press, 1975, p.139.

社会工作嵌入城市少数民族流动人口服务管理研究

当然，此种嵌入并非一朝一夕，需要社工及少数民族志愿者团队长期的工作。下面两段谈话分别从志愿者与服务对象的视角印证了这一点。

这外面的摊位都是来沪的少数民族，一开始很不好沟通。以前我问他这个东西多少钱啊，他们不理的，我说多了，他们讲新疆话，真的听不懂，他们说自己的方言了，其实就是不想跟你讲。我们服务他们，大概花了3年吧，才让他们接纳我们。现在好多了，能沟通啦。我刚刚在外面买了东西，他们很友好的，还客客气气，而且很有诚信。（上海市少数民族志愿者ADH，访谈地点：上海P区清真寺内，访谈时间：2017-11-24）

他们几位老师，每天过来我们店里面，不管天气多热，我们坐在里面空调下面，他们每天都是满头大汗的。其实他们年龄都很大，我真的很感动，好像就跟我家里人一样的，每天来关心我们，过来看看店里面怎么样，生意好不好，你们家里面安全吗，煤气安全什么的。其实我们来到这个地方，人生地不熟，他们每天来这么关心我，他们来了很热情，就是看看，说说哪里做得好、做得不好。就是每天都来说，我有时候做得也不好，他们一说，我就觉得我改过来了，我就想着肯定为我好的。（上海市服务对象ZF，访谈地点：上海P区清真拉面馆内，访谈时间：2017-11-25）

上述谈话中对少数民族志愿者ADH的访谈地点在P区Y街道的清真寺内，社工小Z与多位少数民族志愿者每到主麻日都会到清真寺及其周边为来此礼拜和经商的穆斯林服务。ADH谈到，无论是社工还是少数民族志愿者工作伊始并未能赢得服务对象的信任，但是通过了三年左右长期的服务，来沪少数民族同胞对他们的态度发生了很大的转变，他们得到了来沪少数民族同胞的信任。服务对象ZF则谈到，社工与志愿者的辛勤付出让人感动，使服务对象觉得他们跟家人一样。这些都充分

第三章 嵌入的效应：多重实践效应的显现

说明，社工及其志愿者团体通过长期真诚的服务培育与维系了与服务对象良好的信任关系。

要说明的是，此种良好专业关系的培育与维系并非为了自己获利，而旨在使得社工能够很好地嵌入到服务对象的求助关系网络中。而此种嵌入，从治理的视角看，是处置突发事件的有效二级预防。[①] 即当突发事件发生时，社会工作者就能够第一时间获悉。值得进一步考量的是，社工之所以能够成功处置化解各类纠纷矛盾，除了"局外人"的身份或与服务对象良好的关系等因素外，更为本质的是社会工作的服务理念。也就是说，作为专业社会工作者，社工始终秉持着人本、服务对象利益至上等专业理念。这些专业理念的持守，使得社会工作者在处置与化解涉及民族因素的纠纷与冲突中始终站在服务对象——少数民族流动人口的立场上处置问题，为其争取合法合理的利益诉求，并始终以一个服务者，而非管理者的身份出现。这样，从对应急事件有效治理的角度而言，社工通过服务性的介入客观上实现了协同治理的实践效应。

（二）善治机制的形成

"善治"理论源自于20世纪90年代的新公共管理学说，其实质是多主体协同治理的一种方式。该理论认为，"有效治理"不是"控制"，管理机制主要不依靠政府权威，而是靠个人或机构之间的合作、协商。使公共利益最大化的社会管理过程，本质特征是政府与公民对公共生活的合作管理，国家权力向社会回归；其基础就是健全和发达的公民社会；其核心是合作治理。[②] 基本表现有五个，即有效、参与、稳定、廉

[①] 张微、毛瑾：《社会工作提升高校学生工作预防功能的发生逻辑》，载《学校党建与思想教育》，2018年第4期，第80—81、88页。

[②] Alessandro, Z. & Francesca, C., "Why Adopt Codes of Good Governance? A Comparison of Institutional and Efficiency Perspectives", *Corporate Governance*, Vol.16, No.1, 2008, pp.1–15.

洁、公正。① 在社会工作嵌入城市少数民族流动人口服务管理的实践中，开创善治机制是社会工作协同政府治理的重要行动策略之一。在此策略下，社会工作者协助和组织少数民族志愿者团队秉承参与、共治、共享的理念，充分调动服务客体的积极性，并将服务客体培育成了服务主体，通过自管、互助等方式达致一种善治格局的形成。

1. 自管机制："流动红旗"制度

通过对调研资料的梳理获悉，在上海 P 区的实践中，社会工作者开创清真拉面馆的"流动红旗"文明经商的自我管理机制。这一机制在社会工作者服务的 P 区所有街道实施了多年，取得了良好的效果。下面是社工与志愿者对"流动红旗"文明经商工作机制的描述。

> 我们会组织一些活动，比如说流动红旗评比，差不多三个月一次，时间定在下午，他们比较空闲的时间，因为他们平常也不大能从店里出来。我们会给民族联络员设计一个评分表，（民族联络员）阿姨会把评分表一个月两次及时反馈给我们。阿姨每个月两次入店走访，比如聊聊他们的生意情况、家庭情况、经营安全等，或者有什么政策的变化。（上海市 L 社会工作服务机构社工 ZLH，访谈地点：上海 P 区 W 街道社工服务点内，访谈时间：2017-6-27）

> 我们分会最早开展的是流动红旗。我们社区有十几家，过去有二十几家拉面馆，一年当中，我们要评选哪个比较好。它有三个条件：一是环境卫生，二是食品安全，三是清真。除此外，还看，证据发票、生熟是否分开、消防安全、店里是否防火、有没有灭火器、会不会使用。最主要是考虑这些，其他的就是房屋标准，房屋拆除，这些我们在慢慢引导。（上海市少数民族志愿者 ZLR，访谈

---

① 李海燕、谢小琼、李兰铮：《从管治到善治：公共治理视域下的高教管理改革路径选择》，载《高教探索》，2012 年第 1 期，第 8—13 页。

第三章　嵌入的效应：多重实践效应的显现 |

地点：上海P区清真寺内，访谈时间：2017-11-24）

　　我们搞的一个示范就是流动红旗。把拉面馆组织起来，要他们合法经营，就要给他们提出很多要求，比如进行卫生评比、安全评比等等。进行评比以后，每年都在搞流动红旗。我们又给他们提供一些帮助，比如小孩要念书、要进幼儿园等，这样呢，他们也就逐步感觉到确实是在关心他们。（上海市少数民族志愿者HLJ，访谈地点：上海P区清真寺内，访谈时间：2017-11-24）

　　在第一段访谈材料中，ZLH谈到，流动红旗评比三个月一次，主要是利用清真拉面馆的闲暇时间开展，社会工作者将评分表格发给少数民族联络员，评分主要通过他们每个月两次的入店关心走访时完成，并非刻意为之。在第二段访谈中，ZLR则谈到，流动红旗的评比标准主要包括了环境卫生、食品安全、是否清真、房屋标准等多个方面。第三段访谈材料则是HLJ谈及流动红旗评比的目标是督促他们的自我管理，而另一方面，也是在帮助他们解决生活实际困难中实现的。此外，P区各个街道的"流动红旗"制度还各具特色。比如，H街道开展的"集文明章，开放心店，清真必清，服务到店"活动，主要注重食品安全和清真食品的清真情况；Y街道的"星级服务评比——来沪少数民族文明经商服务"，开展星级服务商店的评选；L街道的"来沪经商少数民族文明经商之星评比"则开展了"文明之星"拉面馆老板的评选。总之，"流动红旗"文明经商评比制度是社会工作在服务管理城市少数民族流动人口过程中开创的一套具有科学评估指标、稳定运行流程的自我管理机制。此机制具备了"善治"中的有效、参与、稳定、廉洁、公正等特征，具有明显的"善治"机制的特征。

　　"流动红旗"评比制度的稳定开展，在实践中显现了良好的工作成效。这些服务成效体现在以下方面。

　　第一，服务对象文明经商意识的形塑。在社会工作者及其工作团队的努力下，通过"流动红旗"评比和互助网络等工作机制，服务对象逐渐发生了改变，此种改变具体表现在其文明经商意识的形塑。下面的几段访谈材料均有所涉猎。

> 我们用了差不多三年的时间把我们这个街道范围内所有的拉面馆都管理起来。最多的时候有二十四家，后来逐步减少，现在大概是十四家。如果有矛盾啊，社工介入，民族联介入。少数民族联合会那时候叫做联络组，就是在我们这里居民中的少数民族和政府之间进行联络，进行沟通，就是帮助政府一起来关心我们社区里的少数民族家庭。如你们有什么困难？你们有什么问题？现在你再去看拉面馆，摆在门口的极少，都逐步纳入这个管理。（上海市少数民族志愿者HLJ，访谈地点：上海P区清真寺内，访谈时间：2017-11-24）

> 我们会有一些评比标准，比如说环境卫生、文明服务、消防安全等。为他们创造一个更好的环境，最终他们也能更好地盈利。我们也一直给他们做宣讲，环境变好了，生意也会变多嘛，他们就配合。（上海市L社会工作服务机构项目主管兼社工YRY，访谈地点：上海P区W街道社工服务点内，访谈时间：2017-6-26）

> 在为少数民族服务时印象很深刻的是，以前我们为他们服务，他们是不接受的，我说检查卫生，他们就不高兴啦，他们说：你们检查我们，隔壁的检查不检查。我们要他们的身份证号码、地址、电话号码，检查他们的煤气防火，检查煤气罐，他们不开心啊，好像我们在找茬。后来通过社工去跟那些拉面馆讲解。社工在拉面馆给他们讲课，上午一班，下午一班，讲一天，讲课了以后他现在知道了。我们这个志愿者是不拿你们钱的，是为你们好。现在好了，拉面馆对我们客客气气。（上海市少数民族志愿者ADH，访谈地点：上海P区清真寺内，访谈时间：2017-11-24）

> 现在拉面馆我觉得好像比较好管理了，不像以前，他们大多数不配合、不理解，现在他们都配合，现在建立了那种信任感吧。他

第三章 嵌入的效应：多重实践效应的显现

们需要与我们沟通，我们有一个网站，叫少数民族服务家园，里面拉面馆、少数民族都有。（上海市少数民族志愿者ZLR，访谈地点：上海P区清真寺内，访谈时间：2017-11-24）

在第一段访谈材料中，少数民族志愿者HLJ谈及，通过三年的努力，服务对象、志愿者组织和社会工作者之间的联系十分密切，清真拉面馆经营者与城管的矛盾大量减少，基本上都能够按照规定文明经商。而社工YRY则谈到，在"流动红旗"的评比过程中，社会工作者并非以一种管理者的角色开展工作，更多的是站在服务对象的立场，最终改变了服务对象的抵触心理，使他们积极配合工作。在第三、四段材料中，少数民族志愿者ADH和ZLR则谈到，一开始服务对象很抵触社会工作者和少数民族志愿者，但是在社会工作者与志愿者长期、耐心的服务之下，他们改变了对社会工作者与志愿者的看法，开始配合开展各项工作。综合以上四段材料发现，通过社会工作者和志愿者长期的工作，已与服务对象之间建立了密切良好的信任关系，服务对象也不再对城管、社会工作者与志愿者持抵触的情绪，主动配合工作。这充分说明，社会工作者及其工作团队开创的流动红旗评比、互助网络等"善治"机制显现出了积极的正向实践效应，使少数民族流动人口愿意主动尊重城市管理规则，文明经商的意识得以提高。

第二，城市管理者主体与客体关系的改善。"流动红旗"等评比机制还显现了一个潜在功能，促进了城市管理主体与管理客体之间的相互了解，减少了双方的对立和抵触情绪。下面的访谈资料印证了这一点。

我们做了一个叫文明经商之星流动红旗评比活动，主要是督促拉面馆要规范化经营。还有就是让社区或街道人员、警察、城管、食药监等部门的一些人，跟着我们一起去做评比，主要做一些柔性化的评比，当做预防性的，比如他们会检查一些消防器材有没有过期，这个时候执法部门的人会是一种提醒性的，而不是像他们平时执法那种很严肃。通过长期这样建立关系，矛盾也少了很多。（上海市 L 社会工作服务机构项目主管兼社工 YRY，访谈地点：上海 P 区 W 街道社工服务点内，访谈时间：2017-6-26）

从上述材料中不难看出，"流动红旗"评比的系列活动中，社会工作者会邀请城市管理主体一起参与评选，可以说，无形之中拉近了城市管理主体与被管理者之间的距离，改变了各自在对方心目中的形象，促进了双方的相互理解。显然，这一"善治"机制开展的实践结果中，城市管理主体与客体关系的改善是其中重要的工作成效之一。

2. 互助机制：服务对象互助网络的构建

公民参与社会治理是"善治"格局形成的重要表现。对于普通公民而言，在传统社会管理的行动逻辑中是客体，而在"善治"的行动逻辑中，客体能够成为管理的主体，而且是参与管理的主体。在上海社会工作嵌入城市少数民族流动人口服务管理的实践中，社会工作者在开展服务过程中，着力培育了服务对象的互助网络。这一网络的形成促进了服务对象之间的自我管理、自我服务。下面三段访谈资料分别来自社会工作者、志愿者和服务对象，三者的谈话资料均谈及了互助网络的存在。

> 我们每个区都有一个少数民族联络组，像我们这个区叫 TQ，联络组会有一个负责人，这个负责人一般是有信誉、有地位的，是他们自己都认可的人，就是他们自己自主形成的一个头。他（少数民族联络组）跟当地联络员的关系是，一个是来沪联络员，一个是在沪联络员，通过社工的介入，他们之间是互融的。比如说我们拉面馆每月都会评选"拉面之星"，那来沪的联络员就会去他们店走访，在沪的也会去，他们之间会有互动。比如说开表彰大会，来沪少数民族也会去邀请在沪联络员参加，在这个过程中他们就会有一

第三章 嵌入的效应：多重实践效应的显现 |

些交流和互动。他们之间不是一个监督关系，可能就是一个协助关系。（上海市 L 社会工作服务机构社工 FPH，访谈地点：上海市 L 社会工作服务机构总部内，访谈时间：2017-6-28）

现在我们跟拉面馆的关系非常密切了。我们把拉面馆组织起来以后，成立了一个组，里面选出有点威望的，愿意为大家工作的负责人，进行自我管理。选出来的叶老板就是组长，本身就是阿訇，他为我们做了很多。比如语言障碍，虽然也讲普通话，但有时候他们之间讲话我们也不太清楚，由他们出面以后，就很好懂了。再比如，跟城管争了半天，我们跑过去两句三句就化解了。所以我们一起来把这个社区的少数民族工作做起来，有我们本地的少数民族、外来的少数民族、社工、政府（主要是街道，包括区里），把他们融合起来，现在我们优化得比较好了。（上海市少数民族志愿者 HLJ，访谈地点：上海 P 区清真寺内，访谈时间：2017-11-24）

我作为这个组长，主要就是进行自我管理。因为我们这些来沪少数民族老乡之间的感情比较浓厚，我们都是一个地区来上海经商的，就会有一种同乡的情结。比方说我们有一些纠纷矛盾，可能我们的社工志愿者已经努力了，但是效果不像冶老板（来沪少数民族联络组组长）他们，由他们出面来讲，他们更能听进去，老乡可能更亲近一些。之前 P 区大道上有拉面馆的房屋纠纷，跟房东有矛盾，我们跟我们街道的一个老娘舅，一起做一个调解，冶老板也一起出面，可能更好沟通，也是一个桥梁的作用。（上海市服务对象 ZY，访谈地点：上海 P 区清真拉面馆内，访谈时间：2017-11-25）

在第一段谈话中，FPH 谈及她们在 TQ 街道培育建立了来沪少数民族的联络组，这个联络组会选取比较有信誉、有威望的清真拉面馆老板作为组长，在来沪少数民族联络组和在沪联络组之间有联系，相互参与到对方的活动中，并共同参与拉面馆的管理。同样，志愿者 HLJ 也谈及，来沪少数民族形成了一个互助联络组，由威望高且热心的老板当组长,而组长有的本身就是阿訇,由于其语言和身份的优势,经常在来沪少数民族服务管理中发挥很大的作用。而服务对象 ZY 从服务对象的视角谈及,作为服务对象,他们的组长和社会工作者、少数民族志愿者、政府人员一起参与了很多调解纠纷,他们老乡自己说的话是很有作用的,能化解很多矛盾。综合以上三段材料不难发现,社会工作者通过培育来沪清真拉面馆经营者的联络组,形成了一个类似于互助性质的"自组织",这一自组织中的领导者具有较高的威望和信誉,能够在处理各种矛盾纠纷中起到很大的作用。充分体现了这一互助网络成为了实现来沪少数民族流动人口自我管理的重要"善治"机制。

除了上述线下的互助网络外,社会工作者还通过微信、QQ 群、网站等组建线上的互助网络。在这些线上平台上,社会工作者、志愿者和服务对象均在及时沟通信息,及时发布求助信息。下面的访谈资料谈及了该线上平台所发挥的积极作用。

> 我们建立了一个群就是 YJ 少数民族家园,有什么活动就在这个群里发,他们有什么事情,大家都往上发,现在这个模式已经建立起来了,都 3 年了。像去年在拉面馆,有人包忘了拿,包里面有七千多块现金和一些贵重物品,那个老板就主动打电话,打到我们民族联,跟傣老师说,这个问题怎么解决,后来通过这个群找到了,最后那个老板很感动。还有,在 TL 路,他弟兄两个捡到一个钱包,台湾人的,后来也往上发了,拍了照片,很多人点赞。这个群挺好的。(上海市少数民族志愿者 ZLR,访谈地点:上海 P 区清真寺内,访谈时间:2017-11-24)

上述的这段谈话是志愿者 ZLR 谈及的来沪少数民族流动人口拾金不昧,并通过线上平台找到失主的事件,并指出通过这一平台社会工作者与服务对象增加了交流,增进了感情。从任务目标而言,线上互助网络的存在更有利于社会工作者第一时间了解服务对象的需求,并及时解决。更为重要的是，从过程目标而言，无论是线下的实体网络，还是线上互助网络的形成，客观上都增强了服务对象的社区融入感。因为对于少数民族流动人口而言，其能在异地遇到问题时第一时间得到回应，是一种具有归属感与凝聚力的体验。而从治理的视角而言，这恰恰是"善治"理念的体现。

(三)"民族共融"社区环境的营造

"人在环境中"是社会工作助人行动的重要理论框架。在此理论框架中，个人、环境及个人和环境之间的关系是社会工作者基本的三大实践指向。其中，关注环境并在必要的时候改革环境，使之更有效地满足人的需要、促进人的发展是社会工作者介入环境的基本行动指向。① 由此可见，关注并作用于环境是社会工作者基本的行动逻辑之一。诚然，虽然这一行动选择的实践结果并未直接作用于服务对象，但却为服务对象开创与改善了良好的外部环境，从而提升了服务对象的福祉。若从"治理"的视角看，此种行动选择具有协同治理的行动意义。因为良好社区环境的营造本身就是社会治理的重要目标指向之一。

在沪深两地的社会工作嵌入城市少数民族流动人口服务管理实践中，社会工作者在多年的实践中开展了大量的社区营造活动。这些活动包括展示少数民族服饰、饮食、艺术、组织各种社区活动等，旨在促进当地居民对少数民族文化风俗的了解，增进当地社区居民与少数民族流动人口的交流。

1. 社区教育：促进儿童和青少年对民族文化的了解

在沪深两地的实践中，社会工作者将工作聚焦于儿童和青少年"民族团结"的意识提升上。社会工作者通过各种各样的形式在儿童和青少

---

① 库少雄编：《人类行动与社会环境（第 2 版）》，武汉：华中科技大学出版社 2014 年版，第 20 页。

年中开展"民族团结"教育活动。在深圳的实践中,"民族团结进校园"是社会工作者每年在当地中小学中开展的特色活动,受访的社会工作者和相关文字资料中对此均予以了介绍。

> 民族文化进校园:一种形式是社区宣传社区教育,还有一种形式是进校园。我们几个社工设立了一个课程,介绍少数民族的风俗文化,主要是民族文化、风土人情、服饰、艺术、文字等,适用于小学生的。这个课程会在F区的那些小学里面去讲。差不多一个季度去一次,一个小学讲一堂,巡回地讲,学校的老师也会来听课,如果有需要我们就把课件拷给他们,他们再去学校其他班级去讲,除了课件,课堂会有些互动游戏,还会把民族服装带过去让他们试穿啊之类的。(深圳市S社会工作服务机构社工JB,访谈地点:深圳F区某公园内,访谈时间:2017-12-2)

同时,在深圳市S社会工作服务机构《2014年社会工作者服务成效评价报告》中也描述了"民族文化进校园"的系列活动:

> 举办了"民族团结进校园"系列活动,将我国少数民族的基本情况在辖区小学范围内以活动课的形式宣传推广和普及,活动第一站在BH小学举行,宣传我国各民族的风俗习惯和历史文化,受到学校师生的喜爱和欢迎。

在上海实践中,社会工作者也将民族文化和政策宣传的社区活动植入到青少年个人成长中,让社区青少年增加对民族文化与政策的了解。在上海市L社会工作服务机构开展的"青少年个人发展计划"的小组工作中,"沟通民族无边界"社区宣传活动成为了该小组活动中重要的内容,该活动主要由青少年主导策划实施民族文化及政策宣传的社区活动,社会工作者进行协助。

第三章 嵌入的效应：多重实践效应的显现 Ⅰ

沪深两地的实践形式虽有所不同，但是社会工作者主要采用的是社区教育的工作策略。所谓社区教育是指社会工作者通过举办展览、讲座、训练班、问题研讨会、个别教育等方式介入社区。① 这一工作手法促进社区居民某种意识、某种行为的改善。在深圳F区开展的"民族文化进校园"活动，就是旨在通过社区教育，增加儿童青少年对少数民族文化风俗与历史传统的了解，提升儿童青少年中华民族"民族团结"和"民族共融"的意识。

2. 社区宣传：促进当地居民对少数民族文化与政策的了解

社区宣传是社会工作者开展社区工作，营造良好社区环境的重要手法之一。在沪深两地社会工作嵌入城市少数民族流动人口服务管理的实践中，社会工作者依托少数民族志愿者组织"民促会"链接社会资源，开展了展示少数民族文化、普法宣传和政策宣传等各种社会宣传。这成为了沪深两地实践的常规内容。

> 我觉得主要就是协助一些文化活动，如宣传讲座等。协助主办单位民宗局开展活动。联合ZH基金会去做一些开发项目。除了ZH基金会，还包括民促会，一些少数民族人士开的个体公司等。在深圳有很多做文化传播的，像世界之窗旁边那个叫锦绣中华的，就是做这类工作的。（深圳市W社会工作服务机构社工督导ZJ，访谈地点：深圳市W社会工作服务机构总部内，访谈时间：2017-12-4）

> 按照合同，我们每年都要开展8场社区宣传活动，内容主要有节日、派发和政策宣传。局里会出面跟下面的社区联系，我们团队就跟下面的社区对接联系，说是8场，主要是合同上的，实际肯定

---

① 王思斌编：《社会工作概论（第三版）》，北京：高等教育出版社2014年版，第140页。

超过这些。印象比较深的是年底我们还搞了一场,民族团结政策、法律咨询进社区活动,在文化创意园现场发放宣传手册。(深圳市Z社会工作服务机构社工督导LY,访谈地点:深圳市Z社会工作服务机构总部内,访谈时间:2018-12-10)

我们除了发一些宣传册,其他的活动就是搞一些摆摊宣传,还有就是一些文艺表演。这边还有一个社团,是一个精英层面的、少数民族人士的社团,这个社团在当地叫少数民族团结发展促进会,是F区成立的,有120多个会员。他们用自己的资源,不计报酬,下基层去进行一些民族文化层面上的活动,像服饰展示、唱歌跳舞、跟社区其他的活动结合在一起。还有就是一些艺术家、歌唱家等,他们会定期下社区去表演,来宣传少数民族的文化。(深圳市S社会工作服务机构社工JB,访谈地点:深圳F区某公园内,访谈时间:2017-12-2)

上述三段材料是深圳两位社工督导和社工对社会工作协同少数民族志愿者组织开展有关社区宣传活动的内容。第一段材料中,ZJ谈及,他们会链接社会资源,组织少数民族志愿者到社区开展民族文化表演。而第二段材料中,LY则谈及,民族团结政策、法律宣传进社区是社会工作组织协助少数民族志愿者法官开展的常规社区宣传活动。社工JB则谈及了志愿者社团的具体构成和社会工作者协助其在社区开展民族文化活动的具体内容。

同时,在上海实践中,社会工作者也着力开展了拉近来沪少数民族和当地居民距离的社区活动。下面的访谈资料详尽描述了开展的各种活动。

他们除了经营拉面,其他的各种沟通交流基本上都是他们那个群体里面,所以我们在外开展活动的时候,我们会搞一些关于磨合的活动,如看电影、亲子出游或者是美食节,其目的就是需要他们

第三章 嵌入的效应：多重实践效应的显现 |

能够更好地有融入感，促进他们融合、沟通与交流。通过这样的活动，其实他们也确实是对这个社区有了那么一点归属感，不会觉得太陌生，有些店主也说我们在这里这么多年，跟邻居的关系还是挺好的。大家也不会有那种误解，其实这个我觉得还是有用的。（上海市 L 社会工作服务机构社工 WJJ，访谈地点：上海 P 区 W 街道社工服务点内，访谈时间：2017-6-27）

总之，无论是在深圳还是上海，在社会工作嵌入城市少数民族流动人口服务管理实践中，社区宣传均是社会工作者拉近少数民族流动人口与当地社区居民距离、营造良好"民族共融"的重要工作策略之一。

2014 年中央民族工作会议指出，要把着力点放在社区，推动建立相互嵌入的社会结构和社区环境。① 习近平总书记在党的十九大报告中进一步指出，要促进各民族像石榴籽一样紧紧抱在一起。② 因此，促进各民族在社区层面的交往、交流、交融，营造各民族手足相亲、守望相助的社区环境应成为社会工作者开展城市少数民族流动人口服务管理工作的基本行动指南。在沪深两地社会工作嵌入城市少数民族流动人口服务管理实践中，两地的社会工作者均不约而同地运用社区工作的社区教育与社区宣传等工作手法将营造良好的"民族共融"的社区环境作为重要行动策略之一，这事实上是对中央民族工作精神的积极响应与贯彻落实。

---

① 《中央民族工作会议暨国务院第六次全国民族团结进步表彰大会在北京举行》，载《人民日报》，2014 年 9 月 30 日。

② 习近平：《决胜全面建成小康社会 夺取新时代中国特色社会主义伟大胜利——在中国共产党第十九次全国代表大会上的报告》，北京：人民出版社 2017 年版，第 40 页。

四 少数民族流动人口服务管理领域中社会工作的结构性生长

结构是社会研究中的基本概念。在社会学发展中，行动结构在很长一段时间以来是社会学学科的基本分野，也是社会学理论建构两个对立的逻辑起点。直到20世纪中后期，这一对立的逻辑才被诸多社会学家弥合。其中，吉登斯（Giddens, A.）的结构化理论就是代表性理论之一。吉登斯认为：结构一方面是人类行动的产物，另一方面又是人类行动的中介。而在这种社会实践之中，结构实现了生产和再生产的过程，这就是所谓的结构化。① 从吉登斯对结构的理解中可知，其将结构置于实践的时空中，将结构视为是行动主体实践行动过程中的生产与再生产过程，既是行动主体行动的产物，又是行动主体行动的中介。结构化则是行动主体对某一社会结构的生产与再生产过程。吉登斯的结构化理论对经验世界中社会结构作用于行动主体，并被行动主体在实践中再生产出来的事实十分具有解释力，其被广泛运用于经验研究中。

由于社会工作在我国大陆地区的发展本身具有嵌入性，因此社会工作对于本土的社会服务体系来说具有外在结构性的特点。而社会工作的外在结构包括社会组织、社区以及相关福利和社会制度设置，事关职业化的进入和服务模式的建构。② 然而，若从吉登斯的结构化理论审视社会工作的外在结构，不难发现，社会工作的诸多外在结构或许需要通过不同的行动主体予以生产与再生产出来。值得注意的是，我国大力推行

---

① 侯钧生主编：《西方社会学理论教程（第4版）》，天津：南开大学出版社2017年版，第367页。

② 葛道顺：《社会工作转向：结构需求与国家策略》，载《社会发展研究》，2015年第4期，第1—23、238页。

第三章 嵌入的效应：多重实践效应的显现

社会工作制度的顶层设计，在学理上是一种强制性制度变迁，反映了国家对基层社会发展和服务需求的仓促回应。[①] 也就是说，社会工作作为一种制度安排的外在结构在国家发展主义策略的推动下已在国家层面的行动主体予以结构化。而其也许并未真正在地方或是各个具体社会服务部门或是基层服务人员乃至服务对象等层面予以结构化。因为结构化并非是一种结构在行动主体实践时空中简单机械的嵌入，而是需要通过行动主体在实践中对结构的生产与再生产予以实现。

在城市少数民族流动人口服务管理的这一实践领域中，社会工作嵌入性发展来自于自上而下的强制性制度变迁。然而这样的强制性制度变迁能够使社会工作在城市少数民族流动人口服务管理的各个行动实践主体中予以结构化，并且结构化程度如何，是自身发展效应的外在表现。当然，结构化本身并不只是一种静态的状态，而是一种动态的过程，是结构被行动主体不断生产与再生产的过程。因此，对于社会工作在城市少数民族流动人口服务管理嵌入性发展过程中对自身发展带来效应的考察可被视为是一种对社会工作结构性生长过程的考察。

通过对沪深两地调查资料的检视梳理发现，社会工作外在结构在城市少数民族流动人口服务管理实践领域中的结构性生长在以下方面予以显现。

（一）社会工作制度设置在民族工作决策主体行动中的结构性生长

政府购买公共服务是新时代国家治理体系与治理能力现代化的主要体现，也是政府职能转变的重要手段。党的十八届三中全会在政府职能转变中要求，要推广政府购买服务，凡属事务性管理服务，原则上都要

[①] 葛道顺：《社会工作转向：结构需求与国家策略》，载《社会发展研究》，2015年第4期，第1—23、238页。

引入竞争机制，通过合同、委托等方式向社会购买。① 社会工作服务是当前政府购买公共服务的重要内容。沪深两地作为全国率先发展专业社会工作，推动政府购买社会工作服务的先行城市，社会工作的制度设置已在多个实践领域中结构化。早在2007年，上海就颁发了《上海市民族和宗教事务委员会、上海市民政局关于开展民族宗教系统社会工作者队伍建设试点工作的通知》，该《通知》指出，要在民宗工作领域研究开发社会工作岗位和项目，落实政府购买服务的项目经费。以建立社区民族宗教社会工作者队伍为项目，由区县政府落实购买服务的项目经费，由区县财政向民族宗教办拨付核定经费，实施专款专用。同时，在深圳，民宗领域虽然没有专门文件规定社会工作的制度设置，但在同年颁布的《关于加强社会工作人才队伍建设推进社会工作发展的意见》（深发〔2007〕18号）指出："组织部门牵头抓总、民政部门具体负责、各有关部门积极配合"的社会工作管理体制，并建立公共财政的支持体系，确立财政资金对社会工作发展的主渠道地位和导向作用，使公共财政成为社会工作经费的主要来源，建立以"政府购买"社会工作服务为主要形式的财政支持机制。

沪深两地有关社会工作制度的顶层设计响应了2006年党的十六届六中全会提出的建立一支宏大的社会工作人才队伍要求。而就社会结构而言，沪深两地社会工作制度的顶层设计已形成了城市民族工作设置社会工作制度的结构性因素。然而，结构并非实体层面的固化，需要行动者在实践中生产与再生产。因此，经过多年实践，社会工作制度设置是否在城市民族工作决策主体行动实践中的生产与再生产，是社会工作结构性生长与否的重要标志。基于此，对沪深两地多方面资料梳理阐释，其中若干访谈资料与文献资料可对此有所呈现。在深圳市S社会工作服务机构《2014年社会工作者服务成效评价报告》中有相关表述。

---

① 《中共中央关于全面深化改革若干重大问题的决定》，载《人民日报》，2013年11月16日。

第三章 嵌入的效应:多重实践效应的显现

市、区领导调研民族宗教工作,对社工工作给予积极评价。2014年6月3日,深圳市委领导来调研民族宗教工作,对我市及各区的民族宗教工作进行了高度评价;6月13日,区领导到我区宗教场所进行了调研,充分肯定了我区少数民族在促进民族团结、宗教和谐、社会稳定等方面做出的成绩,对民宗工作引入社工机制给予肯定。

深圳F区民宗局从2012年开始引入专业社会工作者参与到城市民族工作中,到了2014年,此种工作实践了两年后,得到了F区领导,乃至深圳市领导的积极评价与肯定,这充分说明了社会工作制度设置在实践两年后在民族工作的实践领域中有了良好的积极效应,作为社会工作外在结构的社会工作制度安排在城市民族工作决策主体的行动中得以生产与再生产。同时,在2017年5月16日《中国民族报》的《让少数民族群众更好地融入城市》一文中就有关于城市民族工作领域引入社会工作的内容。报道中写道:

> 对一些民族工作部门而言,编制人数少、工作力量有限,是客观存在的问题。因此,通过政府财政经费购买相关服务,用专职社工应对少数民族流动人口进入城市后的心理落差、文化差异、急难救助等突出问题,成为不少城市帮助少数民族流动人口更快地适应城市生活的有效举措。从2012年开始,深圳F区民宗局就以购买服务的方式,向深圳市社工服务中心购买3名专职社工开展民族服务工作。……社工作为第三方,拥有专业的心理学知识,在调解涉及民族因素的各类矛盾纠纷中,他们能很好地使当事人情绪稳定,为事件的和平理性解决赢得时间和空间。不仅是在深圳,为适应城市民族工作的新形势,上海市民族工作部门也从2015年开始,试行开展政府购买专业社工服务项目,探索体制外服务少数民族群众

的模式。①

从此段材料中可以发现,作为民族工作部门,其自身存在人员少、力量不足的结构性张力。在民族工作领域引入社会工作力量,就成为了促进城市少数民族流动人口更好更快融入城市的有效手段。事实上,这一效应是在深圳市将"政府购买社会工作服务"做为一种制度设置予以合法化后而显现的。

与此同时,该报道还谈及了上海市 H 区从 2015 年开始引入专业社会工作力量参与城市少数民族流动人口服务管理。而事实上,早在 2007 年,P 区就已积极响应了上海市民宗系统关于加强社会工作人才队伍建设的政策文件。从某种意义上说,2015 年在上海 H 区统战、民宗部门引入的社会工作力量,正是 P 区实践的一种拓展。也就是社会工作制度设置在民族工作决策主体行动实践中的结构性生长。

研究者李林凤借用了格兰诺维特(Granovetter, M.)的嵌入性概念提出,在民族社会工作的嵌入过程中,存在结构性嵌入与关系性嵌入两个方面,其中,结构性嵌入关注宏观层面,使民族社会工作体系,包括理论知识、人员和机构等,嵌入到中国多民族社会的管理和服务体制中,这是一种正式的嵌入。② 也就是说,社会工作要嵌入到民族工作的实践领域中,在宏观层面的结构性嵌入是必不可少的。而所谓结构性嵌入置于结构二重性的分析框架中,就是社会工作的制度设置得以在城市少数民族流动人口服务管理领域生产与再生产。而从嵌入的动态过程加以审视,就是社会工作的外在结构之一——社会工作的制度设置在城市民族工作决策主体行动实践中的结构性生长。

---

① 安宁宁:《让少数民族群众更好地融入城市》,载《中国民族报》,2017 年 5 月 16 日。

② 李林凤:《民族社会工作初探》,兰州:兰州大学博士学位论文,2013 年,第 158 页。

（二）"社会工作+"模式在民族工作执行主体日常行动中的结构性生长

如前所述，社会工作的制度设置在城市民族工作决策主体中的结构性生长是社会工作在民族工作结构性嵌入的重要表现之一。而在格兰诺维特意涵中，"关系性嵌入"是指行动者的行动总是嵌入于其所在的关系网络之中，而"结构性嵌入"则是指行动者的关系网络又是嵌入于更为广阔的社会结构之中。①也就是说，结构性嵌入与关系性嵌入并非宏观层面嵌入与微观层面嵌入的断裂，而是存在一种中间的链接状态，即行动与结构的链接。在他看来，嵌入性一方面肯定了结构对行动者的制约，另一方面不再将行动者当成结构的奴隶。结构和行动者并非对立，结构为行动者提供了行动的边界和规则，但行动者在行动中所展示的能动性又会在某种程度上调整甚至重构结构。②

就此而言，论及社会工作在城市少数民族流动人口服务管理实践领域的结构性生长问题，除澄清社会工作制度设置在民族工作决策主体行动实践中的结构性嵌入外，还需阐释社会工作的外在结构在基层民族工作者具体的日常行动中的嵌入，即结构性生长。通过对调研资料的梳理与研判发现，在沪深两地实践中，社会工作者的行动在基层民族工作主体的日常行动实践中形塑了一种新的结构——"社会工作+"，而且这一结构已被基层民族工作行动主体在日常的行动实践中予以生产与再生产，形成了"社会工作+"模式在基层民族工作者日常行动实践中的结构性生长。

---

① 〔美〕马克·格兰诺维特：《镶嵌：社会网与经济行动（增订本）》，罗家德等译，北京：社会科学文献出版社 2015 年版，第 69 页。

② 贺海波、黄红发：《行动与结构：弱势群体利益表达的逻辑分析》，载《求实》，2015 年第 2 期，第 82—90 页。

┃社会工作嵌入城市少数民族流动人口服务管理研究

1. "社会工作+多政府部门"模式的形塑

城市少数民族流动人口有时难免对城管、公安、消防、市场监督等部门的正常执法行为产生误解，出现抵触情绪，有时还会发生冲突。而社会工作者经常会联动多部门予以处置与化解。而这一"社会工作+政府部门"工作模式结构化具体表现为社会工作介入的主动性。

> 我天天都在基层跟他们在一起。我们这的拉面馆之前跟政府发生过很大冲突的。好多次处理很多棘手的事情……这靠什么，就是社工每天到那边去，一天一天扎进去一家家走，让他知道你是干什么的。(上海市L社会工作服务机构社工FPH，访谈地点：上海市L社会工作服务机构总部内，访谈时间：2017-6-28)

> 现在的方式，不像原来由城管负责处理或直接发生矛盾冲突，一般是城管反馈到统战，统战放到我这边，有时候我们（社工）会直接对接，有时候会让联络员对接。比如说某个拉面馆的人比较难搞，可能是新来的不太理解规则，会让我们去做做工作。(上海市L社会工作服务机构项目主管兼社工YRY，访谈地点：上海P区W街道社工服务点内，访谈时间：2017-6-26)

> 记得那次房屋拆迁，就是政府（主要是统战部或宣传统战科，原来是社区综合事务管理办公室）找到我们（社工），与政府人员一起协商、讨论有关问题，一般我们也会主动去参与讨论，因为有些拉面馆我们比较熟嘛，比较说得上话。(上海市L社会工作服务机构社工JRY，访谈地点：上海市L社会工作服务机构总部内，访谈时间：2017-6-28)

上几段材料均为上海社工谈及的多个政府部门工作人员主动寻求社工帮助，联合处理各种涉及城市少数民族流动人口服务管理的事件。在第一段材料中，社工FPH谈及，由于社会工作者秉持服务至上、利他

第三章 嵌入的效应：多重实践效应的显现

主义、生根社区等专业价值理念，与服务对象建立了很强的信任关系，当公安局处置矛盾纠纷和突发事件时，都会让社会工作者出面开展工作。在二、三段材料中，YRY首先谈及，城管在执法过程中当遇到与清真拉面馆经营者产生矛盾纠纷时，往往不会直接与拉面馆发生冲突，而会找社工来处置与调解。JRY还谈及当遇到房屋拆迁等矛盾纠纷时，统战部、综治办等都会主动找到社会工作者参与问题的处置。

同时，在深圳的调研资料中也有诸多内容谈及政府部门工作人员主动联合社工处置突发事件与矛盾纠纷。在《深圳市S社会工作服务机构2015年度绩效评估报告》中有这样一段表述："突发事件调解和处理上，社工的沟通方式获得用人单位的认可，可以逐渐将突发事件、民族纠纷的调节工作交由社工处理，结果都能较为妥善地解决矛盾纠纷，获得调解对象良好的评价。"从此段文字表述中可清晰地了解到，从2012年到2015年，经过三年的工作，社会工作者已经能够逐渐地参与到民宗部门对突发事件的处理中，工作能力得到了民族部门工作人员的认可。下面两段访谈资料也印证了这一点。

> 我觉得在深圳，社会工作毕竟是一种政府性质的工作，民宗局的人一开始也不是很了解社工的，毕竟是民政这边在推行，派人过来就用着，一开始只是做一些简单的行政的事儿，但是现在社工能去处理一些个案了。我现在还担心他们安全，因为经常要去处理突发事件，很多时候在晚上的，民宗这边的D科长会给他们电话，一起去的。（深圳市Z社会工作服务机构社工督导LY，访谈地点：深圳市Z社会工作服务机构总部内，访谈时间：2018-12-10）

> 我们单位领导会让我们一起去处理一些紧急的事，比如去年有居民的行为引发了一些矛盾，就是我们科长带着我去处理的。（深圳市S社会工作服务机构社工JB，访谈地点：深圳F区某公园内，访谈时间：2017-12-2）

从上述两段谈话中不难发现，深圳的社工平时在 F 区的局机关上班，但是社会工作者的专业能力还是得到了认可，包括在本章之前内容中涉及处理突发事件的案例，民族部门工作人员在处理调解一些突发事件时会带领社会工作者一起参与处置。

总之，沪深两地的调查表明，"社会工作+政府部门"的此种工作模式在开展城市少数民族流动人口服务管理工作时，对突发事件处置和矛盾纠纷调处工作得到认可。若从社会工作外在结构生长看，"社会工作+政府部门"这一服务模式被视为是一种行动框架在基层民族工作主体日常行动实践中的结构性生长。

2."社会工作+社团+志愿者"模式在少数民族志愿者日常行动实践中的结构性生长

如前所述，在沪深两地的实践中，社会工作者在增能、共融等专业理念的指导下，非常注重少数民族志愿者组织的建设。在调查中，多位受访的少数民族志愿者对社会工作者的工作热情和工作能力大加赞赏，认为社会工作者已经成为志愿服务工作不可或缺的牵头者，是志愿服务更加有效、细致、科学的指导者。

> 我觉得社工服务很专业、很科学，也很重要，其他人替代不了社工的，我们志愿者是退休的，是我们协助社工，不是社工协助我们，都是社工在牵头，社工会有秩序有计划地规划与指导我们每月的活动，我们直接接触这些流动的少数民族。比如每年 3 月 3 日学雷锋，5、6 月份学习法制，社工联系清真寺、安排时间、通知人员，我们直接去，有时候针对拉面馆学法制讲课，社工联系了通知我们，我们去请拉面馆的人。（上海市少数民族志愿者 ADH，访谈地点：上海 P 区清真寺内，访谈时间：2017-11-24）

> 我们现在最担心的就是社工辞职了，很多事都要社工的，确实没有社工呢，不是说我们不能工作，但是我们这个效率会大打折

第三章 嵌入的效应：多重实践效应的显现 |

扣，不是打一点折扣，这个折扣打的很多，因为我们都是一批老人，我们也都有健康原因和这个家庭原因，我们不可能投入那么多精力，已经投入很多精力了，那么现在还有好多特别是事务性的活，这看着很小的琐碎的事情，但是分量很大。（上海市少数民族志愿者 HLJ，访谈地点：上海 P 区清真寺内，访谈时间：2017-11-24）

我觉得志愿者+社工模式最大的优势是效率高，服务更专业，服务内容更加丰富。他们的文化层次高，动手能力强，光靠我们不行啊，比如会议安排进程、活动资料记录存档归档、签收档案制作、用微信公众号宣传、文稿撰写等。有了社工的协助，区域民族委员会表扬过好几次。我们分会的重点是清真寺，每次我们值班，社工都是一块来的，在一个月的封斋节期间，不仅关心我们的身体，还参与封斋的活动管理事项，照顾穆斯林。至于说，值得完善的地方，最好不管是侨联还是分会，需要一个专业的社工跟我们在一起，我们做起来比较方便、专业一点，光靠我们难度很大，一方面是电脑操作的技术，一方面是服务的创新。（上海市少数民族志愿者 ZLR，访谈地点：上海 P 区清真寺内，访谈时间：2017-11-24）

我觉得社工与我们（民族志愿者）一起服务优势也蛮大的。我们不懂的事情，或者解决不了、实在做不了的事情，社工小 Z 他马上就可以帮着解决。还觉得社工解决少数民族问题比我们更加懂些、更加专业。比如，我们提出了这个问题，该怎么分析、怎么操作，社工马上帮忙解决，社工服务质量很好。我们对社工非常好的，我们配合得非常融洽。社工很好的，倒是挑不出什么问题。（上海市少数民族志愿者 SGT，访谈地点：上海 P 区清真寺内，访谈时间：2017-11-24）

上述四段材料均来自少数民族志愿者的自述。ADH 谈及了社会工作者在组织开展活动中的重要性，社会工作者具有专业性与科学性，认为志愿者是协助作用，社会工作者起到了主导作用。HLJ讲述了如果没有社会工作者，很多服务工作将无法开展，说了社会工作者的重要性。ZLR则讲述了社会工作者帮助他们策划活动、获益，并积极参与清真寺的服务，社会工作者在技术层面和创新层面都起到了非常重要的作用。他认为，社会工作者对于他们来说是不可缺少的。SGT也觉得社会工作者解决少数民族问题比较专业，少数民族志愿者解决不了的问题，社会工作者总能解决，志愿者与社会工作者很和谐，配合得很好。

作为少数民族志愿者，既是社会工作者的服务对象，又是服务城市少数民族流动人口的工作者。不难发现，在上述四段材料中，志愿者谈话的内容相似性程度较高，谈及了社会工作者的重要性和不可或缺性。进一步说，若从社会工作结构性生长的角度而言，上述志愿者的访谈内容恰好反映了"社会工作+社团+志愿者"模式在少数民族志愿者的行动框架中得以形塑。

诚然，在城市少数民族流动人口服务管理的具体执行中，行动主体是多元的，包括多政府部门，如民宗、城管、公安、消防、综治和街道社区等，甚至包括少数民族志愿者及其组织。而在社会工作协同上述行动主体开展工作的过程中，社会工作的理念、方法得以被认可，社会工作者的角色与作用得以发挥。更为关键的是，从上述材料中发现，这些嵌入效应的显现在实践中也反向重塑了上述城市民族工作执行主体在日常行动中的实践逻辑，悄然将"社会工作+"这一行动框架内化到了自身的实践逻辑中。而这反映了"社会工作+"服务模式社会工作的外在结构得以在基层民族工作执行主体的日常行动中得以生产与再生产，即结构性生长。

（三）"社会工作者"在少数民族流动人口求助行动选择中的结构性生长

有研究者借用结构性嵌入与关系性嵌入的概念来分析民族社会工

第三章　嵌入的效应：多重实践效应的显现

在民族工作领域嵌入性的层面。关系性嵌入，关注微观层面，指民族社会工作理论知识或民族社会工作者的助人行动嵌入到少数民族相关福利关系网之中，这是一种非正式的嵌入。[1] 不难发现，此种关系性嵌入的观点是对社会网络分析范式的延续，若将服务对象作为行动主体置于社会网络的中心，所谓关系性嵌入即社会工作者作为一个行动主体进入到服务对象的社会互动网络中，且这一社会互动网络的性质是服务对象的福利关系网络。也就是说，这一个社会网络的功能主要是为服务对象提供社会福利支持。而在具体的经验研究中，此种关系性嵌入这一内在事实则需要通过一定的外在事实得以显现。其中，求助行动的选择就是其中重要的外在指标。

在中国传统的社会结构中，无论是个人还是家庭，作为行动主体，其求助行动的对象选择是以初级关系网络为主。对于城市少数民族流动人口而言，亦是如此。即使他们来到城市，其在遇到困难时，求助行动的对象选择仍以非正式关系的社会网络为主。若社会工作者在服务城市少数民族流动人口的过程中，能够进入到城市少数民族流动人口的求助关系网络中，且作为一种社会结构被社会工作者予以生产与再生产，即可被视为社会工作者这一角色在服务对象求助行动中的结构性生长。通过对调查资料的梳理，社会工作者和服务对象两方的谈话内容均涉及了服务对象从被动接受到主动向社会工作者求助的相关内容。

> （他们之前是怎么处理的？）之前就是叫同乡的人堵在那里，而现在他可能先问问我们社工这事怎么办。这都是因为慢慢建立起来的信任关系，一开始他可能具体不知道你来干嘛的，当你给他一些确实的服务，他确实有问题找到你，你帮他解决了，这种信任感就不断建立了嘛，对吧？后来有问题他们就不再去闹，不去信访

---

[1] 李林凤：《民族社会工作初探》，兰州：兰州大学博士学位论文，2013年，第158页。

了，就会来找我们社工，让我们帮他想方法。（上海市 L 社会工作服务机构项目主管兼社工 YRY，访谈地点：上海 P 区 W 街道社工服务点内，访谈时间：2017-6-26）

现在我觉得还好，我觉得因为可能我不知道是不是我们的工作还是有点用的喔，就是觉得近几年可能听到这种个案都少，然后包括就是拉面馆自己啊，他们可能也知道就是通过这种非理性的这种行为啊是解决不了问题的，所以他们还是比较会找社工去处理这些问题。（上海市 L 社工机构项目项目主管 JRY）

在上述两段访谈对话中，两位社工谈及了相似的内容，即服务对象从以前表达利益诉求的方式非理性，到现在表达利益诉求的方式是主动找社会工作者帮忙的转变。事实上，在本章前述的内容中，也涉及了社会工作为城市少数民族流动人口处置危机、解决困难和调解矛盾的主动案例。这些案例很多也都是服务对象信任社会工作者、主动求助的行动选择。这都印证了社会工作者在服务对象福利关系网络中的嵌入及其结构化。同时，在服务对象的多段谈话中，服务对象们也均谈及对社会工作者是很满意的，现在很多问题第一时间愿意向社会工作者求助。

我觉得社工的身份是服务者、志愿者。他们体现的是政府职能，但主要是帮助少数民族人员，促进民族团结，帮助融入。觉得社工服务特别好，对他们服务挺满意的。愿意参加他们举办的一些活动，有时候遇到一些紧急的需要帮助的情况，就一定会首先找他们，必要时会找少数民族的联合会。（上海市服务对象 MXM，访谈地点：上海 P 区清真超市内，访谈时间：2017-11-26）

我刚开始和民族志愿者、社工接触时的印象是，认为他们是政府工作人员。当时他们说是来检查的。慢慢地，每次他们过来关心、问情况，时间长了，也就了解了。后来，知道他们是来服务这里，觉得他们都很好，觉得就像我家人一样，过来告诉我们怎么做

第三章 嵌入的效应：多重实践效应的显现

才好。现在遇到一些紧急的事情会第一时间想到他们，比如，店里客人有时候吃饭拿个炖鲜一类的，或者是店里面万一出点什么矛盾啥的，我第一想到就是他们，除了他们谁会帮我，没人愿意帮，他们来说话，比较方便。（上海市服务对象ZF，访谈地点：上海P区清真拉面馆内，访谈时间：2017-11-25）

我满意社工和志愿者提供的服务，除了平时的文明评比，其他一些活动，如流动红旗、拉面王之类的都愿意参加。我们有个微信群，每次有什么活动，就在微信群里发，很方便，免得她家家都跑到，很辛苦的。像平时遇到很紧急的时候就会第一时间主动找社工志愿者，要不就是我们在微信上给小Z说，她就马上回。无论是志愿者还是（社工）小Z，他们都很好。我觉得社工会经常跟我们沟通的，有什么事我们都开会，我们都是很满意的。（上海市服务对象ZY，访谈地点：上海P区清真拉面馆内，访谈时间：2017-11-25）

我对社工还挺满意的，他们辛苦啊，为我们拉面馆想得很周到，他每家跑过来，跑过去，怎么不满意呢？现在我们一有事情就最先想到他们。（上海市服务对象ZWF，访谈地点：上海P区清真拉面馆内，访谈时间：2017-11-25）

上述四段访谈资料均来自于服务对象的自述。服务对象MXM觉得社会工作者与政府工作人员相比，服务性更强，所以当遇到困难的时候会第一时间想到社会工作者与少数民族志愿者。服务对象ZF则慢慢熟悉接受了社会工作者与少数民族志愿者，有什么矛盾问题第一时间都能想到向社会工作者求助。服务对象ZY对社会工作者服务很满意，觉得社会工作者会积极主动地跟他沟通，通知他们参加各种活动。他有问题也愿意找社会工作者。服务对象ZWF也表示对社工服务很满意，有问题愿意找社工帮忙。不难看出，这四段服务对象的自述谈话内容虽有所不同，但均谈及了对社会工作者的满意或感动的情绪态度，同时表示若有困难或问题都愿意主动求助社会工作者。

从上述社会工作者和服务对象的访谈资料中可知,两者的资料相互印证一个事实——社会工作者与服务对象建立良好和深刻的人际关系,这样的人际关系使得社会工作者嵌入到了服务对象的求助网络中。社会工作者这一角色已经嵌入到服务对象的福利关系网络中。而若从社会工作嵌入城市少数民族流动人口服务管理后对自身发展的效应而言,可以说,社会工作者这一角色作为一种外在结构已在服务对象的求助行动选择中予以生产与再生产,即呈现出了结构性生长的状态。

本部分内容借助结构二重性的理论框架,考察了社会工作嵌入城市少数民族流动人口服务管理的实践为社会工作专业发展所产生的效应。通过对调查资料的梳理检视发现,在实践中,社会工作的外在结构表现——社会工作制度设置、"社会工作+"服务模式及社会工作者等在民族工作决策主体、日常行动主体和服务对象层面呈现出结构性生长。而此种结构性生长恰好说明了社会工作在嵌入城市少数民族流动人口服务管理的实践领域后,无论是制度设置,还是日常行动均产生了积极建设性的嵌入性效应。

在本章中,有关社会工作在城市少数民族流动人口服务管理嵌入性效应的资料以上海实践居多,相较而言,也显得更为聚焦与典型。但在此,需进一步予以说明的是,这绝非意味着深圳实践产生的效应较少,而这一点主要是由于深圳的城市特征和深圳社会工作服务体系的设置与上海存在差异造成的。首先,在调查中发现,由于深圳是新兴移民城市,在深圳市城市文化中对于少数民族流动人口这一群体并不刻意去建构"少数民族"或"流动人口"的意义脉络,而更多的是以"深圳人"的意义加以建构。其次,更为重要的是,在深圳,目前由于专业社会工作者在基层社区中实现了全覆盖,由此,针对城市少数民族流动人口开展的日常服务并非由民宗局的驻点社会工作者开展,而主要是由社区社会工作者来提供,只有出现较为复杂棘手的涉及民族因素的突发事件或遇到在社区层面无法提供少数民族服务的情况下,社区社会工作者才会与民宗部门的驻点社工联络共同介入个案,或将个案转介给民宗局驻点社会工作者，由民宗部门的驻点社会工作者来处置解决。而在开展社区工作时，在统战、民宗部门驻点的社会工作者往往更多的是与社区社会工作者密切配合与联动，共同完成活动。因此，对于深圳的少数民族流动人口的社会工作服务而言，其大量的日常服务主要由社区社会工作者开展。在深圳的调研中，多位社区社会工作者谈及，在社区层面日常的服务中，他们服务少数民族流动人口的行动逻辑并非对象问题化，而是将问题对象化。具体而言，在服务中，他们并不注重服务对象的民族身份，而更多的是聚焦于服务对象的问题所在。

因此，在深圳，若将社会工作嵌入城市少数民族流动人口服务管理的实践聚焦于社区层面，相较于上海而言，其实践的聚焦性不甚显著，因而直观且典型的调查资料不易收集与甄别。

第四章 嵌入的困境：制度、项目、服务

研究者王思斌对社会工作在我国原有社会福利体系嵌入性发展的阐析中，将社会工作的嵌入发展过程与状态从三个层面予以划分。① 第一，制度层面的嵌入，即专业社会工作进入行政性社会工作之母体的体制——与后计划经济体制相适应的行政管理体制和社会福利体制之中。② 进一步而言，就是社会工作的外在结构之一——作为一种制度安排进入到原有行政和社会福利体系中。第二，项目层面的嵌入，即社会工作嵌入到行政管理和社会福利体系原有的实践空间中。这一实践空间主要由原有行动系统让渡，并委托给社会工作行动系统，而这一行动系统在科尔曼理性选择理论的概念框架中往往具有法人行动者的意义。第三，服务行动层面的嵌入。即由于专业社会工作缺乏独立的服务空间，专业社会工作者的每一个行动都会与行政性做法、规则、要求相遇，并受其影响。③ 在这一层面的嵌入，更多的是指社会工作者作为一个"自然人"行动者，其专业服务行动对原有工作行动的嵌入。事实上，这个

---

① 王思斌：《中国社会工作的嵌入性发展》，载《社会科学战线》，2011年第2期，第206—222页；王思斌、阮曾媛琪：《和谐社会建设背景下中国社会工作的发展》，载《中国社会科学》，2009年第5期，128—140、207页。

② 王思斌、阮曾媛琪：《和谐社会建设背景下中国社会工作的发展》，载《中国社会科学》，2009年第5期，128—140、207页。

③ 王思斌、阮曾媛琪：《和谐社会建设背景下中国社会工作的发展》，载《中国社会科学》，2009年第5期，128—140、207页。

第四章 嵌入的困境：制度、项目、服务 |

层面的嵌入并不是相互独立与分割，而是呈现出从宏观到微观的连续谱状，并相互影响。

事实上，对社会工作嵌入性发展三个层面的划分是对社会工作嵌入性规律的普适性描述，这一分析框架无疑为剖析社会工作嵌入城市少数民族流动人口服务管理实践中呈现的困境提供了一个贴切的参考框架。因此，本章将借用这一分析框架对调研资料予以进一步梳理，力图澄清社会工作嵌入城市少数民族流动人口服务管理实践中的各种困境。

一 制度嵌入的困境

所谓制度层面嵌入，意指社会工作作为一种宏观社会结构，在城市少数民族流动人口服务管理的领导与职能部门——统战、民宗部门的嵌入。

（一）统战、民宗领域购买社会工作服务制度设计的碎片化

"碎片化"的概念源自于后现代主义思想①，本意指完整的事物破裂为诸多零碎的小块②，是后现代主义者用于批判现代性中完整性与延续性的重要概念工具。③ 随后，这一概念被用于不同学科来剖析现代社会中的各种问题。在政治学语境中，"碎片化"主要用来描述一种在公共政策制定过程中，中央政府各部门之间、中央与地方政府之间、各级

---

① 〔英〕迈克·费瑟斯通：《消费文化与后现代主义》，刘精明译，南京：译林出版社2000年版，第3—4页。
② 李利文：《公共服务供给碎片化研究进展：类型、成因与破解模型》，载《国外理论动态》，2019年第1期，第97—107页。
③ 杜春林：《农村公共服务项目制供给"碎片化"研究》，南京：南京农业大学博士学位论文，2016年，第38—39页。

地方政府之间在项目谈判中的争论、妥协、讨价还价的状态。在行政学语境中，"碎片化"是指不同职能部门在面临共同社会问题时各自为政、缺乏沟通、缺乏协调的分割状态。① 无论是在政治学，还是在行政学的语境中，碎片化的含义均体现了在公共政策或行政实施过程中不同层级、不同部门在执行政策时出现横向分割和纵向阻隔、断裂，不能形成合力、协调统一的状态。

社会工作嵌入城市少数民族流动人口服务管理领域的过程，一方面是社会工作本土化发展的结果，另一方面更是统战、民宗部门为主动回应国家治理体系与治理能力现代化，开创城市少数民族流动人口服务管理体制机制创新的行动策略。在此种行动策略下，统战、民宗部门主动进行顶层设计，将社会工作这一行动系统作为转变职能、向城市少数民族流动人口提供公共服务并共同参与治理的行动选择。这一行动选择按科尔曼的理性行动理论，是政府主体作为法人行动者根据自己的偏好，利用资源做出利益优化的行动选择，政府主体作为一个法人行动者希望通过这一行动选择，能够降低成本，并达到收益的最优化。

然而，通过调研与对相关政策文件的解读发现，在沪深两地社会工作嵌入城市少数民族流动人口服务管理的实践过程中，沪深两地的实施过程均在制度层面出现了碎片化状态，这一状态至少表现在以下几个方面。

1. 资金来源的分散

资金来源问题是政府购买公共服务的重要问题。目前，各地政府购买公共服务的资金来源主要包括财政预算资金、专项业务资金、预算外资金、福彩公益金和由政府支配的社会捐赠资金等。

沪深两地是全国推进政府购买社会工作服务的先行市，两地均早在

---

① Perri 6, Leat, D., Seltzer, K. et al., *Towards Holistic Governance: The New Reform Agenda*, Basingstoke: Palgrave Press, 2002, p.33.

第四章 嵌入的困境：制度、项目、服务 |

2007年和2008年出台了推进政府购买公共服务与发展专业社会工作的相关政策文件。在2007年出台的上海市民族和宗教事务委员会、上海市民政局《关于开展民族宗教系统社会工作者队伍建设试点工作的通知》中，对开展少数民族社会工作服务的经费来源问题作出了如下表述："落实政府购买服务的项目经费。以建立社区民族宗教社工队伍为项目，由区县政府落实购买服务的项目经费，由区县财政向民族宗教办拨付核定经费，实施专款专用。"从上述表述中不难发现，2007年，上海民宗委、民政局对本市内民宗系统购买社会工作服务项目的资金问题做出了具体规定，主要由区县财政向民族宗教办拨付核定经费，实施专款专用。而随着该项目规模不断地扩大，除了区级财政资金的支持外，从2011年开始，除了12个街道直接由区级财政出资购买外，上海P区有8个镇单独从镇级财政中拿出经费单独购买民宗系统的社会工作服务项目。这就形成了如上文所述的"一个项目，九份协议"的P区统战、民宗领域社会工作服务项目的基本格局。而在随后的几年，虽然有几个镇取消了此项购买，但P区的社会工作嵌入城市少数民族流动人口服务管理的资金来源基本来自于区、镇两级的财政资金。然而，在调研中发现，这些由财政资金承担的经费基本上只够维持支付社工薪酬。以项目规模最大的2011年为例，区级财政共投入资金261万，社工薪酬为每人每年5.87万元左右，社工薪酬总计为258.28万左右，几乎占总费用的99%。而在镇级层面，每个镇出资12万，两个社工的薪酬也几乎占用了所有的经费。

通过对多名社工访谈资料的整理发现，社工YRY、WJ、JRY等都谈到社会工作者开展服务的经费非常有限，经费主要来源于街镇层面的日常维持经费。此外，通过进一步访谈了解到，"社区共融"项目组为了解决服务资金短缺问题，还积极主动地链接项目外资金。下面是一份来自上海市L社会工作服务机构有关"社区共融"项目申请的项目外资金汇总记录：

表 4-1　上海市 L 社会工作服务机构有关"社区共融"
项目申请的项目外资金汇总目录

序号	年份	资金来源	经费或物资
1	2010年	南都基金会"喜洋洋成长俱乐部"项目	4.5万元
2	2007—2009年	P区慈善基金会"爱心树项目"	200多份新年大礼包
3	2011年	上海市团委社区事务办公室"喜乐融融——来沪少数民族青少年社会融入项目"	6万
4	2011年	上海市团市委申请"零伤害、有情天"微公益项目	0.8万
5	2012年	"奢乐安居"公益创投项目	15.4万

通过调查发现，"社区共融"项目组在开展城市少数民族流动人口的社会工作服务过程中，利用了各种渠道的资金，有政府其他部门的资金、公益创投基金、慈善组织的资金、企业的捐赠等。可见，在上海 P 区多年的城市少数民族流动人口社会工作服务实践中，整个项目运转的资金是多元的，来源渠道几乎涵盖了所有的资金来源。

与上海不同，深圳专业社会工作的推动与发展主要由深圳市民政局统筹负责，并非与其他各个职能部门联合推进，因此，相关文件的出台主要由民政局牵头制定，文件具有行业性一般性指导意见。2008年深圳市出台了《深圳市财政支持社会工作发展的实施方案（试行）》，在这一政策文件中，对购买社会工作服务的资金问题作了明确的表述："第一，市区两级财政调整财政支出结构，逐步加大对社会工作服务的财政资金投入，将社会工作发展资金列入年度预算；第二，社会工作服务管理实行属地化原则，开展社会工作所需经费由辖区财政安排，市级财政根据市、区财力和社会工作开展情况，通过对区转移方式对开展社会工作的新增经费部分予以专项补助；第三，在市福利彩票公益金中安

第四章 嵌入的困境：制度、项目、服务 |

排一定比例资金用于社会工作；第四，拓宽社会融资渠道，鼓励社会捐赠，引导社会资金投入社会工作。"这一文件属于深圳有关专业社会工作发展的统一文件，从中可以看出，政府社会工作服务的资金同样有市区两级，而从资金类型来说，主要包括财政资金与福彩公益金。如前所述，深圳市F区社会工作嵌入城市少数民族流动人口服务管理的实践形式有两种：一种是主要由深圳市S社会工作服务机构在2010—2014年开展实行项目制运作的城市少数民族流动人口社会工作服务特色项目，还有一种是从2012年开展至今的在F区民宗局派驻岗位社工的岗位制运作。通过调研发现，这两种不同运作方式的资金分别来源于两种不同的资金类型，一种来源于市级层面的福彩公益金，而在派驻F区民宗局的岗位社工项目经费则主要来源于由F区民政局统筹的F区财政购买社会工作服务的专项资金。下面是深圳市S社会工作服务机构社工JB的一段谈话资料：

> 我们三个社工的购买经费来自于民政局，但是开展活动的经费基本来自于民宗局。我们的岗位属于民政局，就相当于民政局和社工机构购买了我们这三个社工岗位，然后将我们派驻到民宗局来工作，我们日常搞活动的经费都要到民宗局申请、报销。工资就是工资，活动经费是活动经费。（深圳市S社会工作服务机构社工JB，访谈地点：深圳F区某公园内，访谈时间：2017-12-2）

从此段访谈中可知，在深圳F区民宗局的社工也是以岗位派驻的形式入驻的，社工薪酬由民政局出资，而社会工作者开展日常活动的经费则是民宗局日常的维持经费。此外，通过调研还了解到，在深圳F区，还有一项名为"民生微实事"的社区公益创投基金，旨在帮助社区社会工作者创建各种特色社区服务项目。在F区的个别社区，还有社区社会工作者利用此项资金创建了针对社区少数民族的特色服务项目。这一资金也是城市少数民族流动人口社会工作服务的资金来源之一。可见，

177

在深圳开展社会工作嵌入城市少数民族流动人口服务管理实践的资金来源也呈现出多元化的现象。

总之,通过对沪深两地多年来城市少数民族流动人口社会工作服务各类形式、各类项目资金来源地的梳理发现,沪深两地实践的资金来源均呈现出了多元多级的特点。然而,需进一步指出的是,城市少数民族流动人口社会工作服务资金来源多元多级的特点恰恰反映了在探索初期宏观政策设计层面呈现出碎片化的特点。因为在政府严密的科层制体制下,各部门、各层级之间条块分割,均对各自资金有不同的使用与管理办法,这就使得各种资金无法合并使用,从而形成合力统一推进社会工作嵌入城市少数民族流动人口服务管理的实践持续、稳定并向纵深发展。

2. 相关政府主体的利益偏好趋异

社会工作嵌入城市少数民族流动人口服务管理这一实践领域,若从制度层面嵌入的意义而言,是社会工作作为一种制度安排在城市民族工作这一实践场域中的结构性嵌入。然而,值得注意的是,这一嵌入过程涉及的政府主体是多元多级的,这些主体包含了条块错落的各相关职能部门和各级政府。在沪深两地的调查中发现,这些条块错落的政府主体对社会工作嵌入城市少数民族流动人口服务管理实践后果的期待是不同的。在科尔曼的理性行动论中,行动者,无论是法人行动者,还是自然人行动者,都是具有一定利益偏好,并试图通过控制某些资源,以满足自己需求的。[①] 由此发现,不同政府主体对实践期待的趋异,事实上是不同行动者利益偏好的迥异,即在同一实践中,行动者行动的利益偏好是不同的。

首先,上海实践中,统战、民宗部门与镇层面对购买社会工作服务

---

① 侯均生主编:《西方社会学理论教程(第 4 版)》,天津:南开大学出版社 2017 年,第 403—404 页。

第四章　嵌入的困境：制度、项目、服务 |

的利益偏好不同。在访谈资料中，多位社工谈到，上海P区落实上海市民族和宗教事务委员会、上海市民政局《关于开展民族宗教系统社会工作者队伍建设试点工作的通知》文件过程中，不同的统战部和镇层面购买社会工作服务的初衷是不同的。

> 从区统战部的角度来讲，购买（社会工作）服务的目的就是解决人手不足问题。统战工作都是兼着弄一下，所以购买社会工作服务就是希望把统战工作做好……而文件出来了以后，有的镇之所以愿意出资购买这个服务，而且是以岗位，不同内容的项目形式，他（镇）的目的就是找人做事……（上海市L社会工作服务机构社工WJJ，访谈地点：上海P区W街道社工服务点内，访谈时间：2017-6-27）

> 镇层面出资的动机与统战部是不同的。统战这边当然是希望统战民宗口子能发展社会工作，当时统战这边的领导是有社工背景的，很希望发展社会工作，但对于镇层面来说，就是做所有社工的工作。（上海市L社会工作服务机构社工FPH，访谈地点：上海市L社会工作服务机构总部内，访谈时间：2018-9-21）

在上述两段谈话中，两位社工谈及了类似的内容，即在上海实践中，两个出资方作为两个不同政府主体，其购买社会工作服务的利益偏好是不同的，作为主管城市少数民族流动人口服务管理的统战、民宗部门而言，就制定政策购买社会工作服务这一行动而言，其行动的利益偏好当然是希望引进社会工作力量推动城市少数民族流动人口服务管理走向科学化、专业化和社会化。然而，对于镇这一基层政权而言，其日常工作繁多，领导决策者也并非了解社会工作的专业性，因此，就购买社会工作服务这一行动的利益偏好而言，更愿意处于补充基层政府工作人员不足的利益偏好。显然，在上海P区的实践中，不同出资方在购买社会工作服务的动机上是有所不同的，而基于理性选择理论的分析框架，这种动机的不同，事实上是不同行动者利用资源进行交换时，其期望获得的报酬是不同的，即其利益偏好是趋异的。

与此同时，在深圳的实践中，此种不同政府主体利益偏好趋异的现象同样存在，而与上海不同的是，这样的利益偏好趋异不是存在于职能部门与基层政府之间，而是存在于出资方和使用方之间，即民政局与民宗局之间。在《关于加强社会工作人才队伍建设推进社会工作发展的意见》中，关于社会工作管理体制和拓展社会工作服务领域的内容，有如下两段表述：

> 建立"组织部门牵头抓总、民政部门具体负责、各有关部门积极配合"的管理体制。机构编制管理部门要抓紧研究社会工作统筹协调涉及的机构编制问题。
>
> 拓展社会工作服务领域要坚持试点先行、示范带动、以点带面、协调发展的原则，根据现有工作基础和服务需求，可先选择教育、司法、民政、残联等领域开展社会工作试点，在总结试点经验的基础上，逐步扩展社会工作服务领域。

从上述两段表述中可知，在深圳市推进专业社会工作发展过程中，民政部门是具体负责的职能部门，而值得注意的是，统战民宗领域则并非是社会工作先行试点的服务领域。在此背景下，直到2010年，深圳市民政局才从福彩公益金中拿出30万以特色项目的形式支持了深圳市首个社会工作嵌入城市少数民族流动人口服务管理的项目。到了2012年，F区民政局才统筹资金在民宗局派驻了首批岗位社工。

虽然沪深两地社会工作嵌入城市少数民族流动人口服务管理实践的整体运作模式有所不同，但在推进过程中均出现了不同政府主体利益偏好趋异的现象。而需进一步指出的是，此种利益偏好的趋势，其实质是一种分割与碎片化的状态。这一状态无疑给社会工作在制度层面嵌入到城市少数民族流动人口服务管理领域带来了困难。

第四章　嵌入的困境：制度、项目、服务 |

3. 实践相关方沟通阻隔

社会工作嵌入城市少数民族流动人口服务管理实践的开展涉及多个实践相关方，这其中至少包括出资方、合作方、承接方和评估方等，这就涉及各个实践相关方的沟通协调问题。如上所言，资金来源的分散、利益偏好的趋异已经是实践碎片化不争的事实。因而，对于实践的开展，形塑一种多方沟通的稳定机制显得尤为重要。然而，在沪深两地的调查中发现，社会工作嵌入城市少数民族流动人口服务管理长期以来并没有形成一套多方沟通机制，这使得实践相关方往往无法全面、对称地沟通信息，而出现了相关方信息阻隔、目标模糊等碎片化状态。

在调查中，受访的 YRY 和 JRY 不约而同地将上海市 L 社会工作服务机构"社区共融"项目，与上海市 L 社会工作服务机构开展和妇联合作的另一个家庭社会工作服务项目进行了比较。

> 在统战社工这个项目开始初期，就是我们最早说的这个少数民族项目开始初期，在目标制定上，可以说不管是从统战部口子来说，还是从我们社工机构来说，还是下面的基层街道，我们的这个目标制定，并没有跟妇联家庭项目一样，做一个统一协商。一开始，督导是香港人，香港的那种模式觉得，我们的主要出资方，政府出资就是购买我们专业服务，比如说提升个体的能力，促进群体的这种需求，但是他没有一个非常具体到一个以项目化的思路去操作的想法，不是说像现在（妇联家庭项目）家庭社工这个比较明确的这种思路。我们的这个统战服务，比如说弱势的关怀，怎么促进社区睦邻的这种友好，特别是当时做了很大一个部分的来沪少数民族融入，可是我们想做融入，基层社区想稳定，所以上下目标不一致。（上海市 L 社会工作服务机构社工 JRY，访谈地点：上海市 L 社会工作服务机构总部内，访谈时间：2017-6-28）

那么就涉及一个问题，出资方和使用方是两个地方，就等于市区层面出资啊，然后街道去使用这个社工，那么这个目标就会不太一致，对于统战部来说，他们没有一个更明确的目标，要达成一个什么样的工作内容或工作内涵在里面。然而，我们现在（妇联家庭项目）家庭社工的话，在区层面，就给了一个明确的目标，并告知所有的基层妇联，让所有的街镇妇联干部配合社工一起达成这样的目标。而统战项目就没有，区统战部层面作为出资方，街道层面作为使用方，区统战部没有让街道层面的统战干部配合社工，没有统一思想，也没有让街道的基层统战干部跟街道这个社工是专门做统战的。我也可以给你介绍一下，我们现在家庭社工，他有三个目标。……那么这三个目标是区联合与社会组织共同去讨论和制定的，然后同时制定好以后，要明确让各个街镇都要按照这个目标去做，同时现在我们也在探索，就是家庭社工的一个职业标准。（上海市L社会工作服务机构项目主管兼社工YRY，访谈地点：上海市L社会工作服务机构总部内，访谈时间：2018-9-20）

在第一段谈话中，JRY谈及，与妇联家庭项目相比，统战、民宗领域的社会工作项目，在项目目标上，出资方、承接方、落地方等并没有充分协商，因此项目并没有一个明确的目标。在第二段谈话中，YRY谈到了"社区共融"项目与其现在正在实施的与P区妇联合作社工项目的一些差异，其中谈及，与这一家庭社会工作项目相比，出资方并没有和基层街道的统战干部明确目标和统一思想，也没有明确社会工作者与统战干部之间的合作关系，甚至是社会工作者的主导地位，这导致了整个项目在实施过程中基层合作方对出资方的目标是不明确的。

总之，无论是上海还是深圳，在社会工作作为一种制度安排嵌入到统战、民宗系统原有的制度框架时，涉及的相关方是多元的，实践相关方并没有形塑或培育出一个良好的沟通机制，这导致了实践相关方很难协调一致，从而形成一个稳定、一致的行动取向。事实上，此种沟通机

第四章 嵌入的困境：制度、项目、服务

制的缺位在哈贝马斯看来是现代社会行动主体之间沟通理性缺乏的结果，沟通理性缺乏意味着主体间缺乏真诚的协商，使得各个系统之间的行动均趋向于工具理性，这种工具理性使得各个实践行动者均给予自己的目的合理性去建构自己的行动意义。① 因此，这往往导致沟通阻隔与目标模糊，这也是社会工作嵌入城市少数民族流动人口服务管理制度层面碎片化的表现之一。

（二）社会工作组织对政府主体的非对称性依赖

在社会交换范式的逻辑框架中，权力结构源于交换的不平等。也就是说，行动主体在交换的过程中，行动一方给予的资源与另一方所给的资源未能达到一种平等状态，优势方就在劣势方身上得到权力。在早期社会交换论代表人物霍曼斯的理论中，此种权利结构产生于微观层面，或是自然人层面，而在科尔曼的理性选择理论中，此种权力结构的思想被延展至了法人行动者层面，即被扩大至解释中观、宏观社会行动系统之间权力结构的形塑。因为在科尔曼看来，作为法人行动者，法人的生存取决于它在行动中获得的收益能否补偿其付出的资源并且有一定的剩余。② 同时，行动者为了更好地满足自己的利益需求，有时会将自己的某些资源和行动的控制权转让给他人，从而形成支配者与被支配者的权威关系，权威关系中更强调资源和行动"控制权"的问题。③

社会工作在制度层面嵌入城市少数民族流动人口服务管理领域的过程是通过政府购买公共服务的过程来实现的，这一过程可被视为是一个

---

① 侯均生主编：《西方社会学理论教程（第4版）》，天津：南开大学出版社2017年版，第335页。

② 侯钧生主编：《西方社会学理论教程（第4版）》，天津：南开大学出版社2017年版，第406页。

③ 侯钧生主编：《西方社会学理论教程（第4版）》，天津：南开大学出版社2017年版，第401页。

交换的过程,交换的两个行动主体均为法人行动者,即社会工作组织与政府主体。就政府购买公共服务这一制度设计而言,政府与社会组织之间处于一种平等合作关系,即两者在交换过程中,两个行动系统通过交换资源与事件这两大事物而形成一个均衡的社会交换关系,且此种交换关系是一种社会选择的最优状态,即是一定社会系统中最佳的均衡状态。具体而言,如果行动者的结果是没有一个人的境况变坏,同时还有一些人的境况比行动(或交换)之前更好的状态。① 然而,在调查中发现,在沪深两地开展的社会工作嵌入城市少数民族流动人口服务管理的实践中,社会工作组织与政府主体(具体指统战、民宗部门)之间的此种交换关系并非对称性的。此种交换关系在实践中只表现为一种相对均衡的状态,而并非一种最优状态。也就是说,在此种交换关系中,作为承接方的社会工作组织在交换中处于劣势地位,从而必须出让部门的"控制权",才能达致此种均衡状态,因此,政府主体就对社会工作组织产生了一定的权力结构,也就是说,社会工作组织作为法人行动者对政府主体产生了非对称性依赖。而此种非对称性的依赖关系可从资源与事件两个方面予以呈现。

1. 对政府掌握各种资源的依赖

菲勒(Pfeffer, J.)和萨兰基克(Salancik, R. G.)在《组织的外部控制:对组织资源依赖的分析》一书中提出,组织生存和发展中最重要的是对资源的获取和掌握,在这种情况下,和外部环境发生关系,并对这种关系进行管理以有效获取资源将是十分重要的。资源是多种多样的,有财政资源、物质资源和信息资源等。②

---

① 侯钧生主编:《西方社会学理论教程(第4版)》,天津:南开大学出版社2017年版,第402页。

② Pfeffer, J.& Salancik, G R., *The External Control of Organizations: A Resource Dependence Perspective*, New York: Harper and Row, 1978, pp.39-91.

第四章 嵌入的困境：制度、项目、服务 |

在资源依赖理论中，组织的生存与发展离不开对组织外资源的依赖。而值得注意的是，社会工作组织作为一种非营利性社会组织的存在，其自身产生与调动资源的能力极其有限，因此，其对外部资源的输入显得更加迫切。通过对调查资料的检视与梳理发现，在社会工作嵌入城市少数民族流动人口服务管理实践过程中，由于政府主体对各种资源的掌握，社会工作组织对政府主体资源依赖是十分凸显的，而这种对政府资源的依赖还表现出了一种非对称性，即使得社会工作组织在此种交换关系失去了部分自主权以求得"均衡"状态。

第一，对项目资金的依赖。政府购买社会工作服务的过程首先是政府通过服务外包的形式将提供公共服务的职能委托给社会工作组织来执行。在此过程中，社会工作通过输出专业技术这一资源予以交换，各自实现对方的利益需求。然而，值得注意的是，在科尔曼理性选择理论的交换框架中，除了资源和利益以外，决定交换均衡关系的还有两个因素，即实力与价值。就此而言，社会工作组织与政府主体在这两方面的交换却是不均衡的，相较于政府主体而言，其实力是十分弱小的，而就资源的价值而言，社会工作组织对项目资金的需求或许比政府主体对社会工作组织专业技术的需求要重要得多。因为对于社会工作组织而言，从政府主体那里获得资金是其生存与发展的首要条件。

目前，我国社会工作组织主要资金来源于政府购买公共服务所提供的资金，基本上占据社会工作组织资金来源的绝大部分。而社会工作组织要发展，其最重要的行动策略就是不断地去获取政府购买公共服务的资金。因此，政府主体对于社会工作组织而言，其提供资金这一资源的价值是不言而喻的。下面表4-2是《深圳市S社会工作服务机构2016年年报》中关于2016年度收入明细表：

表4-2 《深圳市S社会工作服务机构2016年年报》中2016年度收入明细表

序号	收入项目	本年累计收入金额	收入结构比	备注
一、	捐赠收入	150000.00	0.72%	

(续表)

序号	收入项目	本年累计收入金额	收入结构比	备注
1	山特(深圳)有限公司	150000.00	0.72%	
二、提供服务收入		18805001.62	89.93%	
1	岗位社工项目	6178729.00	29.55%	
2	社会服务中心项目	8902248.04	42.57%	
3	初级督导及督导助理项目	612646.00	2.93%	
4	佛山项目	389400.00	1.86%	
5	市妇联"阳光妈妈项目"	1932050.00	9.24%	
6	广东省第一救助安置中心项目	418500.00	2.00%	
7	福田区U站项目	133333.34	0.64%	
8	观澜国际城市会客厅项目	238095.24	1.14%	
三、其他收入		1955002.94	9.35%	
1	社会服务中心评估奖励补助金	263000.00	1.26%	
2	其他项目	60411.44	0.29%	
3	民生微实事项目	664851.53	3.18%	
4	深圳市光明新区明卓职业技能培训中心培训项目	14400.00	0.07%	
5	社区药品安全服务网建设工程项目	13550.95	0.06%	
6	固定资产清理收入	1800.00	0.01%	
7	小牛在线公益资助项目	84000.00	0.40%	
8	盐田区田心社区社会建设创新项目	190000.00	0.91%	
9	景龙社区党群V站项目	40000.00	0.19%	
10	龙华新区观澜湖国际化社区—沟通无限中外文化交流服务项目	24000.00	0.11%	

第四章 嵌入的困境：制度、项目、服务 |

（续表）

序号	收入项目	本年累计收入金额	收入结构比	备注
11	梅富社区城中村居家安全大讲堂项目	22040.00	0.11%	
12	营业外收入	576949.02	2.76%	
	合计	20910004.56	100.00%	

深圳市 S 社会工作服务机构是深圳市成立最早、具有 5A 级资质的社会工作机构，是全国百强社会工作机构。但即使是这样一个社会工作机构，其政府资金来源占到了全年机构收入的四分之三以上，可见政府资金对社会工作组织生存与发展的重要性。

第二，对政府提供信息的依赖。在调查中发现，在沪深两地社会工作嵌入城市少数民族流动人口服务管理实践中，除了掌握了项目资金这一资源外，政府对开展城市少数民族流动人口社会工作服务所需信息资源的掌握是社会工作组织对统战民宗部门形成依赖关系的重要方面。这些信息资源至少包括两类，即服务对象和志愿者队伍。其一，就服务对象而言，与其他领域开展的社会工作服务不同，城市少数民族流动人口社会工作服务的服务对象是城市少数民族流动人口，这一群体具有一定的特殊性与敏感性，因此此类群体的诸多信息往往涉及保密问题，因此很多信息均掌握在统战、民宗部门及基层街道、社区负责城市少数民族流动人口事务的工作人员手上。更为关键的是，由于城市少数民族流动人口流动性强，且绝大多数民族特征并不会在日常生活中显现出来，因此，社会工作者很难主动去挖掘服务对象，更多的是从统战、民宗部门或基层街道、社区的相关工作人员获取相关信息，否则工作往往难以开展。其二，社会工作在开展城市少数民族流动人口社会工作服务过程中，往往需要少数民族志愿者队伍的支持与帮助。而在调研中，沪深两地的多位受访社工或督导均谈及，这些少数民族志愿者队伍的信息也均掌握在政府工作人员手中，而更为关键的是，相较于其他类型与领域的志愿者队伍,政府对少数民族志愿者队伍或社会组织的监管与影响力较大。因此,社会工作者在开展服务过程中,需要使用与培育的少数民族志愿者队伍均来自于政府提供的信息。比如,在上海实践中,各个街道民族联络员的名单主要是各个街道提供的;而在深圳实践中,社会工作者可链接的少数民族志愿队伍主要是"民促会"成员和来自青海的少数民族退休干部,而这些资源的提供者也主要是政府。

第三,对政府行政权力的依赖。社会学家吉登斯认为,权力"自然是行动者各自的王牌、资源、力量或实力,简而言之,即他们各自得以左右权力关系结果的力量"①。所谓的政府行政权力主要是指在政府科层制体系下,上级对下级所施予的影响力。这种影响力具有合法性与支配性的特点,是上级对下级的一种权威关系。在调研中发现,由于城市少数民族流动人口这一服务群体的特殊性,社会工作者在各个基层社区、学校开展工作的时候,往往需要依靠统战民宗部门自上而下的行政权力,如果没有此种行政权力的介入,很多直接服务甚至是间接服务是无法展开的。

权力的本质是一种影响力,虽然当服务服务对象时,社会工作者并非政府工作人员角色是社会工作者的优势之一②,但当社会工作者面对政府部门组织十分严密的科层制体系时,社会工作者非政府人员的角色反而成为了一种劣势,因为社会工作者的行动实践往往游离于政府科层制体系之外,其行动的合法性往往受到处于科层制框架之内的政府工作人员的质疑与不信任,而行动后果的不可控性与不可预见性更是科层制体系无法直接管控的,特别对于涉及民族因素的行动实践内容更是如此。因此,对于开展城市少数民族流动人口社会工作行动实践的社会工

---

① 〔法〕米歇尔·克罗齐耶、〔法〕埃哈尔·费埃德伯格:《行动者与系统——集体行动的政治学》,张月等译,上海:上海人民出版社2007年版,第54页。

② 王思斌编:《社会工作概论(第三版)》,北京:高等教育出版社2014年版,第24页。

第四章 嵌入的困境：制度、项目、服务 |

作者而言，其行动合法性的获得往往需要依附于科层制体系的权力结构。值得注意的是，在其他领域的社会工作中，此种依附状态存在于行动实践初期，一旦社会工作在社区中生根，获得实践权后，其基本上行动就可不再依附于科层制上端的权力影响力，而在调查中发现，在沪深两地社会工作嵌入城市少数民族流动人口服务管理的实践中，社会工作行动实践合法性必须依附于科层制权力结构的状态持续存在。这事实上凸显了社会工作组织对行政权力的一种非对称性依赖。

2. 对参与规范的被动服从

对于社会工作组织而言，政府向社会组织购买公共服务的制度设计为社会工作组织参与社会治理提供了可能性与合法性，更是为社会工作组织自我发展提供了空间。同时，从国家政策与法律条文上，社会工作组织与政府组织在地位上是平等的，而在关系上是一种伙伴合作关系。然而，社会工作组织与政府主体之间的关系并非是一种静态结构，而往往是一种动态的互动关系，这种关系不仅受到既有社会规范制约，更为关键的是，此种动态关系还能建构与形塑新的社会规范。有效的社会规范依赖于社会关系，而社会关系由义务和期望组成，它有时是对称的，有时则是非对称的。① 社会规范往往是微观层面的产物，是理性的行动者的有意创造，而不是既定的。社会规范形成以后，现实社会生活中的行动者们会发现，规范中也同样蕴含着利益，如果行动者遵循规范，就会获益，否则就会受到伤害，于是，人们在对可能的赏罚进行权衡之下，情愿放弃对某些自我行为的控制，以换取对他人某些行为的控制，通过规范的实施，更好地满足自身的某些利益。② 通过对调查资料的梳

---

① 侯钧生主编：《西方社会学理论教程（第 4 版）》，天津：南开大学出版社 2017 年版，第 412 页。

② 侯钧生主编：《西方社会学理论教程（第 4 版）》，天津：南开大学出版社 2017 年版，第 402 页。

理与研判发现，沪深两地的社会工作组织在参与统战、民宗部门让渡的治理空间——城市少数民族流动人口服务管理过程中，社会工作组织与各个政府主体，或是出资方，或是合作方之间建构与形塑了一种参与的社会规范。而此种参与规范对于社会工作组织而言是一种非对称性的参与规范，社会工作组织处于一种被动服从地位。因为对于社会工作组织而言，其情愿甚至是主动放弃对某些自我行为的控制是为了换取对政府主体某些行为的控制，以更好地满足自身的某些利益。

第一，对合同文本的被动接受。在政府向社会工作组织购买服务过程中，合同文本是对双方的权利义务关系予以明确。国内研究者邓志锋对上海、江苏等地的政府购买社会组织服务的行动逻辑进行了研究，认为政府对社会组织具有行政特权，而这样的特权在合同文本上主要体现在监督和评价权、单方面进行的合同变更和合同终止的权和对承接者的制裁权和强制执行权三个方面①。然而，国外研究者杰西卡·迪茨在北京等地的调研发现，政府购买社会组织服务并没有出现"集权政府"所固有的蛮横态度和做派，而是通过协商机制实现了政府与社会的互动，并没有发现政府与社会之间的对抗（乃至零和博弈），而是出现了双赢的结果：政府对社会组织实现了有效控制，但同时北京的社会组织也得到了发展机会。②

上述两种研究结论看似相悖，然而，通过对沪深两地社会工作嵌入城市少数民族流动人口服务管理实践中社会工作组织与政府主体互动关系的审视，上述两者的结论却是内在统一的。因为在此过程中，社会工作组织通过出让合同文本中对双方权利与义务关系的协商权，从而最终形成互动关系中的"均衡"状态。

---

① 邓志锋：《政府向社会组织购买公共服务中的行动逻辑研究》，上海：华东师范大学博士学位论文，2018年，第79页。

② Teets, J., "Let Many Civil Societies Bloom: The Rise of Consultative Authoritarianism in China", *The China Quarterly*, Vol.21, No.3, 2013, pp.19-38.

第四章 嵌入的困境：制度、项目、服务 Ⅰ

第二，人事自主权的被动出让。有研究者将自主决定组织内部运作过程看成是社会组织自治及自我管理与自我决策的三大方面之一。① 人事权则是社会组织内部运作过程中重要的权利之一。在社会工作嵌入城市少数民族流动人口服务管理的实践中，特别是对于诸多岗位制社会工作者而言，机构对人员的聘用与任用经常受到用人单位的影响，并以此来作为是否与社会工作组织继续签约合作的要求与条件。

第三，绩效评估规则对社会工作组织的限制。在调查中发现，社会工作组织对参与规则的被动服从还体现在绩效评估对社会工作组织的限制上。第三方绩效评估是社会工作参与社会服务的重要制度设计，也是必不可少的环节。然而，在城市少数民族流动人口社会工作服务的绩效评估体系中，用人单位或是基层合作方满意度成为了评估体系中权重很大的指标。在上述内容中谈到，在上海实践中，作为基层合作的街道在评估中具有一票否决权。而在深圳实践中，虽然评估方是深圳市社会工作协会专门委托的第三方评估机构，但是对深圳市民宗局和F区民宗局驻点社会工作者的绩效评估中，民宗局的用人满意度在评估分值权重中达到了50%。可以说，用人单位对社会工作者满意度几乎就成为了绩效考核是否能够顺利通过的决定性因素。这就使得社会工作组织必须注重用人单位的满意度，这样的评估体系无疑形塑了一种用人单位对社会工作组织的权力结构，使得两者本应对称性的关系演变成了一种非对称性的关系。

二 项目嵌入的困境

所谓项目层面的嵌入，即社会工作嵌入到行政管理和社会福利体系原有的实践空间中。事实上，社会工作在当前我国的嵌入格局就是嵌入

---

① 黄晓春、嵇欣：《非协同治理与策略性应对——社会组织自主性研究的一个理论框架》，载《社会学研究》，2014年第6期，第98—123、244页。

到政府的社会治理体系中，发挥着协同治理的效应。而在统战、民宗领域，社会工作嵌入城市少数民族流动人口服务管理实践的形成与发展就是社会工作在统战民宗部门原有的城市少数民族流动人口服务管理工作中获得实践空间的过程。然而，若基于社会工作的本位，此种项目层面的嵌入并非一蹴而就，或是顺理成章，因为城市少数民族流动人口服务管理工作长期以来属城市民族工作的传统领域，而且这一领域的工作具有政治性强、敏感复杂等特点。统战、民宗部门在开展此项工作时其实践逻辑具有很强的路径依赖性。因此，社会工作外在结构嵌入过程中在项目层面也会遇到诸多困境。

（一）项目实施的目标替代

"目标替代"（Goal Displacement），又称目标偏差或是目标置换，这一概念是德国学者米歇尔斯（Michels, R.）在20世纪初对欧洲国家劳工组织和社会主义党派进行经验研究时提出的。他在研究中发现，许多组织在开展工作后，由于各种主观或是客观原因，工作指向背离了原有既定目标，甚至实现了与既定目标相反的目标。事实上，从中文对Goal Displacement 一词的不同翻译，就体现了这一概念的多种意义，既包括组织目标实现过程中，在质范畴中的替代以及在量范畴中的偏差，又包括了对于目标制定者而言，在主观动机上可能存在置换的潜在动机和在客观结果上的替代状态。因此，该概念对组织运行过程中目标实现的过程与结果问题均具有强的解释力。

城市少数民族流动人口社会工作服务实践开展的过程是社会工作嵌入传统城市民族工作，特别是城市少数民族流动人口服务管理工作的过程。而从城市少数民族流动人口服务管理实践领域而言，社会工作的引入，初衷是为了提升城市少数民族流动人口服务管理的专业化与科学化水平，使得政府能够更好地为城市少数民族流动人口提供各种公共服务，并有效地对该群体进行引导与管理。也就是说，社会工作嵌入城市少数民族流动人口服务管理的预期目标就在于此。然而，在调查中发

第四章 嵌入的困境：制度、项目、服务 |

现，沪深两地社会工作嵌入城市少数民族流动人口服务管理实践在多年的运行中，业已实现的目标有的已经背离了这一实践形式原本既定的目标，出现了目标替代的现象。通过对调查资料的梳理，这些目标替代现象至少在如下三个方面予以凸显。

1. 形式目标替代了内容目标

社会工作嵌入城市少数民族流动人口服务管理实践就其目标而言，专业社会服务的提供与治理能力的提升是其运行的既定目标之一。然而，通过对调查资料的检视与梳理发现，在实践过程中，实践的既定目标出现了偏差，民宗部门的一些对政绩思维的路径依赖在实践中替代了实践原本的既定目标。

2. 显性量化目标替代了内在专业目标

组织会聚焦于用易测量的产出指标替代难测量、更有意义的指标[1]，是目标替代的重要类型之一。通过对调研资料的检视梳理发现，此种目标替代的类型在沪深两地社会工作嵌入城市少数民族流动人口服务管理实践过程中是十分常见的。每年出资方与承接方均会就服务的任务指标达成一致。而作为指标其本身是具有工具理性意义的量化体系。此种量化体系具有外显性与可测性的特点，但是从另一层面而言，其也往往容易演变成为行动者唯一的行动指向，即只要在外显的量上能够完成就可以达致项目的既定目标，而非内在服务效果。上海社会工作嵌入城市少数民族流动人口服务管理实践过程中，项目中许多不易实现但却有实质性的内在专业目标被具有外显性、可测性、较为容易实现的量化目标替代了。

---

[1] Resh W.G.& Marvel J.D., "Loopholes to Load-Shed: Contract Management Capacity, Representative Bureaucracy, and Goal Displacement in Federal Procurement Decisions", International Public Management Journal, Vol.15, No.4, 2012, pp.525-547.

此种现象在深圳实践中也普遍存在。通过对获取的深圳市 S 社会工作服务机构和深圳市 F 社会工作服务机构年度绩效报告的检视发现，这两家社会工作服务机构均在其年度绩效报告中论及其圆满完成了项目的指标量。但进一步调查发现，所谓完成的个案、小组或社区活动的指标并非专业意义上的指标。比如，在个案服务的指标上，其描述的个案主要是即时咨询性的个案，而非长期持续性的个案，比如为来访者解释民族优惠政策、就学政策或法律咨询等，而小组活动主要是协助志愿者团队团建或节日茶话会之类的。

(二) 项目实施的内卷化

内卷化的概念最早由美国人类学家戈登威泽（Coldenweise, A.）提出，旨在运用此概念分析社会文化中当一种文化模式发展到某种终极状态时，它既不能进入稳定状态，也很难转变达到一种新的状态，唯有不断在内部变得更加复杂。① 此后，这一概念的核心内涵被经济学、政治学、社会学等多学科抽离出来，用于解释某些经济、政治与社会现象。在经济学领域，研究者黄宗智将内卷化概念应用于分析经济发展与社会变迁，指出将大量劳动力投入到有限的土地上，进而获得总产量的增长是一种"没有发展的增长"②。

对内卷化概念的运用，类似于边际效益递减的内涵；在政治学领域，研究者印度籍美国人杜赞奇参照西欧国家转型的特征来研究中国近代社会政治，提出了国家政权内卷化的概念，其指不成功或有悖于现代

---

① Geertz, C., *Agricultural Involution: The Process of Ecological Change in Indonesia*, Berkeley&LosAngeles: University of California Press, 1963, p.82; 刘世定、邱泽奇:《"内卷化"概念辨析》，载《社会学研究》，2004 年第 5 期，第 96—110 页；郭继强:《"内卷化"概念新理解》，载《社会学研究》，2007 年第 3 期，第 194—208、245—246 页。

② 〔美〕黄宗智:《长江三角洲小农家庭与乡村发展》，北京：中华书局 1992 年版，第 56 页。

第四章 嵌入的困境:制度、项目、服务 |

国家政权建设目标的无效行为,即在数量上国家政权的正式与非正式机构表现出同步增长态势,但是国家呈现出徒有扩张,却无收益的窘境。① 近年来,内卷化的概念被运用于解释政府购买公共服务中存在的问题。有研究者认为,所谓社会服务内卷化,在推进政府购买社会服务这一改革过程中,社会工作者主动或是被迫地卷入官僚体系的行政事务中,或者在提供社会服务的名义下从事并承担政府的行政性任务,虽然在表面上看来社会组织完成了合同规定的一系列服务指标,但是这种服务提供方式在实质上并非有内涵的发展,社会服务的专业精神并未得到体现,甚至被伤害了,结果呈现出"没有发展的增长"的趋势。② 而有研究者认为,所谓政府购买社会服务的"内卷化"系指作为一项政策工具的政府购买社会服务,其实际运作过程和运作效果受制于既有的政治—社会结构,缺乏应有的独立性、专业性、绩效导向性,被既有的政治—社会结构所驯服和利用,而不是相反③。而从上述两个定义中,研究者更多的是用内卷化的概念解释政府购买社会服务中由于行政权力的侵蚀,导致社会服务徒有外延增加,而无内涵发展的现象。不难发现,虽然不同学科、不同研究主题对内卷化概念内涵的理解有所不同,但核心要义是一致的,即从时间维度指代某一事物或事项的进展处于表面发展,但实质上却很难突破原有结构的状态。

通过对沪深两地调查资料的检视甄别发现,内卷化现象同样存在于社会工作嵌入城市少数民族流动人口服务管理的实践过程中,成为困扰社会工作行动系统在城市少数民族流动人口服务管理实践领域结构性生

---

① 〔美〕杜赞奇:《文化、权力与国家:1900—1942年的华北农村》,王福明译,南京:江苏人民出版社1994年版,第112页。
② 吴月:《社会服务内卷化及其发生逻辑:一项经验研究》,载《江汉论坛》,2015年第6期,第131—137页。
③ 耿国阶、李超:《政府购买社会服务的"内卷化"——基于A县政府购买城市规划服务的实证分析》,载《东北大学学报(社会科学版)》,2018年第6期,第594—600页。

长的一大阻碍性因素。同时，进一步考量发现，此种内卷化现象在政府主体和社会工作组织两个方面都有所显现。

1. 作为政府主体的统战、民宗部门角色固化

内卷化内涵的一个重要方面是指事物在发展过程中外部看上去有所发展，但内部却并无实质性变化。在调研中发现，在沪深两地社会工作嵌入城市少数民族流动人口服务管理的多年实践中，虽然社会工作的行动框架在政府主体，无论是决策主体还是执行主体中有了结构性生长，但仍然存在着一种内卷化的状态，这种状态具体表现为政府主体角色在实践中的固化，此种固化是政府主体在实践中对城市少数民族流动人口服务管理领域社会工作行动系统的工具化逻辑的延续。此种工具化逻辑的延续主要表现在如下两个方面：

第一，统战、民宗部门培育社会组织功能的缺位。使用与培育是政府向社会组织购买服务过程中面对相对势弱社会组织的两种行动取向，"使用"的行动意义中更多的是一种工具理性取向，而"培育"则更多地是政府彰显一种价值理性的取向。诚然，在多元主义盛行的西方国家，政府也许并没有培育社会组织的道义责任。然而，在我国，城市发展的背景有异于多元主义价值观盛行的西方国家，正如米格代尔（Migdal, J.S.）所描绘的拉美国家法团主义模式那样：政府借助具体的规划与政策等途径，改造和影响社会组织的能力与目标，结社的推进过程总是伴随着国家的整合与塑造过程。[①] 因而，政府有倾向性地购买（培育）特定社会组织服务并不仅仅是增加了对政府的依赖，而是应产生积极的"溢出"效应[②]，也就是说，在我国特定的政府与社会组织的场域

---

① Migdal, J.S., *Strong Societies and Weak States: State-Society Relations and State Capabilities in the Third World*, NJ: Princeton University Press, 1988, pp.19-23.

② 纪莺莺：《转型国家与行业协会多元关系研究——一种组织分析的视角》，载《社会学研究》，2016年第2期，第149—169页。

第四章 嵌入的困境：制度、项目、服务

背景中，政府不应只将社会组织当成是协助其治理的工具，还应承担着培育其发展的责任。2016年，在民政部的十三五规划中指出，要有计划有重点扶持一批品牌性社会组织，发挥各类社会组织在促进经济发展、管理社会事务、提供公共服务中的作用。同年，财政部印发的《关于通过政府购买服务支持社会组织培育发展的指导意见》中也指出，加强社会组织承接政府购买服务培训和示范平台建设，采取孵化培育、人员培训、项目指导、公益创投等多种途径和方式，进一步支持社会组织培育发展。建立社会组织负责人培训制度，将社会组织人才纳入专业技术人才知识更新工程。显然，目前政府主体已意识到培育社会组织对进一步提升政府购买服务效能的重要意义。

然而，通过调查发现，在沪深两地社会工作嵌入城市少数民族流动人口服务管理的多年实践中，作为政府主体的统战、民宗部门很少着眼于在城市少数民族流动人口服务管理领域去培育一些具有品牌效应或是具有一定专门从事此项工作技能的社会工作组织，面对社会工作组织更多的仍是一种工具化的使用思维。

通过对上述内容的阐析不难发现，虽然表现形式有所不同，但沪深两地的民宗部门在实践过程中均聚焦于社会工作组织具有"使用"的工具性功能，而忽视了对承接此项服务社会工作组织的支持与培育。而值得注意的是，在行动逻辑上，这恰恰反映的是作为政府主体的统战、民宗部门对传统管理本位思维的路径依赖，而在行动后果上，则是对培育社会工作组织功能发挥的缺位。

第二，社会工作行动逻辑在统战、民宗部门工作干部中嵌入的式微。社会工作嵌入性发展的过程，是专业社会工作与原有社会服务体系互构性演化的过程。[①] 而在互构性演化过程中，社会工作行动框架形成

---

① 王思斌、阮曾媛琪：《和谐社会建设背景下中国社会工作的发展》，载《中国社会科学》，2009年第5期，128—140、207页。

了一种双重嵌入的格局①。也就是说,社会工作的行动框架不但成为一种治理工具嵌入到基层治理领域,而与此同时也作为一种新的行动逻辑嵌入到原有社会行政体系行动者的行动框架中。基于此,在社会工作嵌入城市少数民族流动人口服务管理过程中,社会工作行动框架应成为原有城市少数民族流动人口服务管理体系中政府工作人员新的行动逻辑,以提升其工作能力。事实上,这一点在沪深两地政府出台推进社会工作发展的文件中均有所体现。在深圳市《关于加强社会工作人才队伍建设推进社会工作发展的意见》(深发〔2007〕18号)中的《深圳市社会工作专业岗位设置方案(试行)》指出,对党政机关、人民团体、事业单位现有在编在岗人员,主要采取提升转换的方式,通过专业培训,掌握社会工作专业价值及其基本知识,在此基础上,动员、组织这些人员积极参加全国助理社会工作师、社会工作师职业水平考试,获得社会工作者职业水平证书。而在上海市出台的上海市民族和宗教事务委员会、上海市民政局《关于开展民族宗教系统社会工作者队伍建设试点工作的通知》指出,结合民族宗教干部队伍实际,制定民族宗教系统社会工作人才队伍建设方案,积极开展普及培训、岗位轮训、职业考试和继续教育等工作,以提高运用专业理念、提供专业服务、整合社会资源、协调社会关系、处理复杂问题等能力为重点,采取脱产培训、专家讲座、座谈会、研讨会、考察学习等方式,大力开展社会工作专业理念、理论和知识的普及培训。对所有一线从业人员开展分期、分批的岗位轮训,由市民族宗教委、市民政局等共同制定民族宗教系统社会工作者的培训课程和上岗资格标准,并落实培训、考核等工作。经岗位培训考核合格者,由市民族宗教委、市民政局联合颁发民族宗教社会工作者岗位证书。组织动员民族宗教系统相关社会工作者,积极参加有关社会工作

---

① 成洪波、徐选国、徐永祥:《社会工作参与基层社会治理的机制创新及其实践逻辑——基于东莞市横镇的经验研究》,载《福建论坛(人文社会科学版)》,2018年第7期,第126—135页。

第四章 嵌入的困境：制度、项目、服务 |

方面的职业考试，逐步取得职业资质。不难发现，沪深两地在推进社会工作发展的系列措施中，都强调现有政府工作人员要积极学习社会工作专业知识，以提升工作能力，特别是上海的文件中，针对民宗部门工作人员积极学习社会工作专业知识的规定更为详细与具体。

然而，从调查中发现，在社会工作嵌入城市少数民族流动人口服务管理实践过程中，社会工作行动逻辑在统战、民宗部门行政工作人员行动框架中嵌入显得十分式微。在社会工作项目开展期间，对社会工作者的认知是一种使用的理念，并没有意识到社会工作者的引入可以增进统战、民宗部门工作人员的工作能力，改变他们的工作观念。社会工作行动逻辑对民宗部门工作人员影响的式微主要是由于作为政府主体的统战、民宗部门在社会工作嵌入城市少数民族流动人口服务管理实践过程中，对社会工作者及社会工作组织仍然沿袭着工具化的行动取向，而忽视了社会工作行动逻辑的嵌入是能够提升民宗部门工作人员的工作能力的。这事实上又是在社会工作嵌入城市少数民族流动人口服务管理实践过程中政府角色固化的又一体现。

总之，无论是政府主体对社会工作组织培育功能的缺位，还是社会工作行动逻辑对统战、民宗部门工作人员影响的式微，均是在实践过程中政府主体角色固化的体现，而政府主体角色的固化实质恰恰是社会工作嵌入城市少数民族流动人口服务管理徒有外延式增加，而难觅内涵式发展，形成内卷化格局的映照。

2. 具有少数民族身份的社会工作者匮乏

在民族社会工作实务中，民族社会工作者应承认文化多样性的现实，应该尊重不同民族的语言、风俗习惯、生活方式，宗教信仰和价值观等。① 在为少数民族流动人口开展社会工作服务过程中，对服务对象

---

① 任国英、焦开山：《论民族社会工作的基本意涵、价值理念和实务体系》，载《民族研究》，2012年第4期，第8—16、107页。

的民族文化与价值观及时觉知、思考并解决问题是民族社会工作者重要的价值理念与技能。具有与服务对象民族身份或民族文化相同的社会工作者在服务时能够迅速赢得服务对象的信任，通畅地与服务对象沟通。因此，具有少数民族身份的社会工作者在开展城市少数民族流动人口社会工作服务时具有得天独厚的优势，这方面人才也显得弥足珍贵。

然而，在调查中发现，沪深两地的多家社会工作服务机构均表示很难招聘到具有少数民族身份特别是维吾尔族、回族、藏族等少数民族社工，这一直成为各个机构推进城市少数民族流动人口社会工作服务实践的一大阻碍性因素，少数民族社会工作人才的匮乏，也成了这一实践往往有增长、难发展，有推进、难深入，实践陷入内卷化的表现之一。造成此种困境的原因是多方面的。既有社会工作者行业内人才流失存在的普适性困境，又有少数民族社会工作领域人才招聘留用的特殊性困境。

据调查，在上海，从事一线统战社会工作者的待遇月薪不足5000元，同样，在深圳，在民宗局驻点岗位社会工作者的工资月薪不足6000元，这样的薪酬待遇在一线城市只能基本维持生活。事实上，这是整个社会工作行业人才招聘留用的普适性问题。然而，在社会工作嵌入城市少数民族流动人口服务管理实践领域还存在着一些特殊性的困境。通过梳理发现，少数民族社会工作人才难以招聘与留用的特殊困境主要有两个方面：

其一，行政化导致这一领域的社会工作人才的专业认同感下降。沪深两地的实践中，由于社会工作者长期受到行政化的困扰，许多社会工作者慢慢失去了专业性，专业能力无法得到有效提升，对该项实践慢慢失去了认同和信心。

其二，少数民族社会工作者自身生活适应困难。在调查中，深圳社工ZR谈到，在深圳实践之初，深圳市S社会工作服务机构特意从新疆招聘来了一位维吾尔族社工，这位社工很有工作热情，积极投入到此项服务中。然而，在日常生活中的诸多问题困扰着他，他就被迫离职，回

第四章　嵌入的困境：制度、项目、服务 |

新疆去了。

诚然，虽然上述两个方面的原因看似具有特殊性，但是其背后映射的是在社会工作嵌入城市少数民族流动人口服务管理过程中，由于薪酬待遇、生活保障和工作机制等方面的不健全，少数民族社会工作人才始终处于匮乏的状态，而这样的匮乏状态是此项实践呈现内卷化的表征之一。

3. 受助者的延展与对焦难以推进

受助者（Client）也称服务对象、工作对象或者案主。受助者是遇到困难自己不能解决并愿意接受社会工作者帮助的人。他们能够表达自己的意愿并采取行动与社会工作者互动，他们也是社会工作的主体。[①]而就社会工作者的工作对象而言，其应是社会弱势群体。[②] 若从历史维度予以考量，社会工作专业对弱势群体的关注贯穿于社会工作发展的始终，但伴随着社会工作专业实践的历史发展与社会工作专业功能的不断延展而逐渐走向深入。而这样的深入始终是以绝对弱势群体为基础，并在此基础上拓展到相对弱势群体。若从逻辑维度考量，社会工作对弱势群体观照的深入则是以其服务人群的延展与对焦为表征的。所谓延展，即社会工作服务惠及某一服务人群的数量增加或范围扩展；而所谓对焦，则是社会工作服务的深入性，即随着服务的深入，社会工作服务对象的精准与聚焦度提升。然而，通过对调查资料的检视发现，沪深两地社会工作嵌入城市少数民族流动人口服务管理在实践过程中并未实现服务对象的不断延展与精准对焦，有的反而出现了服务人次缩减、服务对象难以延展与精准对焦的问题。事实上，此亦成为了该项实践过程内卷

---

① 王思斌编：《社会工作概论（第三版）》，北京：高等教育出版社2014年版，第11页。

② 李迎生：《社会工作概论（第三版）》，北京：中国人民大学出版社2018年版，第23页。

化的重要表征之一。

第一，服务对象的延展问题。有关服务对象的延展问题始终是困扰社会工作嵌入城市少数民族流动人口服务管理实践不断向前推进的问题。下面是上海市L社会工作服务机构"社区共融"项目组2009年至2016年服务总人次的数据曲线图。

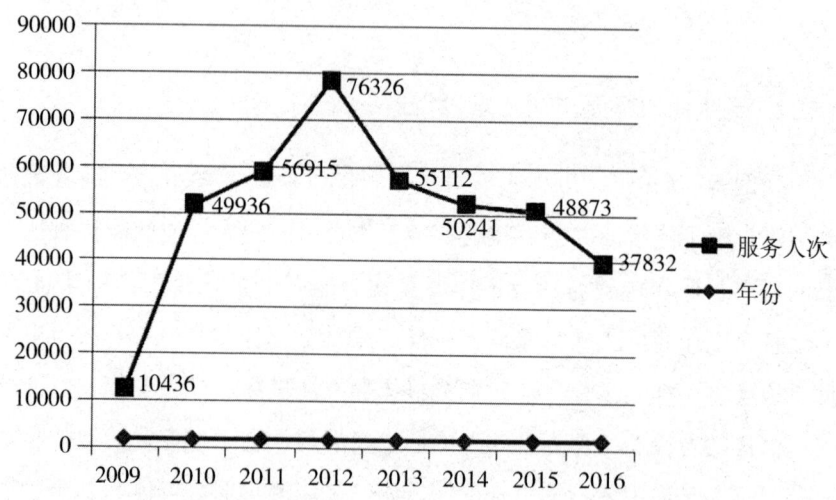

图4-1 上海市L社会工作服务机构"社区共融"项目组2009年至2016年服务总人次的数据曲线图

通过此图不难发现，2012年，"社区共融"项目组的服务总人数达到了76326人次，而从2013年开始，服务总人次的数据就开始逐年下降，到了2016年，服务总人次为37822，几乎只有2012年的一半。值得注意的是，2016年，P区统战社工服务范围虽然有所缩减，但仍有16个街镇，与峰值阶段的2012年相比只少了4个街镇，而服务总人次却几乎减少了一半。而在服务人群中，少数民族流动人口是主要人群。基于此，从"社区共融"项目多年来服务总人次数据的变化反映了项目组陷入了服务人数不但难以增加，反而出现下降的局面。另外，在2016年第三方机构对"社区共融"项目的评估中提到，"社区共融"项目在城区服务多，在郊区服务开展较少。这些都反映了在多年的实践中城市少数民族流动人口社会工作服务受助者的规模与范围均难以延展的状况。与此同时,在深圳多年的实践中,虽然项目制实践在第一年实践中做了一个 7000 多人的需求调研,但在接下来几年的实践中,服务对象主要是以接待主动求助的受助者为主。同样,2012 年开始在 F 区民宗局驻点的社会工作者,由于其岗位制的性质,其直接服务的受助者更是以主动来求助的咨询性个案与对突发事件的干预,这也表明了在深圳实践中,受助者规模与范围也未有明显的变化。

第二,服务对象的对焦。服务对象的精准对焦问题是社会工作嵌入城市少数民族流动人口服务管理实践不断发展的另一重要考量维度。在深圳具体实践中,对服务对象进行分级分类服务是重要的实践逻辑之一。通过对调查资料的检视梳理发现,在沪深两地社会工作嵌入城市少数民族流动人口服务管理的实践中,对服务对象的分级分类服务始终难以推进,这就意味着社会工作者难以将有限的精力与资源投入到最需要帮助的服务对象中。如前所述,在上海多年实践中,服务对象始终聚焦于清真餐饮和超市经营者,这些服务对象的确容易发现与挖掘,但值得注意的是,这一人群并不一定是真正处于困境,需要持续性、专业性帮助的弱势群体,他们有固定的收入、固定的住所,他们的困难更多的是一些适应性的和发展性的,而真正存在生存性与安全危机的城市少数民族流动人口往往难以被发现与挖掘。也就是说,社会工作服务往往并未精准聚焦于城市少数民族流动人口中的绝对弱势群体,比如,在 P 区的 S 镇是维吾尔族聚居的一个地区,但这些维吾尔族的流动人口主要以收购二手家电的生意为主,他们的生存状况与经济收入相较于清真餐饮或超市经营者而言更加需要社会工作者的观照,然而,在多年的实践中,统战社工团队一直未能真正深入到这一人群中开展服务。

而在深圳,作为一个新兴移民城市,从某种意义而言,几乎所有的少数民族均可成为城市少数民族流动人口,而事实上,随着实践的深入,社会工作服务聚焦的也应是那些处于真正困境中的城市少数民族流动人口。同时,在社会工作者协助搭建的城市少数民族流动人口的信息管理系统中,对城市少数民族流动人口的信息登记仅限于姓名、民族、籍贯等基本信息的登记，而社会工作服务开展所需要的更为详尽与专业的信息并未登记，这些信息并未使社会工作者对受助者的对焦发挥实质性的功能。

三 服务嵌入的困境

如前所述，所谓服务行动层面的嵌入，主要是由于专业社会工作缺乏独立的服务空间，专业社会工作者要与行政工作人员一起工作，在多数情况下是专业社会工作者被派去协助行政性工作。在这种情况下，专业社会工作者的每一个行动都会与行政性做法、规则、要求相遇，并受其影响。因此，在社会工作嵌入城市少数民族流动人口服务管理的行动实践中，社会工作者做为一个具有很强主体性和专业性的行动者，其行动的价值观、方法与规则等必然与原有的城市少数民族流动人口服务管理实践场域中行动者的诸多惯习产生互动，并受其影响。而需要指出的是，在沪深两地的调查中发现，社会工作的行动框架一方面不仅在原有行政工作行动者中有了结构性生长，而另一方面，原有场域中的行动惯习也对社会工作者的服务行动产生了干扰与限制，这成为了社会工作者服务行动层面嵌入的困境。

（一）服务行动实践权受限

社会工作实践权是指以服务社会为本的社会工作专业活动得到政府和社会的认可并在相关领域开展活动的能力。[①] 不难发现，社会工作的实践权就本质而言是社会工作在现有行动体制中独立开展工作的自主权，是社会工作者在行动实践中能按照自身主体意志开展工作的行动能

---

① 王思斌：《社会工作实践权的获得与发展——以地震救灾学校社会工作的展开为例》，载《学海》，2012年第1期，第82—89页。

第四章 嵌入的困境：制度、项目、服务 |

力。而在沪深两地的调查中发现，在社会工作嵌入城市少数民族流动人口服务管理的实践中，社会工作者的服务行动在诸多情境中会受到原有行动体系的影响，而这些影响中有的使得社会工作者服务行动的实践权受到了限制，势必影响实践效果的显现。

1. 行政任务逻辑对社会工作者行动自主性的干扰

在专业社会工作实务中，社会工作者开展工作的行动逻辑是以服务对象的需求为导向的，而在现行科层制框架下的政府工作人员往往是以自上而下的任务导向作为行动逻辑。在大多情况下，两者是统一的，而有些情况下，往往两者会出现矛盾。在社会工作嵌入城市少数民族流动人口服务管理的实践中，社会工作服务行动的需求逻辑往往受到了政府工作人员任务逻辑的干扰，这造成了社会工作者的服务行动难以按照其自主意识予以开展，实践权受到了限制。

总之，通过梳理访谈资料，我们发现无论是上海还是深圳，其社会工作者的工作设想往往会因为行政部分的思维而调整，即社会工作者服务行动的自主性受到了政府工作人员行政任务逻辑的干扰，而社会工作的服务行动职能被迫选择调整或屈从。而这恰恰映射出的是在社会工作嵌入城市少数民族流动人口服务管理实践中，社会工作者在服务行动中实践权受到了限制。

2. 行政事务对专业实务时空的挤占

社会工作者开展专业活动需要有一定的时空。然而，在调查中发现，行政化问题成为了沪深两地社工诟病的问题。行政化的直接表现之一就是社会工作者要从事大量与专业活动无关的行政事务，而这些行政事务挤占了社会工作者开展专业服务的时空。

下面的文字材料源自上海市 L 社会工作服务机构"社区共融"项目 N 街道 2007 至 2014 年工作报告，如表 4-3：

表 4-3　统战社会工作者行政辅助工作一览表

时间	行政辅助工作内容
2007—2010 年	2009 年"民族团结进步优秀社区"评选
2011 年	基本侨情调查 "同心同行"统战品牌创建
2012 年	"民族团结进步优秀社区"评选 "同心同行"统战品牌创建
2013 年	民族联、侨联分会成立、改选 部分街镇"特色侨之家"评选（轮流做） "同心同行"统战品牌创建
2014 年	"民族团结进步优秀社区"评选 民族联、侨联分会成立、改选 部分街镇"特色侨之家"评选（轮流做） "同心同行"统战品牌创建

从此工作报告中不难发现，社会工作者的日常工作有一大部分是行政性辅助工作，而作为社工对此也表示无可奈何。

同时，在深圳，F 社会工作服务机构《2017 年工作总结》中呈现了其驻点岗位社工所作大量的行政性工作。

第一，指标量完成情况。

序号	指标	协议水平	完成量	备注
1	个案辅导	按实际工作需求	无	
2	小组活动	按实际工作需求	无	
3	社区工作	按实际工作需求	无	
4	少数民族及信教群体信息统计	按实际工作需求	已完成	

第四章 嵌入的困境：制度、项目、服务 |

序号	指标	协议水平	完成量	备注
5	普法宣传	3场	无	未完成用人单位无计划
6	筹建义工	不少于3支	完成	协助3次活动
7	协助完成用人单位交代的其他事项	按实际工作需求	完成	

第二，目标达成情况。

岗位社工根据合同约定和要求，结合市民族宗教事务局岗位特点，制定了合同期服务目标。在专业个案、小组、团队领域，根据实际工作情况，未开展项目服务；在开展团队活动方面，积极协助民族宗教团体开展培训、调研、学习法律法规知识、宣传、接待等工作，有效与服务对象沟通和交流，并反馈其需求，针对性地协助用人单位解决服务对象的相关问题；在民族宗教信息统计领域，已完成宗教人士信息收集、整理、编制工作，下一步计划录入宗教信息系统；定期完成了少数民族人士办事数据统计，并及时反馈用人单位；在资源运用方面，积极听取服务对象的诉求，合理运用市民宗局和6个民族宗教团体，通过链接资源、解答政策、法律援助、转接服务等方式，为少数民族和信教群众个人开展个性化服务，有效保障了服务对象的权益，提升了归属感；在行政工作方面，积极配合接待、学习、公文处理、党务等日常工作，效果显著。……主要问题是由于岗位特点，在实际工作中，较少接触到专业性的个案、小组、社区工作，专业实践能力提升缓慢，行政工作居多等。

事实上，正是由于前文内容中论及的在制度层面社会工作组织对政府主体的非对称性依赖关系以及在项目嵌入层面的目标替代，社会工作者在服务行动层面就出现了行政事务对专业服务时空的挤占问题。行政化趋势是当前我国政府吸纳社会组织参与社会治理中出现的一种特殊现象。对此，学界和政界有着不同的看法。在学界，大多数研究者均认为行政化，特别是行政事务对专业时空的挤占对社会工作在基层治理中功能的发挥具有破坏性。比如，有研究者认为，岗位社工在政府部门中将孤立地从事其面对的工作，而且其所做事务多为政府部门的杂事、琐事和边缘化之事，与社会工作专业本身的服务领域和要求存在不符，而社工机构和社工同仁并不能发挥有效的支持作用，易于造成岗位社工的情感缺乏和支持网络缺失，进而导致职业倦怠乃至流失等问题，且极易出现服务行政化的趋势。①

而作为政界而言，其则认为行政化是社会工作嵌入基层治理体系后必然面对的格局，是政府与社会工作组织双向嵌入的一种表现，无可厚非，并非具有破坏性作用，反而有利于社会工作在基层治理体系中的建构，是建设性的。

显然，两种观点是基于两种不同立场而言的，进一步思考发现，该议题争论的核心在于行政化是否给社会工作的专业实践权带来了破坏性。若行政化并未破坏专业的实践权，则此种行政化是建设性的，反之亦然。而这一问题的明晰并非是思辨性的应然判断，而是经验性的实然判断。要根据不同领域社会工作实践行政化的不同表现以及行政化与专业化的互构后实践结果而言。就此，具体审视社会工作嵌入城市少数民族流动人口服务管理的实践，行政化的一个重要表现是行政事务占据了社会工作的大部分时空，而行政化与专业化互动带来的实践结果是社会工作者专业能力的弱化，由此可见，这种行政事务对专业时空的挤占显然对社会工作者的实践权是破坏性的。

---

① 成洪波、徐选国、徐永祥：《社会工作参与基层社会治理的机制创新及其实践逻辑——基于东莞市横镇的经验研究》，载《福建论坛（人文社会科学版）》，2018年第7期，第126—135页。

3. 城市少数民族流动人口服务管理的特殊性对社会工作价值理念的规制

在实践中，社会工作者的服务行动主要是遵循专业价值理念。也就是说，社会工作者在实践中的实践权主要表现之一就是社会工作者能够按照专业的价值理念来建构与形塑自身的服务行动。然而，与其他弱势人群的服务不同，针对城市少数民族流动人口开展的社会工作服务往往具有一定的特殊性。此种特殊性体现在民族工作的复杂性与敏感性，往往涉及政治因素与宗教因素，因此社会工作者的服务行动往往受到这一特性的规制。需要指出的是，这一规制并非对社会工作的服务行动具有破坏性，而是在具体的实践中给社会工作者带来价值两难的困境。

诚然，无论是社会工作者被动服从，还是其主动让步均无可厚非，因为这是社会工作者服务行动的惯习嵌入城市少数民族流动人口服务管理这一实践场域互构后在实践中的必然选择。然而，需要指出的是，相较于其他领域的社会工作，这恰恰反映了城市少数民族流动人口社会工作服务的特殊性对社会工作服务行动的规制，也就是说，城市少数民族流动人口服务管理领域特有的隐性权力结构在客观上对社会工作者的实践权造成了一种约制，这种约制往往使社会工作者陷入到价值两难的境遇。

（二）服务行动专业性消减

有关专业的问题，格林伍德（Greenword, E.）提出了专业必须具备五大特征，即系统的理论、权威地位、社团的约束力、职业伦理和文化等。① 就社会工作作为一个职业的专业性而言，上述的五个要素在其百年的发展史中早已得以确立及不断向前发展。而就微观层面社会工作

---

① Greenword E., "Attributes of a Profession", *Social Work*, Vol.2, No.3, 1957, pp.45–55.

者服务行动而言,其专业性则体现在对专业行动框架的运用与持守上。这些专业行动框架是社会工作作为一个专业区别于其他专业的重要标识。然而,沪深两地的调查中发现,在社会工作嵌入城市少数民族流动人口服务管理实践过程中,社会工作者服务行动中所体现出的专业性行动框架在诸多方面出现了消减,这成为社会工作在城市少数民族流动人口服务管理领域服务层面嵌入困境的又一表征之一。

1. 遵循与运用专业程序开展个案服务难以实现

"建立并坚守专业的职责和程序"是临床社会工作者必须遵守的实务的八大标准之一。① 可以说,无论是从历史还是从现实维度,专业程序的遵循与运用对社会工作者而言,均是作为专业技术人员最为集中的表征。从历史维度而言,在早期社会工作实践中,实证主义的行动逻辑就一直形塑与建构着早期实践者的行动策略。1917年出版的标志着社会工作迈向专业的由玛丽·瑞奇蒙德(Richmond, M.)撰写的著作《社会诊断》(*Social Diagnosis*)将社会工作者界定为了类似于"社会医生"的角色,对过去半个世纪中英、美实践者们遵循实证主义严格按照科学操作程序开展个案工作的行动策略进行了集中描述。从某种意义而言,遵循与运用专业程序开展个案服务是社会工作的专业性得以确立的首要表征。因为在当时,社会工作的实务还未得到系统性社会科学理论的支撑,小组工作和社区工作也未成为社会工作的专业方法。而在现实维度中,作为社会工作者,之所以必须遵循专业的程序,是因为专业的工作程序具有严密的科学性与逻辑性,一般需要按照接案与建立关系、收集资料与问题判断、制定目标和工作计划、服务计划的实施、结案与评估等工作程序,保证社会工作者能够更加科学有效针对服务对象问题

---

① 〔美〕O. 威廉姆·法利、〔美〕拉里·L. 史密斯、〔美〕斯科特·W. 博伊尔:《社会工作概论(第九版)》,隋玉杰等译,北京:中国人民大学出版社2005年版,第372页。

第四章 嵌入的困境：制度、项目、服务 |

与需要展开服务行动。① 可以说，若社会工作者不会或无法按照社会工作专业程序开展个案服务，社会工作的专业性就无从谈起了。

就此检视沪深两地社会工作嵌入城市少数民族流动人口服务管理实践发现，社会工作者遵循与运用专业程序开展的个案服务甚少，这一点在文字材料与访谈材料中均有所呈现。这事实上反映的是社会工作专业性消减的实践困境。上海市 L 社会工作服务机构 2016 年年度报告中统计的个案服务仅为 14 例，深圳市 F 社会工作服务机构 2017 年工作报告统计的个案服务数为零，而深圳市 S 社会工作服务机构的年度报告用的是"100%"这一模糊的表述。

对于在城市少数民族流动人口服务管理领域开展工作的社会工作者而言，遵循与运用专业程序大量地开展个案服务难以实现的原因是多方面的，既包括岗位制的运作模式，也包括社会工作在城市少数民族流动人口服务管理中的嵌入仍处于表层嵌入阶段，还包括社会工作者自身专业能力不足等。但需要指出的是，无论原因如何，其所映射出的社会工作者服务行动中遵循与运用专业程序开展个案服务难以实现的客观事实是存在的，这恰恰反映了社会工作嵌入城市少数民族流动人口服务管理实践过程中社会工作者服务行动专业性消减的嵌入性困境。

2. 督导制度职能的弱化

督导制度是社会工作专业领域重要的制度安排。在美国《社会工作百科全书（第十九版）》中，社会工作督导被定义为是社会工作专业的传统方法，通过此方法把社会工作知识和技术，由训练有素的社会工作者传授给新的社会工作者或实习生。② 同样，与上述专业程序的遵循

---

① 许莉娅主编、中国社会工作教育协会组编：《个案工作（第二版）》，北京：高等教育出版社 2013 年版，第 171 页。

② Shulman, L., "Supervision and Consultation", in Edwares, R., *Encyclopedia of Social Work*, 19th ed., Washington D.C.: NASW Press, 1995, pp.373-379.

与运用一样，社会工作督导制度诞生和发展于长期的社会工作实践中，并在社会工作走向职业化的过程中得以确立。早在"慈善组织会社"时期，作为当时资深人士的带薪"友好访问员"，由于个案工作的压力过大，需要尽可能地去培训"新人"，这些"新人"主要协助培训不断更新的志愿者。1896年，纽约的"慈善组织会社"首创社会工作专业学院的先河，开始提供6个星期的培训课程，主要是提高那些已经在这一领域提供服务的工作人员效率。[1] 社会工作的督导制度就此走向了制度化。1904年，布拉克特（Brackett, J.R.）出版的《慈善工作中的教育与督导》（*Supervision and Education in Charity*）一书中正式提出了"督导（Supervision）"一词，1920年出版的《家庭》（*The Family*）即后来的《社会个案工作》（*Social Casework*）的出版，社会工作者个人意义层面督导的内涵得以确立。后来，无论是在实务领域，还是学术界，社会工作督导均作为社会工作专业领域中的重要制度得以不断夯实与发展，成为社会工作领域重要的行动框架。督导兼有行政、教育和支持三项功能，而每一种功能所针对的问题和所实现的目的都是有所不同的。行政性督导的基本功能是正确、有效和恰当的贯彻执行机构的方针政策；教育性督导的基本功能是发现社工在业务知识、业务态度和业务技巧方面存在的问题，提升社工的专业能力。支持性督导的基本功能是提升社工及其团队的士气和工作满意度。[2] 然而，通过对沪深两地调查资料的检视梳理发现，在社会工作嵌入城市少数民族流动人口服务管理实践中，尤其在深圳实践中，督导功能出现了弱化的现象。这样的弱化现象至少表现在如下三个方面。

第一，督导过程的虚化。在调查中，多位督导均谈及了督导过程虚

---

[1] Brown, E. L., *Social Work as a Profession*, New York: Russell Sage Foundation, 1942, p.29.

[2] 〔美〕阿尔弗雷多·卡杜山、〔美〕丹尼尔·哈克尼斯：《社会工作督导（第四版）》，郭名倞等译，北京：中国人民大学出版社2008年版，第16—17页。

化的问题。社工督导LY谈及，督导是每月一次，一般是其到F区民宗局去开展督导活动，然而在将近大半年的督导过程中，每次督导的过程总感觉流于形式，因为社工几乎不提与提不出什么专业的问题，话题的中心就是社工待遇低，工作压力大。而在上海实践中，YRY谈及，实践初期，由于总督导来自香港，她的工作思路有时并不符合内地的实际情况，而且提的建议一般比较宏观，督导的过程也慢慢流于形式了。后来上海市L社会工作服务机构调整了督导制度，由项目制改成区域制，由此，开展城市少数民族流动人口社会工作服务的社工被划入某个片区，这时由于督导有时并不是很熟悉项目的具体业务，督导过程往往只是起到了行政性与支持性的功能，而最重要的教育功能往往不易实现，督导过程再次出现虚化的状况。

第二，督导的合法性权威受到行政权的质疑与排斥。在深圳实践中，督导过程还出现了督导角色尴尬、受到行政权约束与排斥的状况。也就是说，督导本应对社会工作者有一种合法性的权威地位存在，然而，在实践中，这种权威关系却遭到了用人单位（民宗部门）的干扰。

第三，督导对社会工作者的影响力式微。在调查中发现，督导对社会工作者影响力的式微是督导功能弱化的又一表现之一。事实上，由于岗位制的运行，社会工作者长期在用人单位中工作，用人单位中的行政领导的影响力往往超过了督导的影响力，督导对社会工作者的影响力显得较为式微。

总之，上述三方面的表现均体现了督导功能弱化的问题，而督导功能弱化所反映的是督导制度虚化的本质，而这更是反映出在社会工作嵌入城市少数民族流动人口服务管理实践过程中，社会工作服务行动专业性消减的实践困境。

第五章　嵌入的策略性优化：模式选择与机制完善

在上两章内容中，基于沪深两地实地调查获取的田野资料，分别对社会工作嵌入城市少数民族流动人口服务管理的实践效应与困境予以了呈现与揭示。不难发现，在此种嵌入性实践过程中，效应与困境是并存的。显然，如何继续夯实这一嵌入性实践的效应，并破解嵌入性实践过程中持存困境的策略性优化，应成为本文需进一步予以探讨的议题。诚然，对策略性优化的阐析虽然是应然层面的探讨，但此种探讨必然是逻辑与历史的统一，必然遵循实然层面的历史发展脉络。基于此，本章对策略性优化议题的探讨主要是以沪深两地现有实践为基线，主要从模式创新的策略性选择与机制完善两个维度予以阐释。

一　嵌入模式的策略性选择

所谓嵌入的模式创新议题，即在嵌入策略性优化的范畴内探讨社会工作嵌入城市少数民族流动人口服务管理实践更优化的模式选择。而需注意的是，要探讨此应然层面的议题，首先需基于实然层面的考察。具体而言，对模式创新议题的探讨首先需对现有实践模式予以类型学分析。

所谓嵌入实践模式的类型学分析即对现有社会工作嵌入城市少数民族流动人口服务管理实践所呈现出的基本形态进行"理想类型"式的

第五章　嵌入的策略性优化：模式选择与机制完善

考察，尝试通过对现有实践形态所呈现出的类型学特征予以辨识与澄清，以建构出分析此种实践模式的概念工具。如绪论部分所述，检视国内现有相关文献，对社会工作嵌入城市少数民族流动人口服务管理发展策略性议题的研究着墨不多，且并非精准聚焦于这一议题。综观以上研究结论不难发现，由于研究者们的建构并非基于实证取向，更多的是一种应然层面的抽象概括，因此，对社会工作嵌入城市少数民族流动人口服务管理实践模式的研究显得过于笼统和简略，主要表现在两个方面：一方面，在对于国内典型实践中所呈现出的不同实践类型未能明确辨识与清晰划分；另一方面，对各种实践形态在实践中所表现出内在特征的差异并未予以明确的澄清与表达。然而，进一步考量不难发现，上述两方面研究缺憾出现的关键在于研究者未能基于实然层面的抽象概括，建构出一套用于进行类型划分与特征分析的概念工具。基于此，本章力图基于沪深两地的已有实践尝试建构出一套可用于阐释社会工作嵌入城市少数民族流动人口服务管理实践模式类型划分与特征分析的概念工具。

（一）嵌入实践模式的类型划分变量

所谓嵌入实践模式的类型划分变量，即用于对城市少数民族流动人口服务管理中社会工作嵌入性实践所表现出的不同类型进行区分辨识的概念工具。这一概念工具以一组变量予以表达。

1. 位置与关系：类型划分的二维变量

沪深两地社会工作嵌入城市少数民族流动人口服务管理的实践均经历了不同的发展阶段，且采用过不同的实践模式。通过对上述阶段与模式的进一步检视与梳理发现，沪深两地实践的形态虽然表现各异，但并非无法梳理出可以进行类型划分的变量。进一步对沪深两地研判发现，此种类型划分变量的辨识主要可借助布迪厄（Bourdieu, P.）"场域"这一概念的阐释予以澄清。在布迪厄看来，场域可以被定义为在各种位置之间存在客观关系的一个网络。这些位置的存在和他们对占据特定位置的行动者或制度所产生的决定性影响都是客观决定的。而决定这些位置的因素主要有两个方面：一方面是在不同类型的权利（或资本）分配结构中，各种实际和潜在的位置；另一方面是这些位置彼此之间的客观关系，这些关系包括支配关系、屈从关系、结构上的对应关系等——这两个方面是密切交织在一起的。① 由此，在这种高度分化的社会，社会世界是由大量具有相对主体性的社会小世界构成，这些社会小世界就是具有自身逻辑和必要性的客观关系的空间，即场域。② 同时，布迪厄在考察场域的过程中还特别注意研究场域的历史生成过程。③ 可见，在布迪厄对"场域"概念的阐释中，场域是一种客观存在且具有历史延续性的权力结构，而决定此种权力结构的因素有二：一是行动者在场域中所处的空间结构；二是行动者由于位置而形成的权力结构。同时，布迪厄认为，场域并非是抽象的、一般性的，在分工高度发达的现代社会，场域是具体的、个别化的，每个具体的、个别化的场域均有自身历史沿革所形成的实践逻辑及空间、关系结构。

就此审视城市少数民族流动人口服务管理的社会工作嵌入性实践不难发现，城市民族工作的传统行动主体（统战、民宗部门）与社会工作这一新兴行动主体是这一实践领域中的两个行动者。而在嵌入性的语境中，社会工作的外在结构表现是行动主体，而城市民族工作的各种外在结构则是行动客体，两者就在实践中形成一种实践关系。更为关键的是，综观沪深两地嵌入性实践发现，此种实践的位置与关系这两方面的场域结构在实践中呈现出了一种二维交叉的类型结构。具体而言，第一个维度是位置结构，即两者之间在日常工作中位置结构如何，是否处于

---

① 杨善华、谢立中主编：《西方社会学理论》（下卷），北京：北京大学出版社 2006 年版，第 168 页。

② 杨善华、谢立中主编：《西方社会学理论》（下卷），北京：北京大学出版社 2006 年版，第 169 页。

③ Wacquant, L. "Artistic Field", in Kelly, M., *Encyclopedia of Aesthetics*, New York: Garland Publishing Inc., 1997, pp.110-116.

第五章 嵌入的策略性优化：模式选择与机制完善

同一位置结构中；第二个维度是关系结构，即行动主客体之间在日常工作中关系结构呈现出何种状态，即两者是一种不平等的关系抑或是平等的关系。因此，在场域概念框架下的位置结构与关系结构可尝试用于作为社会工作嵌入城市少数民族流动人口服务管理实践模式类型划分的概念工具，即变量。进一步而言，由位置结构与关系结构两个变量的不同取值则构成了辨识城市少数民族流动人口服务管理中社会工作嵌入性实践模式类型划分的概念工具框架，如图5-1：

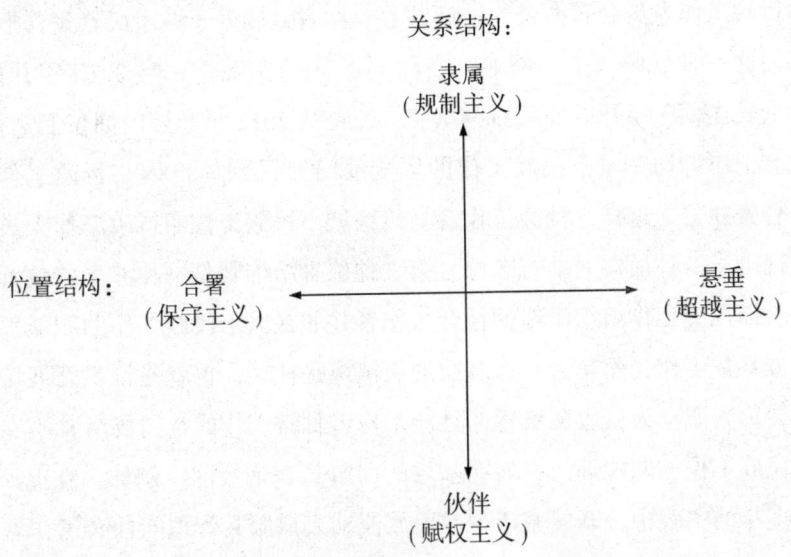

图5-1 社会工作嵌入城市少数民族流动人口服务管理实践模式划分的两个维度

2. 位置结构：合署抑或悬垂（保守主义抑或超越主义）

如前所述，在"场域"的意义框架内，所谓位置结构，即行动者在场域中，即在不同的权利或资本结构中所处的位置如何。进一步而言，在微观领域的实践中，若在一个行动实践中存在着两个相互关联的行动者，那么这两个行动者在某一场域结构中所处位置的空间状态如何，是共生于同一位置结构中，还是分属于不同的位置结构，抑或是两者的位置结构在同一场域的位置结构是一种横向的平行态位，还是呈现出纵向的垂直态位。

具体而言，若借助此变量考察沪深两地社会工作嵌入城市少数民族流动人口服务管理的实践，从中发现，在城市少数民族流动人口服务管理这一实践场域中，两个相互关联、相互影响的行动主体，或者在嵌入性语境中，行动主客体之间，即社会工作者和传统城市民宗工作者在日常工作中存在着两种截然不同的位置结构。一种是社会工作组织派遣的社会工作者直接在城市民族工作的职能部门，即民宗部门，与民宗部门的行政工作人员合署办公，一起共事，两者共同处于城市民族工作职能部门这一时空场域中。例如，在深圳 F 区的实践中，自 2010 年开始，无论是连续三年开展的项目制试点，还是从 2012 年开始的岗位制运作，社会工作者均在城市民族工作的职能部门（民宗局）内与行政工作人员合署办公。这样，社会工作者与传统城市民族工作的行政工作人员就呈现出了一种横向的平行态位。第二种位置结构则是一种分立的位置结构，即社会工作组织派遣的社会工作者并非在城市民族工作的职能部门开展日常工作，而是派驻在基层的街镇或是社区，也就是说，开展城市少数民族流动人口服务管理的社会工作者日常工作的空间场所并不在城市民族工作的职能部门，而在基层的街镇甚至是社区。例如，在上海 P 区多年的实践中，开展城市少数民族流动人口服务管理的社会工作者工作场所一直在各个街镇，抑或是集中于某一社区的集中办公点。这样，从位置结构而言，社会工作者这一嵌入的行动主体与传统城市民族工作职能部门的行政工作人员则并非呈现出一种横向的平行关系，而是一种纵向的悬垂关系。因此，检视沪深两地的实践发现，在社会工作嵌入城市少数民族流动人口服务管理这一统一实践场域中，行动主体社会工作者与行动客体传统城市民族工作者在位置结构中存在着横向的合署和纵向的悬垂两种态位。

然而，若进一步考量嵌入性实践中社会工作者与城市民族工作者在城市少数民族流动人口服务管理场域中所呈现的两种位置结构不难发现，两种位置结构背后事实上蕴含着社会工作嵌入城市少数民族流动人口服务管理领域过程中,作为传统城市民族工作行动者在引入社会工作者上的两种不同实践逻辑,即保守主义与超越主义。具体而言,在社会工作嵌入城市少数民族流动人口服务管理实践中,传统城市民族工作行动主体对新兴行动主体——社会工作者的工作焦点、角色定位超越传统城市民族工作实践惯习的程度。若位置结构是合署态位,这意味着统战、民宗部门在城市少数民族流动人口服务管理领域引入社会工作后,认为社会工作是其原有行政任务式实践逻辑的一种补充,社会工作者的角色定位是一种辅助者的角色;而若两者的位置结构呈现出一种悬垂态位,则体现出了统战、民宗部门尝试着超越传统民族工作的路径依赖,力图使用新的行动策略开展城市少数民族流动人口服务管理工作,比如打破以行政任务为本的行动惯习,取代之以需求服务为本的行动策略。社会工作者的角色也不再是行政式、任务式工作的辅助者,而是专业性、服务性工作的开创者与实施者。

3. 关系结构:隶属抑或伙伴(规制主义抑或赋权主义)

如前所述,在同一场域中,行动者位置彼此之间所形成的客观关系,如支配关系、屈从关系、结构上的对应关系等关系结构是影响场域结构的第二方面因素。由此,场域中两者行动主体之间所呈现出的关系结构是考察两者关系状态的另一维度。进一步而言,在各种类型行动主体的社会行动中,相互关联、相互影响的行动主体之间在行动实践中势必会形塑出一种关系结构,此种关系结构决定了两者的地位如何。而对微观行动领域,则表现为两个行动者之间的关系状态平等抑或是不平等。

同样,若将"关系结构"这一概念视为变量考察沪深两地社会工作嵌入城市少数民族流动人口服务管理实践过程中新兴行动主体——社会工作者与传统行动主体——城市民族工作行政工作人员之间的关系,从中发现,在城市少数民族流动人口服务管理实践过程中,两个相互关联、相互影响的行动主体,或者在嵌入性语境中,行动主客体之间,即

社会工作嵌入城市少数民族流动人口服务管理研究

社会工作者和传统城市民族工作者在日常工作中会形塑出两种截然不同的关系结构。一种是隶属关系，即在实践过程中，作为新兴行动者的社会工作者逐渐与传统行动主体城市民族工作行政工作人员形塑成了一种隶属关系，也就是社会工作者某种程度上成为了行政人员的下属，基本服从于与之共同工作的行政人员。比如，在沪深两地实践中，有的社工在日常工作中几乎由统战、民宗部门相应科室的行政人员安排，行政人员俨然成为了社会工作者的领导。而另一种是伙伴关系，即在实践过程中，两者形塑出了一种平等合作、相互协同的伙伴关系。例如，在上海P区的实践中，许多街道的社会工作者与统战干事在工作中就呈现出了一种伙伴式的合作关系，两者会共同商量一年的工作计划，共同协作开展各种工作，行政人员会配合并调动资源帮助社会工作者完成各项工作，并鼓励社会工作者独立自主地开展工作。

进一步考量发现，两种对向的关系结构的形塑背后同样蕴含着在城市少数民族流动人口服务管理实践场域中，传统城市民族工作行动主体面对引入社会工作这一行动主体时所表现出的另一维度实践逻辑，即规制主义与赋权主义。具体而言，在社会工作嵌入城市少数民族流动人口服务管理实践过程中，传统城市民族工作行动主体对新兴行动主体——社会工作者关系地位是如何定位。隶属关系的形塑背后是传统城市民族工作行政工作人员对社会工作者是一种规制的行动逻辑，即将社会工作者的行动规制于科层制的行政体系之中，以降低对社会工作者各种行动实践不可监控所带来的行政风险。事实上，规制主义是政府部门对待社会组织这一新兴主体的实践惯习，而在调查中发现，由于城市民族工作存在着政治关联性、敏感复杂性的特点，统战、民宗部门规制主义实践惯习表现得更为凸显。而与之相对的伙伴关系背后则体现了传统行动主体对社会工作这一行动主体赋权主义的实践逻辑，即真正将政府无法也无力完成的诸多职能转交给社会工作者来完成，并赋予其自主权，促进其能力增长，培育其发展壮大。

(二) 实践模式的四种类型

如前所述，在"场域"的意义框架内，位置结构与关系结构建构了社会工作嵌入城市少数民族流动人口服务管理实践模式的类型划分变量，且这两个类型划分变量是一种二维交叉关系。在位置结构上的两个不同取值是合署抑或悬垂，背后的实践逻辑是保守主义抑或超越主义；而在关系结构上的两个不同取值，隶属抑或是伙伴，背后的实践逻辑是规制主义抑或赋权主义。然而，更为关键的是，行动者的实践逻辑必然在实践中演化出不同意义脉络的外在结构。具体而言，在社会工作嵌入城市少数民族流动人口服务管理实践中，不同实践逻辑使得嵌入性实践的行动采取了制度设置。就此而言，考察不同实践逻辑所演化出的制度设置成为了需进一步予以澄清的议题。

第一个变量是位置结构，其实践外显后果上的取值是合署抑或是悬垂，其背后的实践逻辑是保守主义与超越主义，而其外在化的制度设置为何？事实上，在社会工作嵌入城市少数民族流动人口服务管理实践中，保守主义的实践逻辑就外在化成为了部门制，而超越主义的实践逻辑则外在化成为了基层制。具体而言，部门制是购买主体将社会工作者安排在城市民族工作的职能部门中，与承担城市民族工作职责的行政人员处于同一空间中工作，合署办公。此种制度设置显然凸显出一种保守主义的实践逻辑，因为此种部门制的制度设置是购买主体将社会工作者仅仅视为是传统城市民族工作的一种补充与辅助，而并非是超越或是创新。而所谓的基层制，是购买主体并非将社会工作者安排在统战、民宗部门，而是将其悬垂下沉到更为基层的街镇抑或是社区。显然，此种制度设置凸显的是超越主义的实践逻辑，因为此种制度设置在理论上是新公共服务论的具体表现，而在实践中则是国家治理体系现代化重要表征之一——治理重心下移的重要体现。

第二个变量是关系结构，其外在取值是隶属抑或是伙伴，而其背后的实践逻辑则是规制主义抑或是赋权主义。同样，由上述两种不同实践逻辑演化出的外在性结构，即制度设置为何？通过对沪深两地社会工作嵌入城市少数民族流动人口服务管理实践的考察发现，由规制主义实践逻辑演化出的外在性制度设置是岗位制，而由赋权主义演化出的外在性制度设置则是项目制。事实上，在政府购买社会服务实践中，岗位制和项目制俨然已成为了两种常规的制度设置，在城市少数民族流动人口服务管理领域购买社会工作服务也不例外。岗位制购买是由政府确认岗位数量，再委托社会组织进行招聘和培训社工人员；项目制购买则是将整个服务项目委托给社会组织，由它们开展服务工作[1]。项目制购买主要关注项目产品本身，而岗位制购买则关注于社工专业和社工劳动力群体[2]。显然，这两种不同的制度设置作为政府购买社会工作服务的政策工具，其背后凸显的是两种不同的运作逻辑，岗位制体现的是"强政府"思维，即单中心的治理逻辑，也就说，政府希望将所有的治理主体，包括社会组织及其工作人员规制于科层制的行动体系中，为其所用，为其所管；而与之相对的是项目制，其背后凸显的是政府"多中心治理"的逻辑，体现的是政府在治理过程中对社会组织及其工作人员的赋权。具体而言，在沪深两地社会工作嵌入城市少数民族流动人口服务管理的实践中，岗位制与项目制的制度设置均在实践中有所体现。

基于上述分析，在社会工作嵌入城市少数民族流动人口服务管理实践过程中，两种不同维度的实践逻辑外在化成为了两种不同维度的制度设置，而如前所述，这两个维度是相互交叉的，因此在理论上就建构出了四种类型的实践模式，即部门岗位制、基层岗位制、部门项目制和基层项目制四种类型的实践模式，如图5-2：

---

[1] 曹海军：《"三社联动"视野下的社区公共服务供给侧改革——基于S市项目制和岗位制的案例比较分析》，载《理论探索》，2017年第5期，第23—29页。

[2] Zhuoyi Wen, "Government Purchase of Services in China: Similar Intentions, Different Policy Designs", *Public Administration and Development*, Vol.37, No.1, 2017, pp.65-78.

第五章 嵌入的策略性优化：模式选择与机制完善

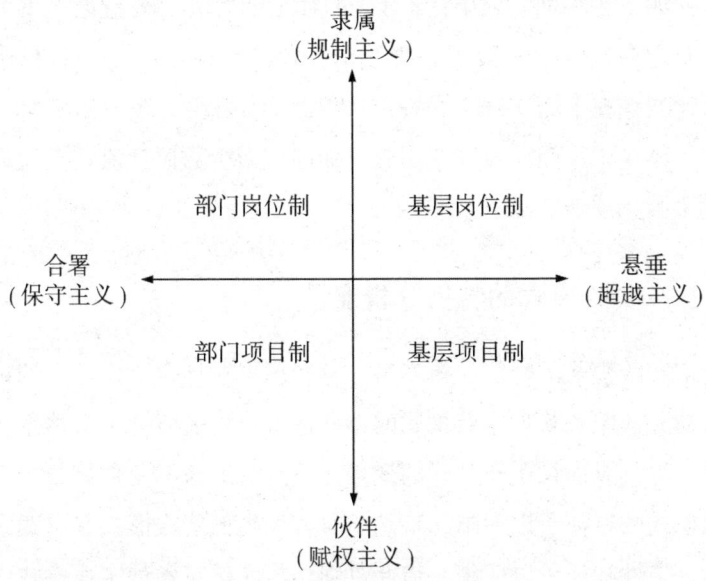

图5-2 社会工作嵌入城市少数民族流动人口服务管理实践模式的四种类型

而借助此实践模式的类型框架审视实然层面的实践发现，四种实践模式在沪深两地的实践中均有呈现。第一，部门项目制。此种实践模式存在于深圳实践的初期，也就是在2011年至2014年期间，深圳市民政局从福彩公益金中拿出资金形成了城市少数民族流动人口社会工作服务试点项目的形式发包给社会工作组织，期间社会工作者工作地点是在民宗局，因此形成了部门项目制的实践模式。第二，部门岗位制，即2012年后，由深圳民政局统筹财政资金购买社会工作服务，在深圳市和深圳市F区民宗局派驻的社会工作者的实践模式。第三，基层岗位制。此种模式主要出现于上海P区2007年至2017年的实践中。主要是上海P区统战部和部分街镇统筹财政资金以"项目"的形式购买社会工作岗位，并将这些岗位设置在P区的多个街镇（社区）。此种实践模式虽然日常工作在基层的街镇抑或是社区，但社会工作者是以专业劳动力的形式派驻到街镇（社区）的，而并非以服务产品的形式。第四，基层项目制。梳理沪深两地实践发现，此种模式并未以一种稳定的制度化形式运行，而通常是以一种"公益创投"或是资源链接的运作形式出现。比如，在深圳实践中，S社区的社工就通过"公益微实事"的公益创投基金在社区中开展了一年城市少数民族流动儿童的特色服务项目；再比如，在上海实践中，"社区共融"项目组为缓解服务资金匮乏的问题，链接了民间公益基金实施了面向城市少数民族流动人口妇女群体的健康服务项目。

（三）实践模式的特征分析变量

所谓实践模式的特征分析变量，意指用来对社会工作嵌入城市少数民族流动人口服务管理实践模式的特征进行分析的概念工具体系，其形式上是一组具有内在逻辑关联的变量体系。借助这一变量体系，可对各种实践模式的特征予以明晰，特别是对各种类型实践模式在实践中所表现出的差异性特征予以明晰，借此可细化与深化对各种实践模式内在规定性的认识。本文基于对沪深两地实践在实然层面所表现出内在特征的抽象概括，并一以贯之地借助布迪厄实践理论中有关场域与惯习的概念框架，尝试性地建构出社会工作嵌入城市少数民族流动人口服务管理实践模式的特征分析变量。

诚然，在上述借助场域这一概念对实践模式的类型学建构中，不同类型实践模式事实上可被视为是不同的场域。然而，在布迪厄的实践理论中，场域与惯习是一对不可分割的概念。用布迪厄的话说，惯习是行动者的实践再生产出来的结构的终极产物，这些结构就体现在场域中。[1] 事实上，惯习是一种生成性的结构，它塑造、组织实践、生产着历史；但惯习本身又是历史的产物，是一种"体现在人身上的历史"，是一种"外在性"的内在化。个体行动者只有通过惯习的作用，才能产生各种"合乎理性"的常识性行为。所以，惯习是"所有选择所依

---

[1] Bourdieu, P., "Marriage Strategies as Strategies of Social Reproduction", in Forster, E. & Ranum, P. M. (trans.), *Family and Society*, Baltimore: The Jokns Hopkins Unibversity Press, 1976, pp.117-144.

第五章 嵌入的策略性优化：模式选择与机制完善

据的不被选择的原则"①。就此可知，惯习是实践场域在个人行动者行动实践再生产的产物，从某种意义上而言，是实践场域在个体行动者身上的表达。虽然布迪厄一再强调其实践理论要同时考虑外在性的内在化和内在性的外在化的双重过程②，但事实上，其在逻辑起点上仍然沿袭了法国社会学的结构主义传统。他认为，知识的关系取决于制约的关系，后者先于前者，场域的结构塑造着惯习的结构。③ 具体而言，布迪厄认为，惯习与场域之间的关联有两种作用方式：一方面是一种制约关系，场域形塑着惯习，惯习成了某个场域固有的必然属性体现在身体上的产物；另一方面则是一种知识的或者说是认知建构的关系。惯习有助于把场域建构成一个充满意义的世界，一个被赋予了感觉和价值，值得社会行动者去投入、去尽力的世界。④ 也就是说，场域形塑了场域中行动实践者的惯习，同时，行动实践者的惯习也生成了场域中的意义世界，两者是制约与生成的双重关系。

若将社会工作嵌入城市少数民族流动人口服务管理实践中的不同实践模式视为是场域，不同场域势必形塑出行动者不同的惯习。而在本书的议题中，行动者显然指的是社会工作者。不同实践模式对社会工作者行动实践的制约必然形塑了社会工作者在该实践模式中的惯习，同时，社会工作者在不同实践模式中的实践必然生成不同的意义世界。因此，考察不同实践模式（场域）对社会工作者行动策略（惯习）约制的表现，以及在行动实践过程中社会工作者行动策略（惯习）对实践模式

---

① 杨善华、谢立中主编：《西方社会学理论》（下卷），北京：北京大学出版社 2006 年版，第 167—168 页。

② Bourdieu, P., "The Three Forms of Theoretical Knowledge", *Social Science Information*, Vol.12, No.1, 1973, pp.53-80.

③ 杨善华、谢立中主编：《西方社会学理论》（下卷），北京：北京大学出版社 2006 年版，第 169 页。

④ 〔法〕布迪厄、〔美〕华康德：《实践与反思：反思社会学导引》，李猛、李康译，北京：中央编译出版社 2004 年版，第 172 页。

(场域)意义生成表现的差异性,可作为澄清社会工作嵌入城市少数民族流动人口服务管理实践模式的特征分析变量。本节从如下几方面建构特征分析变量。

1. 行动目标

所谓行动目标,即在社会工作嵌入城市少数民族流动人口服务管理实践过程中,预定目标的实现程度如何。其既受到不同场域的约制,又是社会工作者行动实践过程中对不同实践模式意义的一种生成。在此变量中,至少可以通过三个子变量予以表达,分别是正向测量的任务目标、过程目标的实现程度及反向测量目标替代的程度。

在社会工作专业的目标体系中,任务目标和过程目标是著名社会工作理论家罗斯曼(Rothman, J.)最早提出的,其初衷是用来阐释社区工作过程中解决问题与发动居民的双重目标取向。后来这对概念被社会工作界广泛运用于对完成工作与发展专业目标双重实现的分析中。在此借助这一组概念来分析社会工作嵌入城市少数民族流动人口服务管理过程中,社会工作者在实践场域中两种目标的实现程度。

第一,任务目标实现程度。在社会工作嵌入城市少数民族流动人口服务管理实践过程中,所谓任务目标,即社会工作者在行动实践过程中,所需完成的专业工作目标,比如,福利服务的提供、志愿者组织的培育与基层治理的协同等。而在定序测量层面下理解,可表达为一种实现程度。

第二,过程目标实现程度。所谓过程目标,即在社会工作的行动实践过程中,专业行动框架在原有场域中的发展状况。具体到城市少数民族流动人口服务管理实践场域中,社会工作专业行动框架的结构性生长状况,在定序测量层面则表达为一种实现程度的由高到低。

第三,目标替代程度。所谓目标替代程度,意指上述任务目标与过程目标等原本预期的目标,在行动者行动实践后被其他目标替代的程度。该子变量主要是依据前述内容中有关项目实施过程中目标替代的阐

第五章 嵌入的策略性优化：模式选择与机制完善

述而设立的，是一种对目标实现的反向测量，也属于定序层面的测量，程度亦是从高到低。

2. 行动者（社会工作者）知识与背景

在沪深两地的实地调查中发现，在具体的行动实践中，不同类型的实践模式（若视为形成的不同实践场域），其对行动者背景与知识的结构要求是不同的。事实上，这是不同实践模式（场域）对社会工作者行动（惯习）的一种约制，同时也是行动实践后的一种生成。因此，行动者（社会工作者）的知识与背景因素也被纳入了辨识各种实践模式差异性特征的变量，而在此变量下，至少可被操作化为三个子变量。

第一，文化能力。所谓文化能力，是指在民族社会工作实务中，作为行动实践者的社会工作者需具有觉知少数民族服务对象价值观及其文化传统的能力。然而，在沪深两地实地调查中发现，不同类型实践模式对行动实践者（社会工作者）文化能力的要求是不同的，有的实践模式中，社会工作者此种能力要求较高，而有的实践模式则较低。因此，该变量可被用于识别各种模式的差异性，并可做定序层面的识别。

第二，专业背景。所谓专业背景，即在社会工作嵌入城市少数民族流动人口服务管理实践中，行动实践者（社会工作者）是否具有社会工作的专业背景。在沪深两地实地调查中发现，并非所有社会工作者均具有社会工作专业背景，而且在一些岗位中，绝大多数的社会工作者并不具备社会工作的专业背景。进一步考察发现，这一事实的存在，主要是因为在有的实践模式中，社会工作者是否具备社会工作的专业背景并非是选聘的必要条件，因此，对专业背景的要求不同，也可被纳入识别不同实践模式特征差异性的变量。

第三，民族身份。所谓民族身份，即社会工作嵌入城市少数民族流动人口服务管理实践中，行动实践者是否具有少数民族的身份。在沪深两地的调查中发现，不同的实践模式对社会工作者是否具有少数民族身份的需求程度是不同的，有的实践模式对具有少数民族社工身份的社会工作者需求十分迫切，而有的实践模式下，对社会工作者是否具有少数民族身份需求并不迫切。若从定序测量的角度表达此变量，即对社会工作者是否具有少数民族身份的要求程度。该变量也可被作为识别实践模式差异性特征的变量。

3. 行动实践空间

所谓行动实践空间，意指社会工作嵌入城市少数民族流动人口服务管理的实践空间，即社会工作者在城市少数民族流动人口服务管理实践领域中的范围与边界。此变量显然是不同实践模式（场域）对社会工作者行动（惯习）的约制，同时又由行动实践者（社会工作者）在行动实践中生成。对此变量的操作化可借助王思斌教授对社会工作嵌入性发展论述中所提出的相关概念予以考察。

第一，空间的核心性。从嵌入主导体制的结构来看，社会工作的嵌入可分为边缘化嵌入与核心化嵌入。边缘化与核心化嵌入的区别关键在于专业社会工作在与实际社会服务的合作中基本上是做辅助性的工作还是主要工作，进入的是社会服务体系的边缘部分，还是中心化部分。[①]显然，王思斌对这一概念的界定是定类的测量层级。若将这一概念的测量层次进一步上升到顺序层级，可将此变量表达为实践空间接近原有社会服务体系核心内容的程度，即实践空间接近核心性程度的由高到低。

第二，空间的拓展性。实践空间的让渡性与拓展性是衡量实践空间的又一维度。所谓让渡空间是指政府将无暇顾及的领域过渡到社会工作的空间，而拓展空间则是指社会工作通过创新服务而拓展的空间。[②] 同样，上述定类的表达也可上升为一种定序层级的表达，即社会工作者实

[①] 王思斌：《中国社会工作的嵌入性发展》，载《社会科学战线》，2011年第2期，第206—222页。

[②] 王思斌：《中国社会工作的嵌入性发展》，载《社会科学战线》，2011年第2期，第206—222页。

第五章 嵌入的策略性优化：模式选择与机制完善

践空间的拓展性，行动实践后，社会工作者的实践空间自身拓展程度的由高到低。

第三，空间的专业服务性。王思斌利用专业与行政、服务与管理两个维度将原有政府的实践空间划分为四个方面，即行政管理、专业管理、行政服务、专业服务。① 由于社会工作专业的基本实践特点是专业服务性，而非行政管理性，因而，在社会工作嵌入城市少数民族流动人口服务管理的现有实践中，社会工作者实践空间的专业服务性程度是分析社会工作实践空间的一个重要子变量。而在不同的实践模式中，社会工作者行动实践内容的专业服务性程度是不同的，因此，该子变量也可做一种定序层级的表达，即实践空间专业服务性程度的由高到低。

4. 行动取向

所谓行动取向，意指在社会工作嵌入城市少数民族流动人口服务管理过程中，社会工作者展开实践时行动策略选择的取向。比如，是取向于自身的主体性，还是取向于对他人的屈从性等。显然，这一内容也是受到不同实践模式形成场域的制约，同时又在场域中生成。综观沪深两地的实践，此种行动取向至少表现在三个向度上。也就是说，此变量可至少操作化为三个维度。

第一，自主性。所谓行动的自主性，即社会工作者在开展对城市少数民族流动人口服务时，其行动主体性的实现程度。具体而言，在开展工作时，其行动取向的自我决定程度。比如，在沪深两地的调查中发现，不同实践模式中，社会工作者行动取向的自我决定程度是有所不同的。有的实践模式中，自我决定程度很低，而有的实践模式中，社会工作者的自主性则显得较高。

第二，创新与超越性。所谓行动创新与超越性，意指社会工作者在

---

① 王思斌：《中国社会工作的嵌入性发展》，载《社会科学战线》，2011年第2期，第206—222页。

开展针对城市少数民族流动人口服务管理工作中，其行动取向对原有城市民族工作内容、方式的创新与超越程度。具体而言，在日常工作中，社会工作者利用自身专业优势，利用专业理念、知识和方法，而并非依赖城市民族工作路径的程度。在沪深两地的调研中发现，不同实践模式对社会工作者行动的创新性与超越性的约制程度有所不同，这导致了社会工作者行动取向创新性与超越性的生成程度是明显不同的。

第三，专业行动框架的持守性。所谓专业行动框架的持守性，即在社会工作嵌入城市少数民族流动人口服务管理实践过程中，社会工作者在城市民族工作的实践场域中，持守自身专业行动框架的程度。具体而言，即在与原有城市民族工作行动主体互嵌互构的过程中，社会工作者能否按照专业行动框架开展工作。比如，在沪深两地的调查中发现，在有的实践模式中，社会工作者受理个案时，能按照个案工作程序开展服务，而有的实践模式中则无法实现；再则，在有的实践模式中，社会工作者能够实现"助人自助"、"赋权增能"等工作理念，而有的实践模式中，则更多的是按照维稳、处置的工作理念行事。这样，不同实践模式中，社会工作者行动取向就呈现出了对专业行动框架持守性程度不同的状况。

（四）四种类型实践模式特征的比较分析

如前所述，基于沪深两地实践，借助惯习这一概念工具对嵌入实践模式特征分析变量体系予以了建构。而更为关键的是，此种建构旨在澄清与阐明不同实践模式在实践中所呈现出的差异性特征。因此，本节尝试借助上述特征分析的变量体系对上文所述社会工作嵌入城市少数民族流动人口服务管理实践模式的四种类型进行特征的比较分析。

在此，需要进一步说明的是，在特征分析变量体系的量化层次上，尝试用相较于定类层级更高的定序层级表达，望能更为精准地阐释各种实践模式的特征。而在定序变量的表达中，基于对具体实践的检视，主要用较高、居中和较低三个层次来表达程度上的差异。四种类型实践模

第五章 嵌入的策略性优化：模式选择与机制完善

式特征的比较分析如表 5-1 所示：

表 5-1 社会工作嵌入城市少数民族流动人口服务管理实践模式四种类型的特征分析

层次 \ 类型 \ 特征		部门岗位制	部门项目制	基层岗位制	基层项目制
行动目标	任务目标实现程度	较低	居中	居中	较高
	过程目标实现程度	较低	居中	居中	较高
	目标替代程度	较高	居中	居中	较低
行动者（社会工作者）的知识与背景	文化能力的要求	较低	居中	居中	较高
	专业背景的要求	较低	居中	居中	较高
	少数民族身份的要求	较低	居中	居中	较高
行动实践空间	核心性	较低	居中	居中	较高
	拓展性	较低	居中	居中	较高
	专业服务性	较低	居中	居中	较高
行动取向	自主性	较低	居中	居中	较高
	创新与超越性	较低	居中	居中	较高
	专业行动框架的持守性	较低	居中	居中	较高

1. 行动目标上的特征比较分析

首先，在任务目标上，任务目标实现程度较低的是部门岗位制。在实地调查中发现，由于部门岗位制的运作逻辑，社会工作者在空间上很难与统战、民宗部门分离。同时，在日常工作中，社会工作者成为了统战、民宗部门民族工作科室的工作人员，隶属于科室科长的管理。社会工作者几乎成为了统战、民宗部门的行政辅助人员，很少从事专业框架下的实践活动。其对社会工作专业任务目标的实现程度较低，相较于部门岗位制而言，虽然部门项目制在办公地点上与统战、民宗部门是合署办公，但由于其是项目制运作，服务经费在项目中开支，且绩效评估的重点并非是用人单位的满意度，而是项目产品质量本身，这样，社会工作者有了一定利用专业行动框架开展专业服务的空间。任务目标实现的程度会高于部门岗位制；而就基层岗位制而言，社会工作者在位置结构上是悬垂下沉至基层的，这使得社工能够在基层开展服务，实现任务目标，但是由于岗位制的特性，社会工作者开展服务时并没有自主支配的服务经费，且绩效评估中基层街镇或社区行政工作人员的满意度占较大权重，社会工作者为在基层获得实践空间，在一定程度上不得不屈从于基层的权力结构，承担一定的非专业事务，这使得任务目标实现受到了一定的限制。而相较于上述三种模式，基层项目制无论是在位置结构，还是在关系结构上均使得社会工作者处于相对独立的结构中，在行动目标的实现上，任务目标的实现程度最高。

第二，过程目标的实现。如前文所述，在社会工作嵌入城市少数民族流动人口服务管理实践中，社会工作外在结构的结构性生长包括城市民族工作的决策主体、执行主体和服务对象。在实践过程中过程目标的实现可从这三个层面予以考察。综合沪深两地实践发现，部门岗位制过程目标的实现程度最低，因为在此种运作模式中，社会工作更多的是作为一种制度安排的外在结构在城市民族工作抉择主体中实现了结构性生长。而无论是部门项目制或是基层岗位制，要么项目是面向基层与服务对象，要么日常工作本身就在基层，相较于"部门岗位制"，这两种运作模式的实践过程中能够使得社会工作的外在结构除了在决策主体生长外，还能在基层的执行主体和服务对象上生长，这两种实践模式的过程目标实现程度高于"部门岗位制"。而就过程目标实现程度最高等级而言，"基层项目制"无疑是适切的，因为这种运作模式既扎根基层，社会工作者又能被赋权开展服务，因此，使得社会工作外在结构能够最大程度的生根基层，此种模式的过程实现程度最高。

第三，目标替代的程度。在目标替代程度上，通过对沪深两地各种实践模式比较，"部门岗位制"由于位置结构上的合署，同时在关系结

第五章 嵌入的策略性优化：模式选择与机制完善 |

构上与政府行政工作人员呈现出一种隶属关系，其目标替代的程度是最高的。在调查中发现，在深圳市民宗局和F区民宗局几乎成为了行政辅助人员，在年度工作总结中，几乎没有实现任何专业的目标，所谓指标上的规定几乎是以行政式任务相似工作"冲指标"完成的。而目标替代程度最低的是"基层项目制"，因为在调查中发现，虽然目前这一实践模式并未制度化的实施，但此种模式由于社会工作者在服务经费的使用、服务内容的策划和服务人群的聚焦上均具有自主权，其预定的工作目标几乎均得以实现，目标替代的程度相较于其他三种实践模式是最低的。而在调查中发现，无论是"部门项目制"还是"基层岗位制"，由于其工作目标的设定要么受到统战、民宗部门，要么受到基层街镇行政权力的干扰，其预定的专业目标在一定程度上出现了偏离和替代的情况，但是社会工作者仍然在这样行政权力的干扰下努力去实现专业目标。因此，其目标替代的程度低于"部门岗位制"。

2. 行动者（社会工作者）的知识与背景特征的比较分析

社会工作者知识与背景的特征包括文化能力、专业知识与少数民族身份三个方面。综合考察沪深两地的调查发现，在社会工作者知识与背景的要求上，不同实践模式有所不同。在这一变量中三个子变量的比较分析中发现，"部门岗位制"对社会工作者的文化能力、专业背景和少数民族身份的要求均是最低的。在深圳F区的调查中发现，在市民宗局和F区民宗局驻点的岗位社工绝大多数不是社会工作专业毕业，而且也均不是少数民族。同时，社会工作者接触的个案绝大多数是政策咨询和法律咨询个案，几乎没有主动介入的服务性个案，所以无论是文化能力、专业背景还是少数民族身份在此种模式的实践过程中就逐渐地失去了意义，统战、民宗部门更需要的是社会工作者的行政能力。

在调查中发现，与"部门岗位制"相比较，"部门项目制"和"基层岗位制"的实践模式，无论是购买方还是工作开展本身而言，对社会工作者文化能力、专业背景和少数民族身份的要求是较高的。此两种模式的共同点在于均要在直接面对服务对象开展专业服务，因此，均需要一定的文化能力、专业背景和少数民族身份。比如，在深圳最初的"部门项目制"实践中，项目出资方明确要求要招聘维吾尔族和藏族的社工，而且项目开始过程中，项目组的确是有维吾尔族社工在开展工作，并取得了良好效果。而在上海实践中，无论是民宗局，还是街镇层面，在实践中还是要求开展大量的专业服务，对社会工作者的文化能力、专业背景和少数民族的身份也有较高的要求。然而，由于部门项目制和基层岗位制这两种实践模式在实践过程中均会受到行政权力的干扰，社会工作者被迫要完成专业服务以外的诸多行政事务，这导致了社会工作者文化能力、专业背景和少数民族身份的重要性有所下降。比如，在上海P区多年的实践中，"社区共融"项目组一直在行政与专业上与街镇展开了博弈，其中一个解决方案，就是一个街镇的两个社工，一个主要协助街镇做行政工作，而另一个则专门开展专业服务，并将几个街镇开展专业服务的社会工作者集中整合，采取"区域化"办公与工作的开展模式。

而四种实践模式中，对文化能力、专业背景与少数民族身份要求最高的显然是"基层项目制"。无论是从社会工作者的工作地点，还是社会工作者需要完成的工作任务看，其均需要具备很强的文化能力、扎实的社会工作专业知识，同时，还具备少数民族身份。因为，在基层，社会工作者绝大多数情况下需要直面服务对象，同时，在项目制运行框架中，社会工作者必须按照专业行动逻辑完成诸多专业服务，提供高质量的项目产品。比如，在深圳开展的城市少数民族流动人口社会工作服务的社区公益创投项目中，项目制的要求本身对社会工作者的文化能力、专业背景与少数民族身份就提出了很高的要求。否则，社会工作者无法保质保量地完成项目，并生成项目产品，取得服务效果。

3. 行动实践空间特征的比较分析

如前所述，调查中发现，在社会工作嵌入城市少数民族流动人口服

第五章 嵌入的策略性优化：模式选择与机制完善

务管理的实践中，不同实践模式中社会工作的行动（实践）空间是有所差异的。这种差异主要从空间接近核心性程度、拓展性程度和专业服务性程度三个方面予以表达。

就"部门岗位制"而言，在实践空间接近核心性程度上，"部门岗位制"显得最低。因为在日常工作中，社会工作者主要从事的是行政辅助工作，而很少能够涉及城市少数民族流动人口服务管理的核心工作，其角色和地位也是辅助性的，而非中心性与主导性的。同时，在空间的拓展性上，"部门岗位制"在实践空间上几乎都是政府让渡的空间，几乎所有的空间都是在城市民族工作任务框架下的工作。而在工作的专业服务性程度上，"部门岗位制"下的社会工作者几乎没有从事专业服务性的工作，而几乎从事的是行政管理性的工作。上述三个方面在深圳市民宗局和深圳F区民宗局的驻点社工身上十分凸显。比如，深圳市民宗局的驻点社工LJF，周一到周三在"市民之家"协助工作人员进行少数民族优惠政策的咨询和资料收集工作，而周四、周五则回到民宗局做一些资料整理汇总、会议组织等工作。而F区民宗局的驻点社工LJJ则主要负责帮领导填报表、写总结材料、向上级报数据和协助"民促会"组织活动等工作。即使稍微体现专业性的"民族文化进社区"和"民族文化进校园"的活动，活动的场次等也是按照民族工作全年的工作安排来进行的。显然，这些工作无疑都是辅助性的、非中心性的工作。而从空间的拓展性看，这些工作就没有什么拓展性可言，工作内容也几乎是行政管理性工作，而无专业服务性可言。

相较于"部门岗位制"，"基层岗位制"与"部门项目制"实践空间接近核心性、拓展性和专业服务性的程度显得高一些。比如，在深圳初期的"部门项目制"实践中，项目组建立了深圳市城市少数民族流动人口的服务平台，完成了一份七千多个大样本调查报告，在莲花山公园开展了少数民族同胞的联谊活动，并主动挖掘了多个困难少数民族群众的服务个案等等。这些均为社会工作者自身实践的拓展空间，同时也体现了工作内容接近了一些核心性工作，也具有一定的专业服务性。再比如，在上海"基层岗位制"实践中，P区很多街镇的统战、民宗工作主要是由社会工作者承担，也就是说，社会工作者能够承担在城市少数民族流动人口服务管理日常工作的核心内容。

但是，无论是深圳"部门项目制"，还是上海的"基层岗位制"实践，其行动实践空间还是受到了民宗部门传统工作路径的制约。比如，在深圳的"部门项目制"的实践中，民宗部门始终认为项目执行没有什么亮点，没有什么社会影响。而在上海的"基层岗位制"实践中，社会工作者的行动空间也始终是在街镇原有统战、民宗工作的体系中，实践空间的大小主要看街镇领导是否重视统战、民宗工作，若重视程度高，行动实践的拓展空间就大，工作专业服务性和核心性程度也较高。

相较于上述三种实践模式，"基层项目制"下社会工作者拥有行动实践空间的程度最高。在调查中发现，在上海P区的实践中，"社区共融"项目组链接了公益基金会的资金开展了针对城市少数民族流动儿童、妇女的诸多活动。同时，在深圳，在公益创投项目中，社会工作者也针对社区内少数民族儿童开展了长期、持续的服务，包括各具特色的小组活动等。在这些项目中，社会工作者以需求为导向，针对服务对象开展了健康类、成长类的小组活动，社会工作者在整个项目中起到了中心化的作用。同时，在空间的拓展性上，社会工作者行动实践的空间并非是原有城市民族工作让渡的实践空间，而是社会工作者在基层工作中自身独立拓展的空间，而在服务的专业性上，社会工作者从事的均为专业服务性工作，而不会有其他行政管理类的工作。因此，就四种实践模式而言，"基层项目制"在行动空间的核心性、拓展性与专业服务性上，均是最高的。

4. 行动取向特征的比较分析

社会工作的行动取向是社会工作者在开展城市少数民族流动人口服务管理工作中，作为行动者自身行动选择的取向性，包括了自主性、创新与超越性和专业行动框架的持守性三个向度。比较四种实践模式，

第五章　嵌入的策略性优化：模式选择与机制完善

"部门岗位制"下的社会工作者行动自主性最低，"部门项目制"和"基层岗位制"则处于居中状态，而自主性程度最高的是"基层项目制"。通过调查发现，在日常工作中，在"部门岗位制"下，社会工作者的行动取向几乎取决于部门或是科室领导的工作安排与工作意图。这一点，充分说明在"部门岗位制"下，社会工作者的主体性几乎丧失殆尽。而就行动的创新与超越性取向看，在此种实践模式中，社会工作者对原有城市民族工作路径的创新与超越性取向也是很弱的。这事实上反映了在"部门岗位制"下的社会工作者在工作中很少能够有创新与超越原有工作路径的行动取向。在专业行动框架的持守性上，在此种实践模式下社会工作者的行动取向几乎是主动放弃了专业行动框架。社会工作者在日常工作中已经与专业行动框架渐行渐远。

相较于"部门岗位制"，在调查中发现，"部门项目制"和"基层岗位制"下社会工作者的行动取向无论是行动自主性、创新与超越性还是专业行动框架的持守性均体现了自身的主体性。在上海P区多年的实践中，"社区共融"项目组一直在与街镇的行政博弈与抗争，争取实践空间，而社会工作者则一直在行政抑或专业之间权衡。这些博弈与权衡背后的核心就在于社会工作者行动主体性的持守，项目组始终希望社会工作者能够重归社会工作行动取向的本质，体现自主性，创新与超越性及其持守自身的专业性，并为此努力甚多。同时，在深圳三年的项目制实践中，项目组始终在民政局、民宗局行政权力结构的夹缝中争取实践空间，保持行动取向的自主性、创新与超越性和专业行动框架的持守性。不难看出，无论是上海实践的"基层岗位制"，还是深圳前期实践的"部门项目制"，社会工作者在行动取向上均在努力争取着自身的主体性，但主体性始终受到行政力量的干预和排斥。这均使得社会工作者行动自主性、创新与超越性与专业行动框架的持守性受到了一定的干扰与限制。

相比较而言，在"基层项目制"实践模式中，社会工作者行动取向的主体性最为明显和清晰。虽然上海和深圳的此类实践是零星的、非制度化的，但是从中仍能发现，社会工作者能按照自身的想法与愿望设计与开展活动，在工作中想方设法地去实现对原有工作路径的创新与超越。同时在实践中能够很好地体现专业行动框架。因此，较之于上述三种实践模式而言，此种实践模式对社会工作者行动取向的自主性、创新与超越性及其对专业行动框架的持守性均是最高的。

（五）基层项目制：嵌入实践模式策略性优化的应然选择

基于沪深两地实践，对四种类型实践模式特征进行的比较分析，旨在应然层面探讨社会工作嵌入城市少数民族流动人口服务管理实践模式优化的策略性选择。若要澄清此议题，首先需进一步予以明晰的是，在城市少数民族流动人口服务管理领域开展社会工作嵌入性实践的意义为何？主要体现在两个方面：第一，是城市少数民族流动人口服务管理体制机制创新的内在迫力。此种迫力是城市民族工作行动主体主动积极对国家治理能力与治理体系现代发展趋势的回应。这一点，在上海 P 区实践的生成过程表现得十分明显；第二，对于城市民族工作行政部门而言，是社会工作本土化发展的外生动力。这一点在深圳 F 区实践中体现得较为明显。然而，无论是内在迫力还是外生动力，此种实践开展的目标是一致的，即通过社会工作服务的开展，提升城市少数民族流动人口服务管理水平，最终提高城市少数民族流动人口福利水平。就此种意义而言，在实践中选择何种实践模式均要以这一目标作为根本的出发点与落脚点。

值得进一步说明的是，就理想层面的发展逻辑而言，社会工作嵌入城市少数民族流动人口服务管理实践理应呈现出社会工作外在结构在城市少数民族流动人口服务管理中逐渐生长的过程，即社会工作嵌入城市少数民族流动人口服务管理场域中的程度逐渐加深、发挥功能逐渐变大的过程。进一步而言，在实践模式选择上，随着社会工作嵌入程度的加深，相关政府部门会逐渐选择更加延伸至基层，更能发挥社会工作者主体性，更秉持一种伙伴关系的实践模式。事实上，在国内其他领域如青

第五章 嵌入的策略性优化：模式选择与机制完善

少年、学校、司法、老年等社会工作嵌入性发展的实践中，模式选择亦是如此。如前文所述，沪深两地的多年实践演化出了四种类型的实践模式。而"基层项目制"是最能发挥社会工作行动框架的一种嵌入性实践模式。

然而，反观目前沪深两地社会工作嵌入城市少数民族流动人口实践的发展脉络，其实践发展却呈现出一种逆向的发展脉络。具体而言，在沪深两地近十余年的实践中，实践模式的选择与演进并非呈现出一种与理想逻辑相吻合的发展脉络。截至2017年底，上海P区的"社区共融"项目终结，即上海的"基层岗位制"的实践模式目前已不复存在，取而代之的是"部门岗位制"。而在深圳，"部门项目制"的实践早在2014年也已经终结，统战、民宗部门一直沿用的也是"部门岗位制"。事实上，目前在沪深两地的实践中，制度化实践模式的类型仅存"部门岗位制"。

基于上述对实践模式背后实践逻辑的阐释发现，沪深两地最初的实践初衷还是希望对城市民族工作的传统有所创新与超越。首先，就上海P区的实践而言，它不仅是全国社会工作嵌入城市少数民族流动人口服务管理的试点，同时也是上海市最早推进政府购买社会工作服务制度安排的试点。"基层岗位制"是在不超越原有城市民族工作路径的情况下，城市民族工作的重心能够向基层有所下移，使社会工作者成为城市民族工作的基层延伸力量。不难发现，此种实践模式在对社会工作者的角色关系定位上是有所突破的。就深圳最初实践所沿用的"部门项目制"而言，其背后的实践逻辑是规制主义与超越主义的结合。由于当时推动深圳社会工作发展的具体部门是民政局，其希望从项目产品的形式让统战、民宗工作领域认识到社会工作对原有城市民族工作路径是有所超越的，同时囿于城市少数民族流动人口服务管理工作的特殊性，希望社会工作者的行动能在统战、民宗部门的规制之下。不难发现，这两种实践模式的选择均体现了社会工作嵌入城市少数民族流动人口服务管理实践的初衷，体现了一种创新。

然而，在多年实践后，与其他领域社会工作实践模式的演进脉络不同，社会工作嵌入城市少数民族流动人口服务管理的实践模式却演变成为了单纯的"部门岗位制"。不言而喻，无论是就城市少数民族流动人口服务管理体制机制创新而言，还是就社会工作本土化发展而言，这均背离了此项探索性实践的初衷，出现了政策执行中的目标偏差。诚然，城市少数民族流动人口服务管理工作的确具有政治关联与敏感复杂的特性，但并非所有的工作都是如此。当前民族交往的民间化、社会化特点越来越明显，民族事务理所当然成为公共事务重要的组成部分。城市民族事务的重心下移，呈现出"生活化"和"人文化"的趋势。民族工作也越来越转变为社会工作一部分，民族事务治理也越来越多地体现为政策咨询、关系协调、就业服务、家庭服务、社区发展、风尚引导等，与民族社会工作的领域越加重合，建立多元一体的城市民族社会工作模式成为提升社会工作专业化服务水平的必然要求，城市民族事务的专业化治理成为必然趋势。[①] 实践证明，在社会工作领域开展的城市少数民族流动人口服务管理工作中，绝大多数工作均为日常性、常规性与预防性的专业服务或柔性管理工作。而这些工作恰恰是避免工作性质演变为政治关联性与敏感复杂性的基础方法。因此，若要使社会工作嵌入城市少数民族流动人口服务管理实践回归初衷，在实践模式的策略性选择上，"基层项目制"是在应然层面最为合适的选择。只有将这一实践模式制度化、持续性地推进，社会工作在城市少数民族流动人口服务管理实践领域中的协同效应才能发挥至最大。

---

① 王力平：《社会工作协同城市民族事务治理：逻辑生成与路径选择》，载《青海社会科学》，2019年第2期，第115—121页。

第五章 嵌入的策略性优化：模式选择与机制完善

二 嵌入的机制完善

模式选择是社会工作嵌入城市少数民族流动人口服务管理实践策略性优化的重要议题之一，而在嵌入的策略性优化上，机制完善是另一重要议题之一。因为嵌入实践效应的持存，嵌入困境的消解，乃至实践模式优化的策略性选择均需有相应的机制保障予以响应。

（一）建立健全城市民族工作领域购买社会工作服务的长效机制

目前沪深两地统战、民宗领域的政府购买社会工作服务制度设计呈现出碎片化的状态。此种碎片化的状态主要体现在购买资金分散、各政府相关主体利益偏好趋异以及相关方沟通阻隔等方面。与实施政府购买社会工作服务起步较早的相关政府部门和群团组织相比，统战、民宗部门"政府购买服务"相关制度建设显得相对滞后。若究其原因，当下统战、民宗部门购买公共服务的行政驱动可被视为是其主要原因。所谓政府购买公共服务的行政驱动，即通过一系列政府规章、意见、通知等文件推动政府购买的进程。① 此种行政驱动逻辑使统战、民宗部门购买社会工作服务容易受到领导更迭、决策失误、协调不利、虚假响应等因素的干扰，从而忽视了社会工作服务此种制度安排发挥作用的渐进性与长期性，也使购买社会工作服务的制度设计呈现出简单化、技术化、无序化的特点。而要在统战、民宗部门建立健全购买社会工作服务的科学长效机制，依法治理是机制完善的必然选择。

党的十八届四中全会提出了依法治国、建设社会主义法治国家的宏

---

① 葛道顺：《我国公共服务采购：从行政驱动到依法治理》，载《国家行政学院学报》，2017年第3期，第65—70、130页。

伟目标,这为我国民族工作提供基本遵循①,更是为统战、民宗部门购买社会工作服务制度的完善指明了方向。在具体的机制完善方面,应从如下两个方面考虑。

第一,统战、民宗部门要统筹资金来源,建立城市少数民族流动人口服务管理社会工作服务专项资金。在沪深两地调研中发现,资金来源分散导致了城市少数民族流动人口社会工作服务开展的碎片化。资金来源分散主要表现在购买服务资金来源主体的分散,比如有民政部门、统战、民宗部门和街镇等;资金来源种类分散,比如有市级福彩公益金、区级福彩公益金、市区两级财政资金、街镇日常维持经费等。无论是从出资主体还是从资金类型看,这些资金均无法由统战、民宗部门统筹,形成合力,稳定持续地推进城市少数民族流动人口社会工作服务的长效发展。事实上,在深圳调查中发现,教育、司法等领域购买社会工作服务的资金已由其统筹,并设立专项资金纳入每年的财政预算。这使这些领域社会工作服务的规模、数量、品种等方面均有了较为稳定的保障。而统战、民宗部门,其社会工作服务购买资金并非由统战、民宗部门统筹,而是由民政部门统筹,这就事实上导致了上述碎片化状况的出现。因此,建立由统战、民宗部门统筹的购买社会工作服务专项资金,是依法治理框架下促进购买社会工作服务机制完善的必然选择之一。

第二,收缩行政优先权,建立健全统战、民宗部门政府购买社会工作服务项目目录机制。建立健全政府购买公共服务的清单目录机制是当前政府购买公共服务由行政驱动到依法治理的重要实现路径之一。清单目录机制的健全能够有效明确政府的职责范围,即哪些是可以通过购买服务完成,哪些是其职责范围不可通过购买服务完成的。同时,也明确了政府购买的具体内容、数量、范围和价格区间等。同时,就社会组织而言,也能为承接服务的社会组织提供稳定的发展预期和各种规范自身

---

① 虎有泽:《用法律来保障民族团结》,载《西北民族大学学报(哲学社会科学版)》,2015年第2期,第49页。

第五章 嵌入的策略性优化：模式选择与机制完善

发展的方向。在目录的制订上，国内不同研究者提出了不同的观点。有研究者认为，应实行"三目录"制，即《转变政府职能事项目录》《政府购买社会组织服务目录》和《社会组织具备承接政府职能转移和购买服务资质目录》。① 有研究者在"三目录"制基础上，提出了"五目录"制，即在上述"三目录"基础上，增加《第三方评估机构承接评估服务资质目录》和《政府购买社会组织服务价格目录》。② 因此，在统战、民宗领域实施政府向社会组织购买服务的目录制度是依法规范并促进社会工作嵌入城市少数民族流动人口服务管理向纵深推进的必然选择，因为只有如此，才能保证此项实践不受到各种行政权力因素的干扰，将其纳入到法制化轨道中来，避免唯"关系论"、"印象论"和"领导意志"论。公共服务采购的数量和质量保证不是来源于单纯的计划指令，而是来源于有效的市场竞争机制。③

（二）建立健全统战、民宗部门政社合作机制

在沪深两地的调查中发现，社会工作组织对政府主体在资金、资源、信息等方面形成了非对称性依赖的状态。此种非对称性依赖体现了目前我国"强政府"对"弱社会"的一种吸纳。20世纪80年代匈牙利经济学家亚偌什·科尔内（Kornai, J.）最早使用了"吸纳"这一概念来描述传统的计划经济体制存在的矛盾。④ 而后这一概念被纳入到政治学的概念范畴，意指权力主体将公民、社会精英或者社会组织引进权力

---

① 徐家良：《政府购买社会组织公共服务制度化建设若干问题研究》，载《国家行政学院学报》，2016年第1期，第68—72页。
② 邓志锋：《政府向社会组织购买公共服务中的行动逻辑研究》，上海：华东师范大学博士学位论文，2018年，第163页。
③ 葛道顺：《我国公共服务采购：从行政驱动到依法治理》，载《国家行政学院学报》，2017年第3期，第65—70、130页。
④ 〔匈〕科尔内：《短缺经济学》（下卷），高鸿业校，北京：经济科学出版社1990年版，第255页。

系统中并控制和影响它。① 可见，吸纳是政府权力结构对社会力量的一种强大影响力，而且这些影响力往往被赋予合法性。这种合法性的形成是一个过程，更形塑出了一个稳定的结构。在我国，党的十八大以来，政府对社会组织开始采用政府购买服务与转移政府职能等合作互动逻辑，有研究者称之为"调适性合作"。此种合作模式既肯定政府的主导地位，也强调社会组织的积极建构作用，并认为当前政府与社会组织的关系变革是二者共同形塑的结果。② 然而，在社会转型期，由于社会变化剧烈，政府往往在一个新的环境里探寻一套新的"行政主导"模式，调整自己的策略，借助于现有的资源，将多元化的利益发展纳入到一元化的框架之下，实现政府控制的再生产。③ 也就是说，政府在社会转型期，为了实现自身的稳定性，仍然会通过其他形式，比如吸纳来实现其对原有"行政主导"的路径依赖。即使这种路径依赖并非本意，或是不自觉而为之。还有研究者通过在上海的实地调查发现，主导性关系模式，在实践中呈现出依附与合作并存的复合特征，政府在向社会组织让渡制度空间、释放运作资源的同时，又以新的、更为精细化的方式回收控制权与再生产着社会组织的依附性。④ 还有研究者通过实证研究，将目前政府和社会组织的关系划分为五种，即内生依附关系、工具性互惠

---

① 〔美〕西摩·马丁·李普塞特：《政治人：政治的社会基础》，郭为桂等译，南京：江苏人民出版社2013年版，第25页。

② 彭少峰、杨君：《政府购买社会服务新型模式：核心理念与策略选择——基于上海的实践反思》，载《社会主义研究》，2016年第1期，第91—97页。

③ Kang Xiaoguang & Han Heng, "Government Absorbing Society: A Further Probe into the State-Society Relationship in Chinese Mainland", *Social Sciences in China*, Vol. 18, No.2, 2007, pp.18-25.

④ 彭少峰：《依附式合作：政府与社会组织关系转型的新特征》，载《社会主义研究》，2017年第5期，第112—118页。

第五章 嵌入的策略性优化：模式选择与机制完善

关系、竞争关系、疏离关系和抑制关系。① 检视发现，由于统战、民宗部门在转型期对保守主义或是规制主义实践逻辑的持守固化与路径依赖，沪深两地在社会工作嵌入城市少数民族流动人口服务管理实践中就出现了此种依附关系的再生产。这实质就是一种政府对社会工作组织"吸纳"结构的生成。显然，此种"吸纳"结构的生成就长期而言是不利于统战、民宗部门对国家治理体系与治理能力现代化策略的积极回应。因为现代化社会管理的核心要义是治理，治理的核心在于多中心主义的参与。治理离不开两个前提：一是成熟多元管理主体的存在以及它们之间的伙伴关系；二是民主、协作和妥协的精神。② 党的十九大报告中指出，要转变政府职能，深化简政放权，创新监管方式。因此，在治理思维框架下，各个治理主体应是一种平等合作关系。而要使统战、民宗部门政府与社会工作组织之间形成一种更为平等的合作关系，其核心就是简政放权，明确两者的角色定位。就政府角色定位而言，其角色就是政策制定者和监管评估者。即在政社关系上，政府主要负责宏观政策制订、监管实施过程和评估实施绩效。而社会组织的角色定位则是服务产品的供给者，职责则是负责服务产品的策划、生产和内部监管等。就此而言，若要从统战、民宗部门的视角探寻建构良性政社合作关系，关键就是要从"吸纳"转向监管，不能既是"运动员"，又是"裁判员"。而就机制的建立健全而言，就在过程监管与绩效评估机制方面予以着力。

第一，建立健全服务对象参与的过程监管机制。有研究者认为，将公众参与和终端消费者选择纳入购买服务过程管理制度环节是未来购买

---

① 刘传铭、乔东平、王金顺：《我国政府与社会组织之间的关系研究——基于北京上海广州深圳的调查研究》，载《经济参考研究》，2012年第22期，第59—65页。

② 臧志军：《治理：乌托邦还是现实》，载《探索与争鸣》，2003年第3期，第9页。

服务过程管理的政策完善的必然趋势。① 事实上，在调查中发现，在沪深两地社会工作嵌入城市少数民族流动人口服务管理的实践中，服务对象——城市少数民族流动人口在服务过程监督方面并未发挥主体性的作用。无论是项目出资方还是项目评估方在对服务过程监控时，主要是根据社会工作组织上报的工作任务完成情况，而并未涉及服务对象的满意度，也并未开通服务对象对服务满意程度的反馈渠道。因此，在未来，统战、民宗部门要探索建立健全服务对象参与的服务过程监督机制，比如，在少数民族服务热线或是平台中加入满意度反馈环节。评估方每月对服务对象进行抽查回访，了解服务对象对社会工作者服务的满意度等。

第二，完善绩效评估体系。目前，在沪深两地社会工作嵌入城市少数民族流动人口服务管理实践中，引入第三方的专业评估力量已成为常规性、制度性的做法。然而，在调查中发现，此种做法有诸多有待完善之处。而最主要的就是绩效评估体系的不尽合理。当前，沪深两地的实践在绩效评估体系中，用人单位的满意度成为了权重最大的内容。这客观上造成了社会工作组织对政府的非对称性依赖，因此，在绩效评估体系的优化上，应建立健全以服务对象满意度和过程操作专业性程度为主要权重的绩效评估体系。这可改变目前绩效评估成为政府主导的唯"任务论"和唯"政绩论"。

第三，协同民政部门，完善评估结果的使用机制。对评估结果的使用是长效监管的有效路径。若不注重评估结果的使用，评估是没有意义的。2018年民政部发布了《社会组织信用信息管理办法》，正式建立了社会组织信用监管和奖励惩戒制度体系。而在社会工作嵌入城市少数民族流动人口服务管理实践中，统战、民宗部门应协同民政部门，提升评估结果的使用效率，比如，将评估结果等级作为结算服务

---

① 陈建国：《政府购买服务过程管理中的政社合作》，载《天津行政学院学报》，2019年第1期，第12—19页。

经费与下一轮竞标优先权的依据，同时将评估结果作为社会组织信用评级的依据等。

（三）建立与完善少数民族社会工作专业人才队伍建设机制

少数民族社会工作者的匮乏是城市少数民族流动人口社会工作服务内卷化的重要表现之一。在沪深两地的调查中发现，其成因是多方面多层次的。若从社会工作者的行动选择而言，既有待遇低、职业前景不佳等理性因素；又有生活不适应、工作环境不佳、专业理想难以实现等非理性因素。若从社会工作行业发展而言，既有社会工作行业本身的同质性因素，又有城市少数民族流动人口社会工作服务领域的特殊性因素。然而，若进一步从政府主体施策的层面探究其成因，少数民族社会工作者培养、聘任、留用和激励机制的不健全、不完善则是其主要体制性因素。

需要指出的是，在调查中发现，作为主管少数民族事务的统战、民宗部门，在少数民族社会工作专业人才队伍的建设上并没有完全发挥积极建设性的作用，原因主要是对待少数民族社会工作者作为一种工具主义的使用去向，而非发展主义的培育取向。这就使统战、民宗部门对待少数民族社会工作专业人才是一种被动使用，而非主动培育的态度。诚然，少数民族社会工作专业人才队伍的建设是一个系统工程，并非某个政府部门可以单独施策，而是需要多部门、多单位甚至多地联动。但就主管城市民族工作的统战、民宗部门而言，在新时代背景下，理应主动作为，明确自身职责，发挥"牵头"作用，积极促进多方联动，建立、完善少数民族社会工作专业人才队伍建设的相关配套机制。

第一，与相关高校有效联动，建立少数民族社会工作人才的专项培养与定向培养机制。目前，全国高校开设社会工作专业的有400余所，而招收少数民族学生的高校主要是民族院校和少数民族地区的高校。因此，对服务于城市少数民族流动人口社会工作人才有较大需求的城市而言，统战、民宗部门可与上述高校主动联系，效仿少数民族地区的专项定向人才培养计划，建立少数民族社会工作人才的专项培养与定向培养机制。这些培育机制包括实习基地建设、教学课程体系设置和外聘实务老师等方面。比如，统战、民宗部门可主动与少数民族院校或是少数民族地区院校签订实习实训协议，每年让这些高校中具有少数民族身份的社会工作专业学生到统战、民宗部门实习，或是派遣到从事少数民族流动人口社会工作服务的社会工作机构实习；再比如统战、民宗部门每年向高校反馈城市少数民族流动人口社会工作服务中对少数民族社会工作者专业技能的需求及其变化，促进这些高校以需求为导向设置更加具有专业性与针对性的人才培养方案；再比如，统战、民宗部门应力促具有丰富城市少数民族流动人口服务经验的工作人员和一线社工成为这些高校的外聘实务教师，定期到高校中讲授少数民族流动人口社会工作实务经验。

第二，与组织、人社部门有效联动，出台少数民族社会工作人才聘任、留用各项优惠政策与配套措施。对于城市少数民族流动人口社会工作服务有较大需求的城市，其统战、民宗部门可与组织、人社部门共同出台一些优惠措施，以吸引少数民族社会工作人才特别是高层次人才。比如，在聘任少数民族社会工作者方面，在当地社工平均薪酬的基础上，为少数民族社会工作者设立专项补贴，提高其待遇；再比如，在留用和激励机制上，对从业达到一定年限后的少数民族社会工作专业人才报考研究生、公务员、落户和申请廉、公租房给予各种优惠政策；又比如，对于在饮食、宗教信仰等方面有着特殊需求的少数民族社会工作者给予特定的生活保障，以确保其能适应城市生活。

第三，与民政部门联动，建立健全城市民族工作领域高层次社会工作人才保障与激励机制。在调查中发现，沪深两地在社会工作嵌入城市少数民族流动人口服务管理的多年实践中，沉淀了诸多坚守此项工作、在该领域有着丰富实务经验的社会工作者。比如，上海 L 社工机构的 YRY、JRY 等，深圳 S 社工机构的 ZR、JB 等。然而，这些社会工作者的专业能力和资历始终没有得到统战、民宗部门的认可。统战、民宗部

第五章　嵌入的策略性优化：模式选择与机制完善

门由于工具主义的使用取向，并没有出台相应措施对部分在城市少数民族流动人口社会工作服务领域具有丰富经验与技能的社会工作者予以重视与认可。事实上，这些社会工作者可以说是此项实践的先行者，其积累下的宝贵经验弥足珍贵，应该被认可与重视。因此，就统战、民宗部门而言，应协同民政部门，出台城市民族工作领域社会工作人才的保障与奖励机制。比如，建立健全城市民族工作领域高层次社会工作人才库，并配套相应的保障待遇与措施；再比如，每年开展相应的评优评先，对该领域表现优异、具有职业精神的社会工作者予以表彰，并给予一定的奖励。

（四）建立健全城市民族工作领域社会工作者专项能力提升机制

众所周知，我国高校社会工作专业教育，尤其是本、专科教育主要是以通才教育为主，因而，当初出茅庐的社会工作者走向某一专业领域从事社会工作实务时，并不可能完全知晓与掌握从事这一领域社会工作服务所需要的专业知识，必须在入职后重新学习与掌握。比如，从事医务社会工作的社会工作者在实务中重新学习与了解有关医学的大量知识。因此，对于某些特殊领域社会工作而言，建立健全相应的专业能力培养与提升机制显得尤为重要。而对于从事少数民族领域社会工作服务的社会工作者亦是如此。民族社会工作是一种具有高度"文化敏感性"的专业实践①，在实践中，应通过调动所介入民族的主体参与和本土文化资源，以文化适切的社会工作方法和技巧，来满足各民族受助者的多

---

① 李林凤：《论社会工作者的族群文化敏感性——多元文化背景下社会工作本土化的一种探索》，载《贵州师范大学学报（社会科学版）》，2007年第1期，第28—33页。

元化需求。①

第一，出台民族社会工作服务指南。行业标准与服务指南是社会工作者的一般性指导意见与操作规范。就社会工作领域而言，民政部正在组织开展编写各个领域社会工作实务行业标准与服务指南的工作，目前已出台《儿童社会工作服务指南》《老年社会工作服务指南》《社会工作服务项目绩效评估指南》《社区社会工作服务指南》《社会工作方法个案工作》和《社会工作方法小组工作》等行业标准。这些行业标准对规范与提升社会工作的专业能力具有重要意义。然而，民族社会工作实务领域，包括社会工作嵌入城市少数民族流动人口服务管理领域并未出台相关服务指南。因此，统战、民宗部门从机制完善的角度应协同民政部门、组织行业专家，力促民族社会工作行业标准，即服务指南的出台。

第二，建立健全城市民族工作领域社会工作者岗位培训与继续教育制度。现下，对于绝大部分社会工作组织而言，员工的岗位培训与继续教育制度已成为常态化工作。然而，在上海调查中发现，从事"社区共融"项目的社会工作者岗位培训与继续教育均处于一种通知层面，很少有专门涉及少数民族领域服务的专业知识与政策，此方面培训仅限于统战、民宗部门统一组织的相关培训，且次数很少。而在深圳，由于是"部门岗位制"的模式，社会工作者与社会工作组织之间联系松散，基本处于"无人问津"的状态，而用人单位也只是单纯的使用，而未意识到专项能力提升这一问题。可见，民族社会工作者的岗位培训与继续教育机制是缺失的。因此，统战、民宗部门应协同民政部门、社会工作行业协会组织以委托、采购等多种形式针对从事少数民族社会工作的社会工作者开展制度化、常态化的岗位培训与继续教育。

第三，建立健全城市民族工作领域社会工作优秀项目、案例征集

---

① 王旭：《民族社会工作的合法性、实践价值及策略性发展重点》，载《中央民族大学学报（哲学社会科学版）》，2013年第4期，第68—73页。

第五章　嵌入的策略性优化：模式选择与机制完善

与评选的常态化机制。社会工作优秀项目、案例的征集与评选是展示与积累社会工作服务经验与成果的重要形式。目前在诸多社会工作服务领域，如青少年、司法、妇女、老年等领域均有了较为制度化、常态化的优秀项目与案例的征集与评选，并形成了规范、成熟的资料库，有的甚至出版发行。然而，在民族社会工作领域，包括城市少数民族流动人口服务管理领域并没有这一常规化的工作机制。事实上，社会工作嵌入城市少数民族流动人口服务管理实践已开展多年，也积累了诸多优秀的服务项目与案例。在调查中发现，这些项目与案例更多的只是在社会工作组织内部被收集和保存，并没有在更大范围内予以展示、认可与推广。因此，统战、民宗部门应协同民政部门、社会工作行业协会建立健全此项工作机制，常态化、制度化地进行优秀项目、案例的征集和评选工作，这可为该领域社会工作发展保存、挑选和沉淀下大量文献资料，更能为该领域社会工作者专项能力的提升提供大量可供学习参考的宝贵经验。

　　第四，夯实城市少数民族流动人口社会工作服务中的督导制度。督导制度的弱化是城市少数民族流动人口社会工作服务领域社会工作者服务行动专业性消减的重要表现之一。主要表现在督导过程的虚化、督导的合法性权威受到行政权的质疑与排斥和督导对社会工作者的影响力式微等方面。显然，督导制度对社会工作专业能力的提升尤为重要。对于社会工作嵌入城市少数民族流动人口服务的管理实践，夯实弱化的督导制度刻不容缓。而就机制完善而言，统战、民宗部门应主动与社会工作组织的督导协同联动，形成定期会面联席的督导制度。比如承担城市少数民族流动人口服务管理业务科室的领导、工作人员应与机构督导定期会面，共同探讨社会工作者在该项工作中遇到的问题与困难。又比如，督导也可将社会工作者在日常工作中遇到的问题与困惑定期地向科室领导与工作人员反馈，形成良好的沟通反馈机制。

（五）建立健全统战、民宗部门社会工作者参与政策咨询与倡导工作机制

涂尔干认为，次级群体是构成我们社会结构的基本要素，如果在政府与个人之间没有一系列次级群体的存在，那么国家就不可能存在下去。① 社会组织作为现代化国家，特别是具有成熟超前治理理念的现代国家而言，是十分重要的治理主体，其主体地位应得到充分的认可与发挥。因此，党的十九大报告指出，社会组织协商是我国社会主义协商民主的重要形式之一。② 这意味着社会组织及其成员在社会主义协商民主中的主体地位应得到充分尊重和发挥。同时，现代国家管理的要义之一就是"治理"，治理的核心理念就是多中心、多主体的协商和参与③。国外研究者彼得·弗里尼金（Frunikin, P.）用两个维度：其一非营利组织的活动动机，是基于别人的需求还是自身的供给；其二非营利组织的价值观是向外部社会提供工具，还是进行内部表达，认为社会组织具有服务提供、社会创业、公民和政治参与人、价值和信仰四种功能，它可以发挥多重功能。④ 同时，在社会工作实务中，社会工作者也扮演着多种角色，一般包括服务提供者、支持者、倡导者、管理者、资源获取者、协调者、政策影响人等。⑤ 可见，在社会工作实务中，社会工作组

---

① 〔法〕埃米尔·涂尔干：《社会分工论》，渠东译，北京：生活·读书·新知三联书店2000年版，第119页。

② 习近平：《决胜全面建成小康社会 夺取新时代中国特色社会主义伟大胜利——在中国共产党第十九次全国代表大会上的报告》，北京：人民出版社2017年版，第38—39页。

③ 易承志：《协商民主、国家建设与国家治理》，载《学术月刊》，2016年第3期，第66—79页。

④ 翁士洪：《非营利组织援助义务教育的演化逻辑》，上海：复旦大学博士学位论文，2013年，第6页。

⑤ 王思斌编：《社会工作概论（第三版）》，北京：高等教育出版社2014年版，第24—25页。

第五章 嵌入的策略性优化：模式选择与机制完善

织及其成员不仅仅扮演着自上而下服务提供的功能，其还存在着"治理"过程中自下而上的政治参与功能。具体而言，在实践中政策咨询与倡导的主体地位也应得到充分认可与发挥。即社会工作服务的优势不仅仅体现在具体的服务层面，还在于所反映的意见与建议对政府层面的决策起到重要的参考价值。

就沪深两地的实践而言，在调查中发现，由于统战、民宗部门对社会工作组织及社会工作者功能定位不够全面或是有所偏颇，使得社会工作组织及社会工作者在自下而上的政策咨询与政策倡导过程中的主体地位难以显现。长期在一线服务的社会工作者往往能够准确及时地了解把握少数民族流动人口的新情况、新问题、新需求，因此，作为主管的统战、民宗部门，应主动倾听、及时回应并反馈意见，并主动吸纳其参与相关政策制定的讨论过程，以提高政府决策的科学性与有效性。统战、民宗部门应厚植"治理"理念，着力健全服务于城市少数民族流动人口的社会工作组织及一线社会工作者参与政策倡导与政策制定的工作机制。比如，建立定期联合例会机制，即统战、民宗部门定期多方联合例会的工作机制，吸纳社会工作者参会，倾听其工作反馈；又比如，在重要政策文件出台前，邀请社会工作者参与讨论等；再比如，定期组织一线社会工作者参与城市少数民族流动人口社情民意的调查等。

结　语

党的十九大报告中指出："经过长期努力，中国特色社会主义进入了新时代，这是我国发展新的历史方位。"① 新时代背景下，城市少数民族流动人口服务管理应不断适应少数民族同胞对美好生活的向往，其实践模式需不断探索与创新。沪深两地开展的社会工作嵌入城市少数民族流动人口服务管理实践不仅是全国在少数民族领域开展社会工作服务的先行，更是城市少数民族流动人口服务管理体制机制的创新，是迈向社会化、科学化的有益尝试和探索。

首先，社会工作嵌入城市少数民族流动人口服务管理实践是强制性制度变迁催生下的有益尝试。研究发现，沪深两地实践均是在少数民族流动人口数量激增带来的倒逼压力、政府主体主动谋求社会治理模式的创新和社会工作本土化发展的先行与引领三重背景性因素影响下共同催生的。而在形成缘起方面，上海实践的形成是统战、民宗部门政社合作的偶然性与必然性的统一，深圳实践的形成则是深圳社会工作服务领域不断拓展与创新的结果；上海实践的发展经历了11年的曲折探索，而深圳8年实践中经历了从项目制向岗位制的转变。在实践的主体与客体问题上，上海实践呈现出统战、民宗职能框架下的多购买主体，服务对

---

① 习近平：《决胜全面建成小康社会 夺取新时代中国特色社会主义伟大胜利——在中国共产党第十九次全国代表大会上的报告》，北京：人民出版社2017年版，第10页。

结 语

象则主要聚焦于"统战人士"与"来沪"双重意义建构下的穆斯林流动人口;而在深圳实践中,购买主体是力推社会工作发展的民政部门,服务对象则是"深圳人"意义建构的少数民族流动人口。

其次,沪深两地实践产生了显著的效应。研究发现,沪深两地社会工作嵌入城市少数民族流动人口服务管理的实践效应可从这一实践对城市少数民族流动人口服务管理领域产生的实践效应和实践对社会工作专业自身发展产生的效应两个方面予以澄清。一方面,嵌入性实践对城市少数民族流动人口服务管理领域产生的实践效应主要包括少数民族流动人口社会福利服务的精准供给、少数民族志愿者组织的"自组织化"建设和少数民族流动人口的"服务性"协同治理等。这三种实践效应事实上是社会工作嵌入对城市少数民族流动人口服务管理领域各相关方产生的显在与潜在功能的综合表现。另一方面,这一实践也对社会工作专业自身的嵌入性发展产生了积极建设性的实践效应,主要表现在社会工作的各种外在结构,如制度安排、服务模式和角色设置等,在城市少数民族流动人口服务管理决策主体、执行主体和服务对象中的结构性生长。

再次,实践的困境存在于制度、项目、服务嵌入的三个层面。研究发现,由于社会工作嵌入城市少数民族流动人口服务管理的实践处于初步探索期,这一实践呈现出了从宏观制度到微观服务层面的诸多困境。制度层面嵌入的困境表现为统战、民宗领域购买社会工作服务制度设计的碎片化和社会工作组织对政府主体的非对称性依赖两方面,项目层面嵌入的困境主要是项目实施的目标替代和内卷化,而服务行动层面嵌入的困境则表现为服务行动实践权受限和专业性消减。

最后,嵌入的策略性优化可从模式选择与机制完善两方面予以着力。借助布迪厄实践理论研究发现,沪深两地社会工作嵌入城市少数民族流动人口服务管理的实践模式可划分为部门岗位制、部门项目制、基层岗位制和基层项目制四种。而通过对四种类型实践模式的特征比较分析,基层项目制可成为嵌入实践模式策略性优化的应然选择。同时,应

社会工作嵌入城市少数民族流动人口服务管理研究

从建立健全城市民族工作领域购买社会工作服务的长效机制、统战、民宗部门政社合作机制、少数民族社会工作专业人才队伍建设机制、城市民族工作领域社会工作者专项能力提升机制和统战、民宗部门社会工作者参与政策咨询与倡导工作机制等五个方面着力,以进一步对此项实践的机制予以完善。

有研究者指出,我国社会工作要从底层驱动、预防性保护及外在结构化入手,我国庞杂的社会工作服务供给以及制度建构不是强制性制度变迁所能对应解决的,而是需要针对具体社会问题,从需求分析入手,进行服务设计、规则制定、政策推广,完成相应制度建构。① 上海市P区和深圳市F区的多年实践呈现出了社会工作在服务城市少数民族流动人口、培育与建设少数民族志愿者组织和参与协同治理等方面的实践效应,这些均形成了社会工作嵌入城市少数民族流动人口服务管理的底层驱动力。与此同时,上海、深圳实践中出现的困境既表现出了社会工作参与社会治理过程中存在的普遍性特征,如相关政府主体利益偏好不同、社会组织对参与规范的被动服从、量化显性目标对内在专业目标的替代和行政事务对专业时空的挤占等,也表现出了社会工作嵌入城市少数民族流动人口服务管理领域的特殊性,如统战、民宗领域购买社会工作服务资金来源的分散、对资源的绝对掌握、少数民族社会工作者匮乏、城市民族工作特殊性对社会工作价值理念的规制等。事实上,这些普遍性与特殊性交互的实践困境是社会工作在城市少数民族流动人口服务管理领域中进一步嵌入的预防性保护因素。当前民族交往的民间化、社会化特点越来越明显,民族事务理所当然成为公共事务重要的组成部分,城市民族事务的重心下移,呈现出"生活化"和"人文化"的趋势,民族问题中"社会性"与"民族性"叠加,民族问题也越来越多

---

① 葛道顺:《社会工作转向:结构需求与国家策略》,载《社会发展研究》,2015年第4期,第1—23、238页。

地体现为涉及民族因素的社会问题，民族工作也越来越转变为社会工作。[①] 上海、深圳多年实践使得社会工作的各种外在结构也已在城市少数民族流动人口服务管理主体与客体中有了生长，出现了一定程度的外在结构化，若在模式选择与机制完善上予以策略性优化，或许能推进这一实践的外在结构化进程。总之，上海、深圳两地实践为今后一段时间内在全国更大范围内开展社会工作嵌入城市少数民族流动人口服务管理实践，乃至社会组织参与城市民族工作实践的制度化提供了有益参考与借鉴。

诚然，研究的逻辑往往无法超越历史、空间与研究视角等因素。因而，本研究在诸多方面仍然存在不足与遗憾之处，望能在今后研究中予以进一步深化与完善。对社会工作嵌入城市少数民族流动人口服务管理实践基本状况、实践效应与困境、策略性优化等议题的呈现主要是基于2007年至2018年沪深两地开展的探索性实践，且主要是从社会工作专业嵌入性发展的视角予以展开。沪深两地实践虽是全国的先行试点，但仍然处于特定的时空内，并非能完全展示这一实践的全貌，同时，基于社会工作专业嵌入性发展的研究视角，往往会忽视对政府主体视角的观照，这些均使得本研究存在着一定的局限性。就后续研究而言，至少可从如下方面进一步深入。第一，在历史维度，后续研究应进一步聚焦于新时代背景下社会工作嵌入城市少数民族流动人口服务管理实践出现的新情况、新问题，如两者"互构性演化"过程中形成的新的整合状态与出现的新问题。第二，拓展新的研究地点。目前，除了沪深两地外，在北京、重庆、昆明等也开展了社会工作嵌入城市少数民族流动人口服务管理的实践探索，后续研究可将研究地点拓展到上述城市，以呈现这一实践在其他城市的新特点、新问题；第三，进一步收集政府主体（统战、民宗部门）行政工作人员、少数民族志愿者、服务对象等的访谈资

[①] 王力平：《社会工作协同城市民族事务治理：逻辑生成与路径选择》，载《青海社会科学》，2019年第2期，第115—121页。

料,探寻政府主体引入社会工作的行动逻辑,以便转变视角,主客位资料相互印证,更为全面、客观地审视社会工作嵌入城市少数民族流动人口服务管理实践。

参考文献

（按作者姓氏拼音首字母排序）

一、著作

1. 中文著作

［1］常宝、亓元·巴特尔：《民族社会工作》，上海：华东理工大学出版社 2013 年版。

［2］陈向明：《质的研究方法和社会科学研究》，北京：教育科学出版社 2000 年版。

［3］陈振明：《公共服务导论》，北京：北京大学出版社 2011 年版。

［4］储庆、库少雄：《理解与服务：民族社会工作实务》，北京：中国人民大学出版社 2016 年版。

［5］〔美〕杜赞奇：《文化、权力与国家：1900—1942 年的华北农村》，王福明译，南京：江苏人民出版社 1994 年版。

［6］方舒：《社会工作协同社会管理创新：功能定位与介入路径》，经济科学出版社 2014 年版。

［7］风笑天：《社会研究方法（第五版）》，北京：中国人民大学出版社 2018 年版。

［8］高永久：《民族社会学概论》，天津：南开大学出版社 2010 年版。

［9］国务院人口普查办公室、国家统计局人口统计司编：《中国1982年人口普查资料（电子计算机汇总）》，北京：中国统计出版社1985年版。

［10］国务院人口普查办公室、国家统计局人口统计司编：《中国1990年人口普查资料》（第一册），北京：中国统计出版社1993年版。

［11］国家统计局人口和社会科技统计司、国家民族事务委员会经济发展司编：《2000年人口普查中国民族人口资料》，北京：民族出版社2003年版。

［12］国家统计局人口和就业统计司、国家民族事务委员会经济发展司编：《中国2010年人口普查分民族人口资料》，北京：民族出版社2013年版。

［13］国家民族事务委员会编：《中央民族工作会议精神学习辅导读本》，北京：民族出版社2015年版。

［14］国家卫生健康委员会编：《中国流动人口发展报告2018》，北京：中国人口出版社2019年版。

［15］国家民族事务委员会、中共中央文献研究室：《新时期民族工作文献选编》，北京：中央文献出版社1990年版。

［16］国家民委办公厅、国家民委政策研究室、国家民委政法司编：《中华人民共和国民族政策法律法规选编》，北京：中国民航出版社1997年版。

［17］国家民族事务委员会研究室编：《新中国民族工作十讲》，北京：民族出版社2006年版。

［18］国家民委政策法规司编：《中国城市保障少数民族权益法规选编》，北京：中国致公出版社2000年版。

［19］郝时远：《中国共产党怎样解决民族问题》，南昌：江西人民出版社2011年版。

［20］侯钧生主编：《西方社会学理论教程（第4版）》，天津：南开大学出版社2017年版。

[21]〔美〕黄宗智：《长江三角洲小农家庭与乡村发展》，北京：中华书局1992年版。

[22] 金炳镐主编：《中国共产党民族工作理论与实践》，北京：中央民族大学出版社2007年版。

[23] 库少雄编：《人类行为与社会环境（第2版）》，武汉：华中科技大学出版社2014年版。

[24] 吕宝静主编：《社会工作与台湾社会》，台北：巨流图书公司2004年版。

[25] 雷振扬等：《坚持和完善中国特色民族政策研究》，北京：中国社会科学出版社2014年版。

[26] 雷振扬主编：《民族理论与政策研究（第四辑）》，北京：民族出版社2013年版。

[27] 李安宅：《边疆社会工作》，石家庄：河北教育出版社2012年版。

[28] 廖荣利：《社会工作概要》，台北：三民书局印行1996年版。

[29] 李吉和、马冬梅、常岚等：《流动、调适与融入：城市少数民族流动人口调查》，武汉：华中科技大学出版社2016年版。

[30] 李吉和：《中、东部地区城市民族关系研究》，北京：民族出版社2013年版。

[31] 李静：《民族心理学研究》，北京：民族出版社2005年版。

[32] 李明政：《文化福利权：台湾原住民社会福利政策之研究》，台北：双叶书廊有限公司2001年版。

[33] 李明政等：《多元文化社会工作》，台北：台湾松慧有限公司2011年版。

[34] 李培林等：《当代中国社会工作总论》，北京：社会科学文献出版社2014年版。

[35] 李迎生：《社会工作概论（第三版）》，北京：中国人民大学出版社2018年版。

[36] 良警宇：《牛街：一个城市回族社区的变迁》，北京：中央民族大学出版社 2006 年版。

[37] 林万亿：《当代社会工作理论与方法化》，台北：五南图书出版股份有限公司 2002 年版。

[38] 林耀华主编：《民族学通论（修订本）》，北京：中央民族大学出版社 1997 年版。

[39] 刘阿荣：《多元文化与族群关系》，台北：扬智文化事业股份有限公司 2006 年版。

[40] 罗观翠主编：《广东社会工作发展报告》，北京：社会科学文献出版社 2014 年版。

[41] 马莉：《美国穆斯林移民——文化传统与社会适应》，北京：中央民族大学出版社 2011 年版。

[42] 马戎编著：《民族社会学——社会学的族群关系研究》，北京：北京大学出版社 2004 年版。

[43] 民政部社会工作司：《城市社会工作研究》，北京：中国社会出版社 2010 年版。

[44] 彭善民主编：《本土社会工作探索：基于上海的地方性实践》，合肥：合肥工业大学出版社 2010 年版。

[45] 任国英：《民族社会工作研究文集》，北京：知识产权出版社 2016 年版。

[46] 沙莲香：《社会心理学（第三版）》，北京：中国人民大学出版社 2011 年版。

[47] 宋蜀华、白振声主编：《民族学理论与方法》，北京：中央民族大学出版社 1998 年版。

[48] 苏景辉：《弱势者人权与社会工作》，台北：巨流图书股份有限公司 2010 年版。

[49] 隋玉杰：《社会工作——理论、方法、实务》，北京：中国社会科学出版社 1996 年版。

[50] 隋玉杰、杨静编：《个案工作》，北京：中国人民大学出版社 2007 年版。

[51] 王甫昌：《当代台湾社会的族群想象》，台北：群学出版有限公司 2006 年版。

[52] 中国社会工作协会编：《中国社会工作发展报告（2011—2012）》，北京：社会科学文献出版社 2013 年版。

[53] 王思斌编：《社会工作概论（第三版）》，北京：高等教育出版社 2014 年版。

[54] 王思斌主编：《社会工作综合能力（中级）》，北京：中国社会出版社 2007 年版。

[55] 王思斌：《社会工作本土化之路》，北京：北京大学出版社 2010 年版。

[56] 王希恩：《20 世纪的中国民族问题》，北京：中国社会科学出版社 2012 年版。

[57] 文军：《社会工作模式、理论与应用》，北京：高等教育出版社 2010 年版。

[58] 文军：《西方社会工作理论》，北京：高等教育出版社 2013 年版。

[59] 吴仕民：《中国民族理论新编》，北京：中央民族大学出版社 2008 年版。

[60] 习近平：《决胜全面建成小康社会 夺取新时代中国特色社会主义伟大胜利——在中国共产党第十九次全国代表大会上的报告》，北京：人民出版社 2017 年版。

[61] 许莉娅，中国社会工作教育协会：《个案工作（第 2 版）》，北京：高等教育出版社 2013 年版。

[62] 杨慧：《民族社会工作实践与反思》，北京：中央民族大学出版社 2013 年版。

[63] 杨善华、谢立中：《西方社会学理论（下卷）》，北京：北京

大学出版社 2006 年版。

[64] 詹火生：《台湾社会工作》，北京：中国社会出版社 2013 年版。

[65] 郑杭生：《社会学概论新修（第 4 版）》，北京：中国人民大学出版社 2013 年版。

[66] 郑杭生：《民族社会学概论（第 2 版）》，北京：中国人民大学出版社 2011 年版。

[67] 中共中央宣传部：《习近平新时代中国特色社会主义思想三十讲》，北京：学习出版社 2018 年版。

[68] 庄孔韶：《人类学通论》，太原：山西教育出版社 2004 年版。

（二）译著

[1]〔法〕布迪厄、〔美〕华康德：《实践与反思：反思社会学导引》，李猛、李康译，北京：中央编译出版社 2004 年版。

[2]〔匈牙利〕波兰尼：《大转型：我们时代的政治与经济起源》，冯钢、刘阳译，杭州：浙江人民出版社 2007 年版。

[3]〔法〕埃米尔·涂尔干：《社会分工论》，渠东译，北京：生活·读书·新知三联书店 2000 年版。

[4]〔美〕登哈特：《公共组织理论（第五版）》，扶松茂、丁力译，北京：中国人民大学出版社 2011 年版。

[5]〔英〕迈克·费瑟斯通：《消费文化与后现代主义》，刘精明译，南京：译林出版社 2000 年版。

[6]〔美〕O. 威廉姆·法利、〔美〕拉里·L. 史密斯、〔美〕斯科特·W. 博伊尔：《社会工作概论（第九版）》，隋玉杰等译，北京：中国人民大学出版社 2005 年版。

[7]〔美〕马克·格兰诺维特：《镶嵌：社会网与经济行动（增订本）》，罗家德等译，北京：社会科学文献出版社 2015 年版。

[8]〔联邦德国〕哈肯：《信息与自组织——复杂系统的宏观方

法》，郭治安等译，成都：四川教育出版社 1988 年版。

［9］〔美〕吉尔伯特、〔美〕特勒尔：《社会福利政策导论》，沈黎等译，上海：华东理工大学出版社 2013 年版。

［10］〔美〕阿尔弗雷多·卡杜山、〔美〕丹尼尔·哈克尼斯：《社会工作督导（第四版）》，郭名倞等译，北京：中国人民大学出版社 2008 年版。

［11］〔匈〕科尔内：《短缺经济学》（下卷），高鸿业校，北京：经济科学出版社 1990 年版。

［12］〔法〕米歇尔·克罗齐耶、〔法〕埃哈尔·费埃德伯格：《行动者与系统——集体行动的政治学》，张月等译，上海：上海人民出版社 2007 年版。

［13］〔美〕斯蒂芬·P. 罗宾斯：《组织行为学（第十版）》，孙健敏等译，北京：中国人民大学出版社 2005 年版。

［14］〔美〕西摩·马丁·李普塞特：《政治人：政治的社会基础》，郭为桂等译，南京：江苏人民出版社 2013 年版。

［15］〔英〕G. 邓肯·米切尔：《新社会学词典》，上海：上海译文出版社 1987 年版。

［16］〔比〕G. 尼古拉斯、〔比〕L. 普里戈京：《非平衡系统的自组织》，徐锡申等译，北京：科学出版社 1986 年版。

［17］〔英〕Barbra Teater：《社会工作理论与方法》，余潇等译，上海：华东理工大学出版社 2013 年版。

［18］〔英〕Robert Adams：《赋权、参与和社会工作》，汪冬冬译，上海：华东理工大学出版社 2013 年版。

二、期刊文章

［1］安民兵：《城市少数民族流动人口贫困与社会工作的赋权》，载《贵州民族研究》，2014 年第 2 期。

［2］臧志军：《治理：乌托邦还是现实》，载《探索与争鸣》，2003

年第3期。

[3] 曹海军:《"三社联动"视野下的社区公共服务供给侧改革——基于S市项目制和岗位制的案例比较分析》，载《理论探索》，2017年第5期。

[4] 陈纪、鲁亚倩:《少数民族流动人口城市融入中的社会适应问题探讨》，载《贵州民族研究》，2016年第10期。

[5] 陈建国:《政府购买服务过程管理中的政社合作》，载《天津行政学院学报》，2019年第1期。

[6] 陈云:《少数民族流动人口城市融入中的排斥与内卷》，载《中南民族大学学报（人文社会科学版）》，2008年第4期。

[7] 陈云:《现阶段中东部城市民族社会工作的实现路径》，载《西南民族大学学报（人文社科版）》，2015年第6期。

[8] 崔艳芳:《基于多元文化环境下的少数民族社会工作创新研究》，载《贵州民族研究》，2018年第11期。

[9] 程中兴:《民族社会工作中的问题与策略之争》，载《贵州民族研究》，2011年第6期。

[10] 方堃、杨欣:《少数民族流动人口跨区域服务管理协作机制研究——基于整体性治理视角》，载《中南民族大学学报（人文社会科学版）》，2017年第4期。

[11] 成洪波、徐选国、徐永祥:《社会工作参与基层社会治理的机制创新及其实践逻辑——基于东莞市横镇的经验研究》，载《福建论坛（人文社会科学版）》，2018年第7期。

[12] 丁海江、向洪:《少数民族流动人口城市融入的路径研究——以重庆市社会工作介入为例》，载《中南民族大学学报（人文社会科学版）》，2016年第6期。

[13] 风笑天:《"落地生根"？——三峡农村移民的社会适应》，载《社会学研究》，2004年第5期。

[14] 冯晓英:《城乡统筹视角下的流动人口服务管理与创新——

京渝成三市城乡统筹发展的比较与启示》，载《北京社会科学》，2012年第1期。

［15］郭未、杨涵：《中国民族社会工作的发展图景：历史概述与现状反思》，载《广西民族研究》，2017年第1期。

［16］葛道顺：《社会工作转向：结构需求与国家策略》，载《社会发展研究》，2015年第4期。

［17］葛道顺：《我国公共服务采购：从行政驱动到依法治理》，载《国家行政学院学报》，2017年第3期。

［18］耿国阶、李超：《政府购买社会服务的"内卷化"——基于A县政府购买城市规划服务的实证分析》，载《东北大学学报（社会科学版）》，2018年第6期。

［19］高建科、冯浩：《浅析维希昂与替尔斯的社会工作思想——兼论其对中国社会工作本土化的方法论》，载《社会工作》，2014年第3期。

［20］高万红：《增能视角下的流动人口社会工作实践探索——以昆明Y社区流动人口社区综合服务实践为例》，载《华东理工大学学报（社会科学版）》，2011年第1期。

［21］高永久、张志泽：《论少数民族流动人口的认同整合与现代治理》，载《广西民族大学学报（哲学社会科学版）》，2017年第4期。

［22］何立华、成艾华：《少数民族人口流动的特征、变化及影响——基于最近两次全国人口普查资料的分析》，载《民族研究》，2016年第6期。

［23］何乃柱：《社会工作介入城市散杂居社区民族工作的新探索——上海样本的启示》，载《广西民族研究》，2013年第4期。

［24］贺海波、黄红发：《行动与结构：弱势群体利益表达的逻辑分析》，载《求实》，2015年第2期。

［25］虎有泽：《用法律来保障民族团结》，载《西北民族大学学报

（哲学社会科学版）》，2015年第2期。

［26］黄晓春、嵇欣：《非协同治理与策略性应对——社会组织自主性研究的一个理论框架》，载《社会学研究》，2014年第6期。

［27］纪莺莺：《转型国家与行业协会多元关系研究——一种组织分析的视角》，载《社会学研究》，2016第2期。

［28］江波、赵利生：《民族社会工作的特征、实践原则与发展路径》，载《西北民族研究》，2014年第4期。

［29］解建秀：《辽宁省少数民族流动人口服务与管理创新机制研究》，载《满族研究》，2014年第2期。

［30］李安辉、王升云：《完善城市少数民族流动人口管理的思考》，载《西南民族大学学报（人文社会科学版）》，2013年第1期。

［31］李海燕、谢小琼、李兰铮：《从管治到善治：公共治理视域下的高教管理改革路径选择》，载《高教探索》，2012年第1期。

［32］李霞：《计划与调查——民族社会工作介入武陵山片区公共文化服务的思考》，载《广西民族研究》，2014年第1期。

［33］刘彦霞：《对城市少数民族流动人口服务管理机制创新的思考》，载《满族研究》，2011年第3期。

［34］李静：《合作治理视域下社会企业介入社会服务的路径研究：逻辑、优势及选择》，载《人文杂志》，2016年第6期。

［35］李俊清：《东部城市少数民族流动人口公共服务研究》，载《中国行政管理》，2012年第11期。

［36］李利文：《公共服务供给碎片化研究进展：类型、成因与破解模型》，载《国外理论动态》，2019年第1期。

［37］李林凤：《从"候鸟"到"留鸟"——论城市少数民族流动人口的社会融合》，载《贵州民族研究》，2011年第1期。

［38］李林凤：《论社会工作者的族群文化敏感性——多元文化背景下社会工作本土化的一种探索》，载《贵州师范大学学报（社会科学版）》，2007年第1期。

[39] 李明政：《族群与社会福利政策》，载《国家政策季刊》，2003年第4期。

[40] 李赟、金炳镐：《近年来城市民族事务治理现代化研究述评》，载《广西民族研究》，2017年第5期。

[41] 李吉和、卢时秀：《中、东部地区城市穆斯林流动人口制度融入状况——基于武汉、广州、杭州、宁波的调查》，载《广西民族大学学报（哲学社会科学版）》，2015年第4期。

[42] 李吉和、杨春娥：《中、东部地区城市穆斯林流动人口社会关系融入状况——基于武汉、广州、杭州、宁波的调查》，载《西南民族大学学报（人文社科版）》，2015年第5期。

[43] 李吉和、张娇蓉：《少数民族流动人口融入城市的社会认同考量——基于武汉、广州、杭州、宁波市的调查》，载《烟台大学学报（哲学社会科学版）》，2018年第3期。

[44] 李吉和、周红英：《略论改革开放以来东部地区城市少数民族人口结构变化》，载《民族研究》，，2018年第6期。

[45] 梁勇、马冬梅：《现阶段我国城市流动人口变动的新特点及服务管理创新》，载《理论与改革》，2018年第1期。

[46] 刘传铭、乔东平、王金顺：《我国政府和社会组织之间的关系研究——基于北京、上海、广州、深圳的调查研究》，载《经济参考研究》，2012年第22期。

[47] 刘焕、吴建南、徐萌萌：《不同理论视角下的目标偏差及影响因素研究述评》，载《公共行政评论》，2016年第1期。

[48] 刘立敏：《城市少数民族流动人口权益保障的现状与出路》，载《烟台大学学报（哲学社会科学版）》，2018年第3期。

[49] 刘立祥：《城市少数民族流动人口生活状况及保障研究》，载《贵州民族研究》，2016年第9期。

[50] 刘世定、邱泽奇：《"内卷化"概念辨析》，载《社会学研究》，2004年第5期。

[51] 郭继强：《"内卷化"概念新理解》，载《社会学研究》，2007年第3期。

[52] 刘毅：《城市少数民族流动人口社会融入与社会管理创新》，载《中央社会主义学院学报》，2011年第5期。

[53] 罗家德：《自组织——市场与层级之外的第三种治理模式》，载《比较管理》，2010年第2期。

[54] 马冬梅：《城市少数民族流动人口管理服务研究反观》，载《广西民族大学学报（哲学社会科学版）》，2014年第3期。

[55] 马冬梅、李吉和：《城市少数民族流动人口服务管理绩效评估指标体系构建研究》，载《西南民族大学学报（人文社科版）》，2019年第7期。

[56] 马冬梅、李吉和：《制度化与人性化：社会转型期我国城市穆斯林流动人口管理服务研究》，载《北方民族大学学报（哲学社会科学版）》，2014年第2期。

[57] 马克林：《社会工作协同民族地区社会治理研究》，载《西北师大学报（社会科学版）》，2015年第1期。

[58] 马伟华、鲁亚倩：《"安全阀"：城市社区民族冲突及其消解机制》，载《广西民族研究》，2017年第5期。

[59] 马伟华、易艳霞：《国家治理现代化视角下的城市少数民族流动人口基本权利保障》，载《贵州民族研究》，2018年第12期。

[60] 马晓玲洪舒蔓：《治理视角下城市民族互嵌式社区公共服务研究——关于成都市浆洗街三个民族社区的调查报告》，载《中南民族大学学报（人文社会科学版）》，2018年第4期。

[61] 聂虹、李吉和：《中、东部地区城市穆斯林流动人口融入状况研究——基于武汉、广州、杭州、宁波的调查》，载《中南民族大学学报（人文社会科学版）》，2017年第2期。

[62] 彭少峰、杨君：《政府购买社会服务新型模式：核心理念与策略选择——基于上海的实践反思》，载《社会主义研究》，2016年第

1期。

［63］彭少峰：《依附式合作：政府与社会组织关系转型的新特征》，载《社会主义研究》，2017年第5期。

［64］彭建军、柏贵喜：《我国城市民族工作新常态的形成及对策研究》，载《中南民族大学学报（人文社会科学版）》，2016年第2期。

［65］青觉、王伟：《系统论视域下我国城市民族工作的特质、构架和方法》，载《中国行政管理》，2016年第9期。

［66］任国英、焦开山：《论民族社会工作的基本意涵、价值理念和实务体系》，载《民族研究》，2012年第4期。

［67］孙婷：《城市少数民族流动人口服务管理困境与创新》，载《贵州民族研究》，2017年第1期。

［68］孙鲁毅：《城市少数民族流动人口服务模式新探——基于南宁市"13456"谈起》，载《广西民族研究》，2016年第6期。

［69］特日乐、纳日碧力戈：《城市少数民族流动人口研究述评（1990-2016）》，载《内蒙古社会科学（汉文版）》，2017年第1期。

［70］汤夺先、任嘉威：《民族社会工作介入少数民族新生代农民工城市融入研究》，载《湖北民族学院学报（哲学社会科学版）》，2018年第5期。

［71］汤夺先：《城市民族工作视角下的少数民族流动人口管理探析》，载《新疆大学学报（哲学人文社会科学版）》，2008年第5期。

［72］唐钧：《民政工作的开放性及社会福利服务的整合》，载《北京工业大学学报（社会科学版）》，2015年第6期。

［73］唐晓阳、陈雅丽：《大城市流动人口管理服务创新初探——以广州市为例》，载《上海行政学院学报》，2013年第5期。

［74］王华：《关于民族社会工作学科发展的思考》，载《民族教育研究》，2014年第4期。

［75］王力平：《社会工作协同城市民族事务治理：逻辑生成与路

径选择》，载《青海社会科学》，2019年第2期。

［76］王思斌、阮曾媛琪：《和谐社会建设背景下中国社会工作的发展》，载《中国社会科学》，2009年第5期。

［77］王思斌：《民族地区的社会治理与社会工作参与研究》，载《广西民族大学学报（哲学社会科学版）》，2017年第5期。

［78］王思斌：《民族社会工作：发展与文化的视角》，载《民族研究》，2012年第4期。

［79］王思斌：《社会服务的结构与社会工作的责任》，载《东岳论丛》，2014年第1期。

［80］王思斌：《社会工作参与社会治理的特点及其贡献——对服务型治理的再理解》，载《社会治理》，2015年第1期。

［81］王思斌：《社会工作实践权的获得与发展——以地震救灾学校社会工作的展开为例》，载《学海》，2012年第1期。

［82］王思斌：《社会工作在创新社会治理体系中的地位和作用——一种基础—服务型社会治理》，载《社会工作》，2014年第1期。

［83］王思斌：《社会治理结构的进化与社会工作的服务型治理》，载《北京大学学报（哲学社会科学版）》，2014年第6期。

［84］王思斌：《中国社会工作的嵌入性发展》，载《社会科学战线》，2011年第2期。

［85］王旭辉、柴玲、包智明：《中国民族社会工作发展路径："边界跨越"与"文化敏感"》，载《民族研究》，2012年第4期。

［86］王旭辉：《民族社会工作的合法性、实践价值及策略性发展重点》，载《中央民族大学学报（哲学社会科学版）》，2013年第4期。

［87］王银梅、李龙：《西北少数民族地区社会和谐稳定问题实证研究》，载《西南民族大学学报（人文社会科学版）》，2012年第4期。

［88］吴开松、何昕珂：《城市流动少数民族事务全域化治理创新

机制研究》，载《中南民族大学学报（人文社会科学版）》，2017年第4期。

[89] 吴新叶：《涉民族因素社会冲突治理中的问题及对策》，载《政治学研究》，2015年第4期。

[90] 吴月：《社会服务内卷化及其发生逻辑：一项经验研究》，载《江汉论坛》，2015年第6期。

[91] 项显生：《我国政府购买公共服务边界问题研究》，载《中国行政管理》，2015年第6期。

[92] 夏权威：《城市少数民族场域视角下的社会工作嵌入性研究——以回族散杂居社区为例》，载《黑龙江民族丛刊》，2016年第2期。

[93] 肖周燕、郭开军、尹德挺：《我国流动人口管理体制改革的决定机制及路径选择》，载《人口研究》，2009年第6期。

[94] 徐家良、赵挺：《政府购买公共服务的现实困境与路径创新：上海的实践》，载《中国行政管理》，2013年第8期。

[95] 徐家良：《政府购买社会组织公共服务制度化建设若干问题研究》，载《国家行政学院学报》，2016年第1期。

[96] 徐君、赵靖：《城市少数民族流动人口服务管理问题与对策研究——以成都、上海等城市为例》，载《西藏民族大学学报（哲学社会科学版）》，2017年第5期。

[97] 徐永祥：《建构式社会工作与灾后社会重建：核心理念与服务模式——基于上海社工服务团赴川援助的实践经验分析》，载《华东理工大学学报（社会科学版）》，2009年第1期。

[98] 易承志：《协商民主、国家建设与国家治理》，载《学术月刊》，2016年第3期。

[99] 闫丽娟、王丽霞、何乃柱：《城市民族社区场域下的社会工作本土化——以回族社区为视点》，载《贵州民族研究》，2014年第3期。

[100] 严云鹤、周真刚：《中国民族社会工作研究述评》，载《贵州民族研究》，2018 年第 2 期。

[101] 姚丽娟：《民族社会工作的内涵和实践切入》，载《中央民族大学学报（哲学社会科学版）》，2016 年第 4 期。

[102] 殷红敏、班永飞：《城镇化进程中少数民族流动人口服务与管理机制——基于安顺市两城区的调查》，载《贵州民族研究》，2014 年第 5 期。

[103] 杨贵华：《城市社区自组织能力及其指标体系》，载《社会主义研究》，2009 年第 1 期。

[104] 杨贵华：《自组织与社区共同体的自组织机制》，载《东南学术》，2007 年第 5 期。

[105] 杨黎源：《外来人群社会融合进程中的八大问题探讨——基于对宁波市 1053 位居民社会调查的分析》，载《宁波大学学报（人文科学版）》，2007 年第 6 期。

[106] 杨守建：《共青团组织凝聚力研究》，载《中国青年研究》，2009 年第 12 期。

[107] 姚丽娟：《民族社会工作的内涵和实践切入》，载《中央民族大学学报（哲学社会科学版）》，2016 年第 4 期。

[108] 袁飙：《政策执行中的目标置换行为及其对策探析》，载《江西行政学院学报》，2002 年第 3 期。

[109] 张爱华：《对流动人口服务管理创新的思考》，载《云南警官学院学报》，2012 年第 2 期。

[110] 张康之、周雪梅：《常规组织与任务型组织的权力关系比较》，载《东南学术》，2007 年第 5 期。

[111] 张威：《生活世界为本的社会工作理论思想——兼论构建社会工作基础理论的战略意义》，载《社会工作》，2017 年第 4 期。

[112] 张微、卢时秀：《社会工作嵌入城市少数民族流动人口服务管理的合法性形成与演化》，载《云南民族大学学报（哲学社会科学

版）》，2019年第4期。

［113］张微、毛瑾：《社会工作提升高校学生工作预防功能的发生逻辑》，载《学校党建与思想教育》，2018年第4期。

［114］张晓霞：《原住民社会工作之反思》，载《台湾社会工作学刊》，2009年第6期。

［115］张和清：《社会转型与社区为本的社会工作》，载《思想战线》，2011年第4期。

［116］郑文换：《构建民族社会工作理论研究框架——文化连续体、交叠共识与结构耦合》，载《民族教育研究》，2014年第4期。

［117］郑杭生、陆益龙：《开放、改革与包容性发展——大转型大流动时期的城市流动人口管理》，载《学海》，2011年第6期。

［118］郑信哲：《试析我国当前城市民族工作发展的理论与实践》，载《兰州学刊》，2016年第5期。

［119］朱志燕：《民族形象建构与双重弱势：城市中的维吾尔族流动人口——对"切糕事件"的社会学分析》，载《中南民族大学学报（人文社会科学版）》，2014年第4期。

［120］左昕、林李月、朱宇等：《新时期中国少数民族流动人口特征现状调查与分析》，载《广西民族研究》，2019年第1期。

［121］左岫仙、青觉：《城市少数民族流动人口身份认同困境及治理》，载《贵州民族研究》，2017年第4期。

三、学位论文

［1］杜春林：《农村公共服务项目制供给"碎片化"研究》，南京：南京农业大学博士学位论文，2016年。

［2］邓志锋：《政府向社会组织购买公共服务中的行动逻辑研究》，上海：华东师范大学博士学位论文，2018年。

［3］郭鹏：《多中心视野下的民族工作主体多元化研究》，天津：南开大学博士学位论文，2012年。

［4］何乃柱：《民族社区社会工作研究：本土实践与理论建构》，兰州：兰州大学博士学位论文，2013年。

［5］李林凤：《民族社会工作初探》，兰州：兰州大学博士学位论文，2013年。

［6］翁士洪：《非营利组织援助义务教育的演化逻辑》，上海：复旦大学博士学位论文，2013年。

［7］杨朝晖：《深圳市散居少数民族管理方式研究》，兰州：兰州大学博士学位论文，2013年。

［8］杨璇：《北京市少数民族流动人口管理机制研究》，北京：中央民族大学博士学位论文，2012年。

四、报刊文章

［1］安宁宁：《让少数民族群众更好地融入城市》，载《中国民族报》，2017年5月16日。

［2］丛蓉：《持之以恒地做好新形势下城市民族工作》，载《中国民族报》，2017年7月7日。

［3］甘炳光：《香港南亚裔人士就业情况研究报告》，香港：香港城市大学应用社会科学系关注少数族裔人士社区共融计划工作小组，2003年。

［4］古学斌、陈锦华、陈慧琳等：《巴基斯坦人在香港的生活经验研究报告》，香港：香港理工大学应用社会科学系社会政策研究中心，2003年。

［5］《全国城市民族工作会议在京召开》，载《人民日报》，2016年1月6日。

［6］《中央民族工作会议暨国务院第六次全国民族团结进步表彰大会在北京举行》，载《人民日报》，2014年9月30日。

［7］《中共中央关于全面深化改革若干重大问题的决定》，载《人民日报》，2013年11月16日。

五、外文文献

[1] Alessandro, Z. & Francesca, C., "Why Adopt Codes of Good Governance? A Comparison of Institutional and Efficiency Perspectives", *Corporate Governance*, Vol.16, No.1, 2008.

[2] Biestek, F., *The Casework Relationship*, UK: George Allen & Unwin, 1961.

[3] Bourdieu, P., "Marriage Strategies as Strategies of Social Reproduction", in Forster, E. & Ranum, P. M. (trans.), *Family and Society*, Baltimore: The Jokns Hopkins Unibversity Press, 1976.

[4] Bourdieu, P., "The Three Forms of Theoretical Knowledge", *Social Science Information*, Vol.12, No.1, 1973.

[5] Brown, E. L., *Social Work as a Profession*, New York: Russell Sage Foundation, 1942.

[6] Cashmore, E., *Dictionary of Race and Ethnic Relation*, 4nd ed., New York: Taylor & Francis E-Library, 2003.

[7] Carron, A.V., Widmeyer, W.N. & Brawley, L.R., "The Development of an Instrument to Assess Cohesion in Sport Teams: the Group Environment Questionnaire", *Journal of Sport Psychology*, No.7, 1985.

[8] Compton, B. & Galaway, B., *Social Work Processes*, Illinoise: The Dorsey Press, 1975.

[9] Gordon, W. E., "A Critique of the Working Definition", *Social Work*, Vol.10, No.7, 1962.

[10] Cox, C.B. & Ephross, P.H., *Ethnicity and Social Work Practice*, New York: Oxford University Press, 1998.

[11] Dalrymple, J. & Burke, B., *Anti-Oppressive Practice: Social Care and the Law*, Buckingham: Open University Press, 2006.

[12] Derald, W. S., Mikal, N. R. & Janice, M. R., *Multicultural So-*

cial Work Practice: A Competency-Based Approach to Diversity and Social Justice, 2nd ed., Wiley, 2015.

[13] DeVore, W.&Schlesinger, E.G., Ethnic-Sensitive Social Work Practice, 5nd, Boston, MA: Allyn and Bacon. 1999.

[14] Dominelli, L., Anti-Racist Social Work Theory and Practice, Basingstoke: Palgrave-Now Palgrave Macmillan, 2002.

[15] Dominelli, L., Social Work: Theory and Practice for a Changing Profession, Cambridge: Polity, 2004.

[16] Dunham, A., The New Community Organization, New York: Thomas Y. Crowell Co., 1970.

[17] Ely, P. & Denny, D., Social Work in a Multi-Racial Society, Aldershot: Gower Publishing Company, 1987.

[18] Entzinger, H., Biezevld, R., Benchmarking in Immigration Integration, Rptterdam: European Research Centre on Migration and Ethnic Relation, 2003.

[19] Fellin, P., "Revisiting Multicultural in Social Work", Journal of Social Work Education, Vol.36, No.2, 2000.

[20] Friedlander, W. A. et al., Introduction to Social Welfare: Concepts and Methods in Social Work, 6th ed., Englewood Cliffs: Prentice-Hall, 1980.

[21] Geertz, C., Agricultural Involution: the Process of Ecological Change in Indonesia, Berkeley&LosAngeles: University of California Press, 1963.

[22] Green, S., Baldry, E., "Building Indigenous Australian Social Work", Australian Social Work, Vol.61, No.4, 2008.

[23] Greenword, E., "Attributes of a Profession", Social Work, No. 2, 1957.

[24] Harper, K. V. & Lantz, J., Cross-Cultural Practice: Social Work

with Diverse Populations, Chicago: Lyceum Book, Inc., 1996.

[25] Kang Xiaoguang & Hanheng, " Government Absorbing Society: A Further Probe into the State-Society Relationship in Chinese Mainland", Social Sciences in China, Vol.18, No.2, 2007.

[26] Ku, H. B., "Body, Dress and Cultural Exclusion: Experiences of Parkistanis Female in 'Global'Hongkong", Asian Ethnicity, No.3, 2006.

[27] Lewin, K., A Dynamic Theory of Personality, New York: McGraw-Hill, 1935.

[28] Lum, D., Social Work Practice with People of Color: A Process-stage Approach, Monterey, CA: Brooks/Cole Publishing Company, 1986.

[29] Marlow, C., Research Methods for Generalist Social Work, 5nd ed., Nashville: Broadman & Holman Publishers, 2010.

[30] Migdal, J. S., Strong Societies and Weak States: State-Society Relations and State Capabilities in the Third World, NJ: Princeton University Press, 1988.

[31] Morales, A. T., Sheafor, B. W. &, Scott, M. E., Social Work: A Profession of Many Faces, 12nd ed., New Jersey: Prentice Hall, 2011.

[32] Morley, C., "Teaching Critical Practice: Resisting Structural Domination through Critical Reflection", Journal of Social Work Education, Vol.27, No.4, 2008.

[33] O'Hagan, K., Cultural Competence in the Caring Professions, London: Jessica Kingsley Publishers, 2001.

[34] Perri 6, Leat, D., Seltzer, K. et al., Towards Holistic Governance: The New Reform Agenda, Basingstoke: Palgrave Press, 2002.

[35] Pfeffer, J. & Salancik, G.R., The External Control of Organizations: A Resource Dependence Perspective, New York: Harper and Row, 1978.

[36] Resh, W.G. & Marvel, J.D., "Loopholes to Load-shed: Organizational Cheating, Representative Bureaucracy and Contract Management",

International Public Management Journal, No.4, 2012.

[37] Roberts, A. R. & Yeager, K. R., *Pocket Guide to Crisis Intervention*, New York: Oxford University Press, 2009.

[38] Sanders, D. S., "Multiculturalism: Implications for Social Work", *International Social Work*, Vol.23, No.2, 1980.

[39] Seeley, K.M., "Short-Tterm Intercultural Psychotherapy: Ethnographic Inquiry", *Social Work*, Vol.49, No.1, 2004.

[40] Siporin, M., *Introduction to Social Work Practice*, London: Macmillan, 1975.

[41] Shulman, L., "Supervision and Consultation", in Edwares, R., *Encyclopedia of Social Work*, 19th ed., Washington D. C.: NASW Press, 1995.

[42] Skidmore, R. A. et al., *Introduction to Social Work*, 6th ed., London: Prentice-Hall, 1980.

[43] Solomon, B., *Black Empowerment: Social Work in Oppressed Communities*, NewYork: Columbia University Press, 1976.

[44] Schlesinger, E. G., Devore, W., "Ethnic Sensitive Social Work Practice: Back to the Future", *Journal of Ethnic and Cultural Diversity in Social Work*, Vol.16, No.3-4, 2008.

[45] Teets, J., "Let Many Civil Societies Bloom: The Rise of Consultative Authoritarianism in China", *The China Quarterly*, Vol.21, No.3, 2013.

[46] Thompson, N., *Anti-Ddiscriminatory Practice*, 4rd ed., Basingstoke: Palgrave Macmillan, 2006.

[47] Wacquant, L. "Artistic Field", in Kelly, M., *The Encyclopedia of Aesthetics*, New York: Garland Publishing Inc., 1997.

[48] Witmer, H. L., *Social Work: an Analysis of a Social Institution*, New York: Farrar & Rinehart, 1942.

[49] Zastrow, C., *The Practice of Social Work: Applications of*

Generalist and Advanced Content, 7nd ed., CA: Brooks/Cole Publishing Company, 2002.

[50] Zhuoyi YiWwen, "Government Purchase of Services in China: Similar Intentions, Different Policy Designs", *Public Administration and Development*, Vol.37, No.1, 2017.

附　录
社会工作嵌入城市少数民族流动人口服务管理研究访谈提纲

一、对社会工作者访谈

（一）现状

社会工作嵌入城市少数民族流动人口服务工作的现状如何？包括服务主体、服务对象、服务内容、服务年限等。

（二）优势

你认为社会工作嵌入城市少数民族流动人口服务工作与传统工作模式相比存在哪些优势？包括促进服务传递、协同政府治理等具体方面。是否有一些典型的案例？

（三）挑战

你认为社会工作嵌入城市少数民族流动人口服务工作过程中遇到哪些困难与挑战？包括制度层面、服务层面等具体方面。是否有一些典型案例？

（四）影响因素

你认为哪些因素影响到社会工作嵌入城市少数民族流动人口服务工作过程中？是否有一些典型的案例？

(五) 其他

你能否提供一些社会工作嵌入城市少数民族流动人口服务工作相关资料？包括服务档案资料、服务手册、宣传册等。

二、对服务对象（城市少数民族流动人口）访谈

(一) 服务满意度

你对社会工作者、民族联络员、民族志愿者等为你们提供的帮助，觉得满意吗？你的态度是怎么样？你对他们服务的评价如何？

(二) 服务内容

1. 在你的生活当中，社会工作者或者是民族志愿者、民族联络员等，他们一般会帮你解决哪些问题？

2. 社会工作者、民族联络员、民族志愿者等这些爱心人士在你心目当中是一个什么样的形象（作为政府工作人员，还是爱心人士等），他们在帮助你的时候，让你印象最深或最感动的一件或几件事是什么？他们经常会举办活动，这些活动你都愿意参加吗？

3. 当你们遇到一些紧急事件的时候，你们会第一时间想到向社会工作者、民族联络员、民族志愿者等像这些民族的少数民族同胞热心人士求助吗？

三、对民族联络员、民族志愿者等访谈

(一) 作为这个社区的少数民族联络员，你一般帮助少数民族流动人口解决了哪些问题？能不能说一到两个你印象最深或者你觉得最有成就感的案例？

(二) 做民族联络员这种志愿者，你们的心态是什么？一般会遇到什么困难或问题？

(三) 听说社会工作者好像每周、每个月要开一次例会，一般来

说，社会工作者会给你们做哪些具体指导？给你们做哪些培训或者是做了哪些事能让你们在服务的能力上有所提升？

（四）你觉得社会工作者加志愿者的这种服务模式，它跟传统的模式相比最大的优势是什么？你觉得在今后的工作当中，志愿服务工作当中，还有哪些要进一步改善的？

（五）你们觉得在具体帮助少数民族流动人口的过程当中会遇到哪些困难或者是困惑？包括政策层面上的、与政府关系的协调方面、自身能力方面的，等等。

四、对统战干事访谈

（一）你认为在日常工作中跟社会工作者是一种什么样的工作关系？

（二）你的工作在社会工作者的协助下发生了哪些变化？

（三）在与社会工作者共同工作过程中，有没有遇到过一些困惑或困难？

（四）你对社会工作者的评价如何？包括价值理念、工作态度、工作能力等。能否举一些具体的案例？

五、对社会工作机构访谈

（一）从社会工作机构来说，机构是如何运行这个针对少数民族流动人口的项目？

（二）少数民族流动人口项目与其他社会工作项目在运行上有什么特殊性？

（三）项目在运行过程中遇到了哪些困难？包括资金、人才、项目运行过程、与出资方的关系，等等。

（四）若以后在更大范围内进一步深化推进此类项目，作为机构管理者有什么具体建议？

备注：本访谈提纲系半结构式访谈形式，调查组成员只需围绕该主题对访谈对象进行开放式提问。